高职学生创新创业教程

主　编　郑海涛　王慧秋
副主编　王日升　吴晓峰　侯远滨　施桂梅

HEUP 哈尔滨工程大学出版社

内容简介

本书依据高职院校人才培养方案和课程项目化建设目标与要求，涵盖了高职学生创业发展历程认知、创业心理品质培育、创业能力培养、创业机会识别、创办企业与经营管理、创业案例剖析、创业政策把握等内容。通过课程教学和案例阅读，引导高职学生对创业形成正确的价值认知和精神认知，全面系统地认识创业活动的过程和本质特征，深刻理解和把握创业活动中的基本规律和理论知识，熟悉和掌握创业资源整合、创业团队构建、创业风险识别、创业价值实现等方面的有效方法。

图书在版编目(CIP)数据

高职学生创新创业教程/郑海涛，王慧秋主编.
—哈尔滨：哈尔滨工程大学出版社，2017.4
ISBN 978-7-5661-1484-6

Ⅰ.①高… Ⅱ.①郑… ②王… Ⅲ.①职业选择-高等职业教育-教材 Ⅳ.①G717.38

中国版本图书馆 CIP 数据核字(2017)第 073422 号

选题策划 包国印
责任编辑 张忠远 李 翔
封面设计 博鑫设计

出版发行 哈尔滨工程大学出版社
社 址 哈尔滨市南岗区东大直街 124 号
邮政编码 150001
发行电话 0451-82519328
传 真 0451-82519699
经 销 新华书店
印 刷 哈尔滨工业大学印刷厂
开 本 787 mm×1 092 mm 1/16
印 张 15
字 数 374 千字
版 次 2017 年 4 月第 1 版
印 次 2017 年 4 月第 1 次印刷
定 价 43.00 元
http://www.hrbeupress.com
E-mail:heupress@hrbeu.edu.cn

前　　言

创新创业以其特有的魅力成为时代的主旋律和最强音，世界进入了“创客”时代。著名的教育家、耶鲁大学校长 James Angell 曾经说过：“教育最主要的目的不是教你如何挣得面包，而是让你每一口面包吃得更香甜。”这句话应用于高职创新创业教育中，即高职创新创业教育的目的不是教高职学生如何开公司，而是为了让高职学生拥有创业精神、创新意识和创业能力，使他们可以乐观、积极地生活。

高职院校培养的是一线生产、技术、管理和服务的高技能创新创业型人才，在就业形势越来越紧张和创业与生俱来的风险性的双重背景下，赋予高职学生创业意识和创新精神，比真正选择创业活动更有意义。也就是说，开展创新创业教育有助于培养高职学生善于思考、勇于探索的创新精神，善于合作、懂得感恩的道德素养，面对困难和挫折不轻言放弃的执着态度，创造价值、回报社会的责任感和服务国家、服务人民的理想抱负。

创业需要激情的涌动，更需要理性的思考。创业活动并非高不可攀，有其内在客观规律可循，还有诸多的实践经验可以借鉴。渴望创业，就要学习研究创业，提升创业能力。本书依据高职院校人才培养方案和课程项目化建设目标与要求，涵盖高职学生创业发展历程认知、优良创业心理品质、创业能力培养、创业机会识别、创办企业与经营管理、创业案例剖析、创业政策把握等，通过课程教学和案例阅读，引导高职学生对创业形成正确的价值认识和精神认知，全面系统地认识创业活动的过程和本质特征，深刻理解和把握创业活动中的基本规律和理论知识，熟悉创业资源整合、创业团队构建、创业风险识别、创业价值实现等方面的有效方法。

编写一部受高职学生喜爱的教材对作者的要求是极高的，特别是像创业这样一门对理论素养和实践经验要求都很高的课程。我们甄选了大量高职学生创业成功的案例，其中不乏渤海船院的优秀校友，近距离的创新创业故事亲切感人，使学生在充分认识创业者的综合素质要求和管理能力特征的同时，体会艰辛创业历程，展开创业思考，激发创业热情，成为创新意识强、创业品格优、创业素养高、协调能力强、实践技能精的高技能创新创业型人才。

本书项目 1、项目 2、项目 6 由郑海涛编写；项目 3、项目 4 由王日升编写；项目 5 由侯远滨编写；项目 7、项目 8 由施桂梅编写；项目 9 由吴晓峰编写；王慧秋撰写了前言，设计了全书的结构框架并进行了总纂。本书虽难免有“挂漏”之虞，却不失“管窥”之效，对广大高职学生创业实践定将有所裨益。同时，我们期待诚恳的意见和建议，以求改进与提高，愿将此书的写作当作一次“迭代创新”的实践！

编　者

2016 年 3 月

目　　录

项目1　点燃创新创业激情

【创新创业格言】

创业改变命运，不创不奇迹。

——温州瓷爵士科技股份有限公司卢成堆

【创新创业家小传】

卢成堆(1988——)，温州苍南人，毕业于温州职业技术学院，李山投资集团总裁，温州瓷爵士科技股份有限公司董事长。

卢成堆家境贫寒，为了不给家里增加负担，从高中开始就尝试创业。他没有任何背景，白手起家创立瓷爵士，垄断了全国的瓷器修复市场，随后进军互联网金融，旗下的互联网理财平台“温商贷”呈现爆发式的增长，目前成交额已经突破52亿元。2014年，温州瓷爵士登陆新三板，年仅26岁的卢成堆成为新三板上市企业中最年轻的老板。

卢成堆曾被评为全国大学生创业模范、浙江省励志青年楷模、浙江省创业之星，受到了中央电视台、凤凰卫视等十几家媒体的争相报道。2014年，他作为中国创业青年的代表之一参加APEC峰会，与国家领导人近距离交流。卢成堆从最不起眼的行业里崛起了一个瓷器王国，创造了中国陶瓷界的传奇。

【学习目标】

通过本项目的学习，全面了解和掌握创新创业的含义、创业的类型、主要的创业理论模型，认识创业的重要意义，激发创业理想，正确认识并理性对待创业。

【案例导入】

“瓷爵士”卢成堆:80后“补碗匠”的财富梦

温州瓷爵士科技股份有限公司的掌门人卢成堆，用4年的时间将“补碗”的小企业发展到在浙江股权交易中心挂牌，登陆新三板。因其励志的创业故事，入选成为APEC北京峰会的20位中国创业青年代表之一。那么，卢成堆如何凭借执着的创业精神将“补碗”的小企业，迅速发展成为中国新三板挂牌企业的呢?

家庭并不富裕的卢成堆，创业意识萌发得很早。

2005年，18岁的高中生卢成堆在电信公司兼职发传单后，发现“小灵通”市场需求量走俏，当时的温州人对新潮的电子产品特别感兴趣，于是卢成堆立刻加入了“小灵通”的销售队伍，同时整合了移动手机卡等附属业务。卢成堆大获成功，在通信行业里赚到了第一桶金。

尝到第一桶金的甜头，年少的卢成堆就顺势开了一家“校园通信”门店。很快，他就发现开店跟推销完全是不同的概念，一个是守株待兔等待消费者，一个是主动出击。在各方面综合因素的制约下，卢成堆的通信店不久就出现了亏损。在选择继续守业与转让门店之间，懂得赚钱不易的他没有迟疑，果断选择转让门店。

当时，正值中国山寨手机的井喷时期。卢成堆认为，这或许又是一个商机。他拿着剩下的部分资金与朋友投资手机卖场。令他没想到的是，由于自己不了解山寨机的源头渠道，山寨机自身的固件劣势，让他销售后的诸多手机遭到很多的质量投诉。虽然卖山寨机能赚钱，但卢成堆认为，“做生意也要做良心，质量有问题，终究做不长久。”最后，他与合伙人关了手机卖场。

此时，卢成堆的第一桶金基本耗尽，“差不多一下子就回到了原点。”但是，这两次失败并没有磨灭他的创业热情。

2007 年，卢成堆到温州职业技术学院继续他的求学之路。一进入大学，就大胆地布局自己的创业规划。入学一个月，卢成堆就接手了一家快递代理点，接着又开了一家专升本咨询服务店。之后两年多的大学生涯，卢成堆陆续在大学城开了眼镜店、电脑饰品店。学生时代的卢成堆一共开了八家店，有成功亦有失败。在失败中吸取教训，在成功中总结经验，令少年老成的卢成堆多了一份异于同龄人的商业嗅觉。他凭借着异乎寻常的判断力，生动地谱写了一段温州草根逆袭并崛起的传奇故事。

2009 年 9 月 25 日，卢成堆在翻阅《温州都市报》时，无意中看到《餐具美容师欲传一手绝活》的报道，文中提到任何破损的盘盘碗碗都能翻新，可为餐饮企业一年节省几十万元的破损开支。卢成堆当即判断，这个行业能为酒店节省开支，其市场独一无二，背后蕴藏着巨大的商机，更重要的是在环保产业里变废为宝，节约社会资源，保护环境，是一项可持续性的大事业。

他首先对温州的餐饮企业展开调查。在大量的调查中，他发现酒店的餐具破损率比他想象得还要高。当他在市区一家知名四星级酒店得知酒店每年的餐具破损费用就高达 30 万元时，他震惊了。

成立一家专门修补餐具公司的想法在他脑海里迅速落地深根。温州人特有的当机立断、绝不错失机会的性格特点在他身上体现得淋漓尽致。卢成堆很快就联系上在温州创业并拥有瓷器修补技术的一名专家，卖掉了自己刚买的福特小轿车，凑了 30 万元，成立了全国首家补碗公司——温州瓷爵士餐具修复有限公司。

瓷爵士创业初期，卢成堆几乎跑遍了温州大小酒店、中西餐厅。他认为，他不是去求酒店老板的，而是去帮助酒店节约运营成本。这个想法一开始并不被各大酒店负责人或采购经理完全认同。于是，卢成堆就先免费帮对方补碗。在近乎完美的补碗技术下，越来越多的酒店逐渐认可了他。渐渐地，温州很多知名的星级酒店都与瓷爵士签订了全年的补碗合约。

2012 年，瓷爵士联合江西景德镇、广东潮州等陶瓷文化较为丰富的地区的企业开展合作，共同开发高端日用礼品陶瓷及酒店用品瓷器。在销售中，卢成堆又一次颠覆了传统，在全国率先提出“餐具三包服务”，酒店买了瓷爵士公司的餐具，就可以获得免费补碗的服务，真正确保消费者权益。

如今，瓷爵士早已实现产业多元化发展，不但为全国加盟商提供补碗烤炉、喷枪等设备，还将产业链扩展到补碗原材料的一条龙服务，成为拥有全国上百家区域加盟店的优秀企业。

作为80后，卢成堆不仅仅是一名创业者，亦是思想者。瓷爵士公司业绩稳步提升后，卢成堆在阅读诸多的商业精英传记的同时，对瓷爵士目前的发展布局产生了一丝忧虑。他认为："温州传统产业的发展靠的是埋头苦干，相当于一层一层地走楼梯。现在是互联网+的时代，社会经济和科技文明在加速发展，瓷爵士如果想要有大的发展，就一定不能像以前那样靠自有资金和时间慢慢去积累。"

那该如何使瓷爵士适应这个时代大潮流？卢成堆分析道："改革开放30年的红利已经基本分配完成，中国未来30年的市场是资本的市场。那么，当下的传统企业要提升品牌的知名度，扩大影响力，拥有更多机会实现跨越式发展，就一定要跟资本市场融合，只有这样，企业才能有创新，改变企业爬楼梯的发展模式，用乘电梯的方式去发展企业。"

2013年，经过多方面的努力与奔波，温州瓷爵士科技股份有限公司成功登陆浙交所"成长板"。接着，卢成堆与团队又开始启动"新三板"的计划，并于2014年11月成功挂牌"新三板"，公司发展迈上新台阶。

正如卢成堆所判断的，资本市场加快了"瓷爵士"的发展，更拓宽了企业的融资渠道。业务快速发展，公司的战略布局也更加清晰明朗。作为20位中国创业青年代表之一，卢成堆于2014年应邀参加了APEC峰会。在APEC峰会上，卢成堆大开眼界，不但近距离接触了政界的重要人物，也给了他一次与温州新老企业家沟通交流的机会。经过APEC峰会的洗礼，卢成堆梦想把瓷爵士转板创业板，IPO是他的目标之一。他计划通过并购全国龙头餐具类电商企业，打造自己的垂直餐具类电商平台，从而打通电商线上销售与专营中心线下体验，最终构建起行业内独具优势的O2O企业航母。

卢成堆还有一个中国梦——中国瓷器梦。

目前，日用陶瓷有名的品牌大部分来自国外。在APEC峰会上，卢成堆认识了一位加拿大的瓷器巨头，与他谈论了瓷器事业、资本运作。他发现自己与世界顶尖同行还有差距，这让他的梦想从国内放到了世界。卢成堆想把中国的日用瓷器发扬光大，他梦想有一天能让"CHINA"在世界上更加耀眼。

在众多投资项目中，卢成堆的"实体+互联网金融"的经营理念始终如一。在温州率先成为全国金融综合改革试验区后，互联网金融平台获得巨大发展，这在卢成堆看来，是机遇，更是一种挑战。

所谓狭路相逢勇者胜，勇者相逢智者胜，智者相逢仁者胜。在商海里，勇气、智慧与仁心是创业者的必备素质，也是中国企业家未来具备社会担当责任的基础。

2015年7月18日，央行等十部委颁布《关于促进互联网金融健康发展的指导意见》，鼓励创新，支持互联网金融稳步发展；鼓励多种机构开展互联网金融业务；鼓励银行为互联网金融平台提供资金托管业务；鼓励优质机构在主板、创业板融资。卢成堆认为，是时候从"被投资者"转型为"投资人"了，将实业与互联网金融结合。

2015年8月1日，卢成堆让传统实业插上互联网金融的翅膀，瓷爵士将拥有全国35万用户、年交易额达30多亿元的温商贷纳为全资子公司，成为全国第一批、浙江省第一家新三板与互联网金融结合的企业。时至目前，全国仅有两例。

卢成堆抓住互联网+的趋势，基于移动互联网迅速发展的背景，又一次用大格局的姿态，注资了温州艾德网络传媒及温州联线科技这两家移动互联网企业新秀。

在卢成堆看来，进军互联网金融不仅仅是抓住互联网+时代的机遇，更重要的是，他距离自己的中国梦更近了一步。人生在世，不求落幕如何，但求曾经不悔！在未来的创业路上，卢成堆将继续传承温州商人的宝贵传统，帮助更多的企业、大学生创业者，解决借钱难，融资难问题。他认为互联网金融将是中国未来资本市场的一个重要阵地，让瓷爵士在浩瀚的资本海洋里，升级技术、创新管理，秉承符合时代潮流的经营理念，继续扬帆远航。

卢成堆成功后，时刻告诫自己，要居安思危。居安思危是他事业成功的不二法宝。在卢成堆的身上，体现了新一代温州企业家的骨子里依然流淌着的温州人坚韧不拔、勇往直前的优良品质。

他在新办公室里亲自设置了一个悬空台，内涵丰富。悬空台里面放置的瓷器碎片，也有完好的，另外还有银圆、铜钱。瓷器代表着卢成堆所从事的行业，破瓷也可以靠科技技术破碎重圆。铜钱和银圆，代表着财富。卢成堆成功后，很多人来找他投资诸多项目，他用此法时刻警示自己，一定要抵得住诱惑，坚守自己的本行，避免为了金钱利益而把企业陷入困境。

对于自身修养的警训，他提醒自己做到“虽居尊大之位，要使贤者忘其贵重，卑者乐于亲炙。”他在办公桌的右侧，专门置放了一块石匾。石匾的左上角是一座高山，意喻自己是农村出来的，要接地气，脚踏实地。下面是一片海，告诫自己要拥有大海的胸襟，从容有魄。正中间的苦瓜和甘蔗，提醒自己不要忘记苦尽甘来的岁月，更要饮水思源。在石匾正下方，他特地把自己老家的旧门槛存放于显眼位置，意味着做人莫忘本。

【案例分析】

1. 卢成堆的创业故事给了你哪些启示？
2. 卢成堆创业成功的因素有哪些？
3. 高职学生创业的优势有哪些，劣势有哪些？
4. 你认为“创业”是什么？“创业”代表了什么？

任务1.1　理解创新创业内涵

创业与创新密不可分。创新孕育着创业,创业充满着创新,创新是创业的最强动力,创业是创新的最佳土壤。

1.1.1　创新是什么

创新一词在当今世界特别是我国出现的频率非常高,每个国家、每个产业、每家企业甚至每个人,都在谈创新。同时,创新又是一个非常古老的词。英文创新 Innovation 起源于拉丁语。原意有三层含义:第一,更新;第二,创造新的东西;第三,改变。

哈佛大学教授熊彼特被誉为“创新理论”的鼻祖,他在 1912 年第一次把创新引入了经济领域。认为创新就是建立一种新的生产函数,也就是说,把一种从来没有过的关于生产要素和生产条件的“新组合”引入生产体系。这种新组合包括 5 种情况:

(1)采用一种新产品或一种产品的新特征;

(2)采用一种新的生产方法;

(3)开辟一个新市场;

(4)掠取或控制原材料或半制成品的一种新的供应来源;

(5)实现任何一种工业的新的组织。

因此,“创新”不是一个技术概念,而是一个经济概念:它严格区别于技术发明,而是把现成的技术革新引入进经济组织里,形成新的经济能力。在 20 世纪 50 年代,美国管理大师德鲁克把创新引进到管理领域,认为创新是赋予资源以新的创造财富能力的行为。

现在“创新”两个字扩展到了社会的方方面面。比如理论创新、制度创新、经营创新、技术创新、教育创新、分配创新……创新可以有多方面的理解,说别人没说过的话叫创新,做别人没做过的事叫创新,想别人没想的东西也叫创新。之所以叫创新,有的是因为改善了工作质量,提高了生活质量;有的是因为提高了工作效率,有的是因为巩固了竞争地位,有的是对经济、社会、技术产生了根本影响。但是,创新不一定必须是全新的东西,以新的形式包装旧的东西叫创新,旧的东西引入新的切入点叫创新,总量不变改变结构叫创新,结构不变改变总量叫创新……

【知识链接】

创新思维

创新思维是指以新颖独创的方法解决问题的思维过程,通过这种思维能突破常规思维的界限,以超常规甚至反常规的方法、视角去思考问题,提出与众不同的解决方案,从而产生新颖的、独到的、有社会意义的思维成果。

举一个案例:两个推销人员到一个岛屿上去推销鞋。一个推销员到了岛屿上之后,发现这个岛屿上的每个人都没有穿鞋的习惯,人人都是赤脚。没有穿鞋的,怎么推销鞋?他气馁了,马上发电报回去,说“鞋不要运来了,它在这个岛上没有销路。”第二个推销员来了,高兴得几乎昏过去。因为,他觉得这个岛屿上鞋的销售市场太大了;每一个人都不穿鞋,要是一个人穿一双鞋,销量就不得了。于是,他马上发电报回去,说:“空运鞋来,赶快空运鞋来。”

1.1.2 创业是什么

创业是不拘泥于当前资源条件的限制下对机会的追寻,将不同的资源组合以利用和开发机会并创造价值的过程。创业是渗透于人们生活中的一种思维方式和行为模式,是一种创造性的活动,是对现实的超越,意味着创新和突破。

上述定义容易使创业概念泛化,即容易把一般的经营活动都纳入创业的范畴。创业本身也是经营活动,创业活动普遍存在于各种组织和个人活动中,创业活动侧重经营活动的前段,在机会导向的程度、创新的强度、创造价值及对社会的贡献等多方面表现得更突出。

许多学者和实业届人士都对创业提出各自的观点:

(1)罗伯特·C. 荣斯戴特(Robert C. Ronstadt):创业是一个创造增长的财富的动态过程。

(2)霍华德·H. 斯蒂文森(Howard H. Stevenson):创业是一个人——不管是独立的还是在一个组织内部,追踪和捕获机会的过程,这一过程与其当时控制的资源无关。“创业可由六个方面的企业经营活动来理解:发现机会、战略导向、致力于机会、资源配置过程、资源控制的概念、管理的概念和回报政策。”

(3)美国巴布森商学院和英国伦敦商学院(London Business School)联合发起,加拿大、法国、德国、意大利、日本、丹麦、芬兰、以色列等10个国家的研究者应邀参加的“全球创业监测”项目,把创业定义为“依靠个人、团队或一个现有企业,来建立一个新企业的过程,如自我创业、一个新的业务组织或一个现有企业的扩张”。

(4)清华大学教授张健、姜彦福和林强:“创业是一个跨越多个学科领域的复杂现象,不同学科都从其独特的研究视角进行观察和研究,这些学科包括经济学、心理学、社会学、人类学、管理学等,而在各个学科领域又衍生出不同的创业研究方向。”

(5)杰弗里·A. 蒂蒙斯(Jeffry A. Timmons):创业是一种思考、推理和行为方式,这种方式是机会驱动、注重方法和与领导相平衡。创业导致价值的产生、增加、实现和更新,不只是为所有者,也为所有的参与者和利益相关者。

(6)新奥地利学派领袖克兹涅尔:创业是指对潜在利润机会的敏感性。但是,这种定义的缺点在于忽略了创业家落实那些潜在营利能力的机会。

(7) 郁义鸿等:创业是一个发现和捕捉机会,并由此创造出新颖的产品、服务或实现其潜在价值的过程。

(8)《GE环球企业家》曾刊载关于创业概念的讨论:依靠个人、团队或一个现有企业,来建立一个新企业,例如自我就业、一个新的业务组织或一个现有企业的扩张。

(9)《企业家精神》曾刊载汪丁丁的观点:敬业、创新及合作的合聚构成创业。

比较以上定义,可以发现创业的关键是创业者对机会的发现和捕捉。因此,创业者的素质对于创业的成功与否起着决定性的作用,不同的创业者面对相同的条件,其结果可能是完全不同的。高职学生创业,是指高职学生中的创业者发现机会、整合资源、最终实现自己创业目的的一系列创业活动。

概括来说,创业是必须承担风险的创业者,通过捕捉商业机会、投入已有的技能知识、配置相关资源、为消费者提供产品和服务、为个人和社会创造价值与财富的过程。

【扩展阅读】

未出校门做老板

近年来,国家相继出台了一系列政策鼓励大学生自主创业,有相当一部分高职学生信心满满地选择了自主创业,其中不乏成功者。

南宁职业技术学院艺术工程学院室内设计班的在校学生李帆,看到了墙体彩绘的市场前景,开始谋划着在南宁创办公司。为此,他做了一个创业实践计划,在学校的帮扶下,李帆在2015年初成功创办了南宁某装饰设计有限公司,并解决了办公场地的问题。为了方便跑业务,他用自己暑假挣的钱买了一辆电动车。凭着团队的吃苦耐劳,李帆带领着该专业的同学们踏实工作。作为一名高职学生,李帆还没有毕业,就已经通过自己创业带动了一个十多人的团队,实现了高收入的就业。

他利用节假日的时间,谈下了几个墙绘的单子。他不断地从实践中学习,同时又能把在课堂学习的知识运用到实践中。伴随着业务量的增加,他组建了自己的工作团队,以团队的模式去工作,效益得到了很大的提升,仅半年下来,团队从原来的5人扩大到了19人。目前公司的月利润已经超过十万元。他的团队有了工作用车,并品尝到创业的甜头,也有了可观的收入。(来源:广西新闻网)

1.1.3 创业的基本要素

1. 创业者

创业者是创业过程核心的个人或团队(创业主体)。创业的核心是富有创业精神的个体与机会的结合,发现并将机会转变成有利可图的企业。

2. 机会

机会是指提供创造有商业价值的新事物(新产品/服务、新市场、新原材料、新生产方法和新生产经营方式)的可能性情境。商业机会来源于由当前服务于市场的企业留下的市场缺口,是指存在于某种特定的经营环境条件下,可以通过一定的商业活动发现、分析、选择、利用,并创造利润和价值的市场需求。商业机会的识别策略有四点。

(1)市场细分策略。市场细分就是指按照消费者欲望与需求的差异性,把一个总体市场划分成若干个具有共同特征的子市场的过程。

(2)市场渗透策略。市场渗透策略是一种立足于现有产品,充分开发其市场潜力的企业发展战略,又称为企业最基本的发展战略。

(3)产品开发策略。企业为了保持市场活力、扩大市场份额,持续不断地开发新产品,挖掘顾客需求,挖掘产品功能,开发边缘产品,利用别人的优势开发。

(4)差异化策略。差异化策略体现在四个方面:①产品差异化,如特点、性能、款式和设计;②服务差异化,如配送、安装、修理服务和顾客培训服务;③渠道差异化,如销售渠道的选择和中间商的选择;④人员差异化,如聘用比竞争对手更优秀的员工并注重培训。

3. 资源

(1)人际关系。人在社会上不是孤立的个体,而是生活在与他人的关系中,需要与他人互相支撑。创业过程中人的因素除了创业者外,还包括企业内部的人际关系以及与外部的供应商、客户、当地政府和社区发生的相互的联系。

(2)资金。新创企业首先需要注册资金,同时,技术(或专利)、生产设备、原材料的购买以及人员的招募等也需要大量的资金。

(3)技术。新创企业中,产品技术含量的提高已经成为一个趋势。从硅谷到中关村,在新创企业推出的产品中,高技术产业所占的比例越来越高。

(4)原材料和产品。对生产型企业而言,创业过程中包括原材料和产品。对于其他企业来说,同样存在一个由投入到产出的过程。

(5)生产手段。它包括设备、工艺以及相关人员。

4. 组织

组织是指资源的系统集合——形成创意、构建模式。人是所有管理因素中唯一具有能动性的资源,这种能动性要通过组织来实现。具体到创业活动中,组织因素具有以下功能:

(1)正确决策。决策包括对创业目的的规定,也包括对实现目的的手段的决定,这决定着创业活动的方向。

(2)创建组织。创业通常是由一个团队来进行的,因此,需要对团队进行组织和管理。通过分工与协作,有条理地完成创业的相关活动。创建组织包括组织结构的构建和沟通体系的形成。

(3)加强领导。创业者在创建企业的过程中,需要扮演多个不同的角色,承担不同的职能,其中,领导的作用无疑是最重要的,因为它能够创造价值。只有这样,才能维持协作体系的内部和外部的均衡。

(4)激励员工。创业需要最大限度地发挥现有的人力资源的作用,必须以科学的人才观为指导,创新人才管理制度与机制,努力激发员工的潜能与活力,充分调动人的积极性,增强创业团队的凝聚力。

曾有一位美国学者将创业的要素归纳为9个“F”,并命名为“成功企业的9F要素”。这些要素分别是:创办人(Founders)、抓住重点(Focus)、决策迅速(Fast)、机动灵活(Flexible)、不断创新(Forever innovating)、精简机构(Flat)、精打细算(Frugal)、待人友好(Friendly)和充满乐趣(Fun)。

1.1.4 创业的类型

1. 按照创业价值分类

(1)复制型创业:复制原有公司的经营模式,创新的成分很低。例如,某人原本在餐厅里担任厨师,后来离职自行创立一家与原服务餐厅类似的新餐厅。

(2)模仿型创业:创业过程对于创业者而言具有很大的冒险成分。例如,某一纺织公司的经理辞掉工作,开设一家当下流行的网络咖啡店。这种形式的创业具有较高的不确定性,学习过程长,犯错概率大,代价也较高昂。但这种创业者如果具有适合的创业人格特性,经过系统的创业管理培训,掌握正确的市场进入时机,还是有很大机会可以获得成功的。

(3)安定型创业:这种形式的创业为市场创造了新的价值,但创业者并没有面临太大的改变,做的也是比较熟悉的工作。这种创业类型强调的是创业精神的实现,也就是创新的活动,而不是新组织的创造,企业内部创业即属于这一类型。例如,研发单位的某小组在开发完成一项新产品后,继续在该企业部门开发另一项新品。

(4)冒险型创业:创业难度很高,对创业者本身带来极大改变,个人前途的不确定性也很高。新企业的产品创新活动也将面临很高的失败风险。有较高的失败率,成功所得的报酬也很惊人。这种类型的创业如果想要获得成功,必须在创业者能力、创业时机、创业精神发挥、创业策略研究拟定、经营模式设计、创业过程管理等各方面,都有很好的搭配。

2. 按照创业主体分类

《科学投资》杂志社研究了国内上千例创业者案例,发现国内创业者基本可以分成以下几种类型:

(1)生存型创业者。生存型创业者大多为下岗工人,或因为种种原因不愿困守乡村的农民以及刚刚毕业找不到工作的大学生。这是中国数量最大的创业人群。清华大学的一份调查报告显示,这一类型的创业者占中国创业者总数的90%。其创业范围大都局限于商业贸易,少量从事实业的也是小型的加工业。当然也有因为机遇成长为大中型企业的,但数量极少,因为现在国内市场已经不像20多年前那样机遇遍地,单凭机遇成就大业早已经是不切实际的幻想了。

(2)变现型创业者。变现型创业者是过去在单位中掌握一定权力,或者在企业当经理人期间聚拢了大量资源的人,在机会适当的时候开公司办企业,实际是将过去的权力和市场关系变现,将无形资源变现为有形的货币。在20世纪80年代末至90年代中期,第一类变现型创业者居多,现在则以第二类变现型创业者居多。

(3)主动型创业者。主动型创业者可以分为两种:一种是盲动型创业者;另一种是冷静型创业者。盲动型创业者大多数极为自信,做事冲动。有人说,这种类型的创业者大多同时是博彩爱好者,喜欢买彩票、喜欢赌,这样的创业者很容易失败,但一旦成功,往往成就一番大事业。冷静型创业者是创业者中的精华,其特点是谋定而后动,不打无准备之仗,或是掌握资源,或是拥有技术,一旦行动,成功概率通常很高。

(4)创业型创业者。《科学投资》在调查中,还发现有一种奇怪类型的创业者。他们除了赚钱,没有什么明确的目标。他们就是喜欢创业,喜欢当老板的感觉。他们不计较能做什么,会做什么。他们可能今天在做这样一件事,明天又在做另外一件事。其中有一些人甚至对赚钱都没有明显的兴趣,也从来不考虑自己创业的成败得失。奇怪的是,这一类创业者中赚钱的并不少,创业成功的概率也并不比那些兢兢业业、勤勤恳恳的创业者低。而且,这一类创业者大多过得很快乐。

通过研究掌握成功创业者的共性,至少可以明白自己是否适合创业。如果选择创业,是成功的可能性更大,还是失败的概率更高。

3. 高职学生创业模式

高职学生创业大多属于个体创业范畴,可分为生存型创业者和机会型创业者。

(1)因为没有其他合适的工作而选择创业,就是生存型创业者。生存型创业者以满足生存需要,如养家糊口,或关系需要,如当老板有面子为创业动机,很少考虑其创业产品是否进入了新市场,或企业扩张等可持续发展的公司经营战略。由于生存型创业主要是在现有的市场或小市场中寻找机会,具有简单、创业成本低、对创业者素质要求不高等特点。因此,从就业和稳定等社会角度看,生存型创业更适合目前经济的发展水平,也适合大多数未经历过创业实践和未接受过系统创业训练的高职学生。

(2)因为发现有了吸引力的机会而选择创业,就是机会型创业者。机会型创业是为了寻求更好的发展机会或者寻求更多的财富。从经济角度看,机会型创业要比生存型创业更有价值,机会型创业具有创造新产品和新市场的功能,特别是能够开辟大市场、形成新产业、能够带动经济发展,被誉为经济发展的引擎。因此,有能力、有条件的大学生,可以利用所学知识成为机会型创业者。

生存型创业和机会型创业有一定区别:

(1)创业动机不同。生存型创业者的创业动机是没有其他合适的工作所以创业;机会型创业的动机是发现有吸引力的机会所以创业。

(2)发现的商机市场不同。生存型创业是在现有市场中捕抓机会;机会型创业是发现了新需要与新市场。

(3)进入的市场不同。生存型创业是进入现有的小市场;机会型创业是面向大市场。

(4)出发点不同。生存型创业是根据自己拥有的资源选择机会;机会型创业是对开辟大市场有把握。

按照高职学生参与创业的时间划分为兼职创业、休学创业和毕业后创业。这三种模式是高职学生创业实践的选择结果。

(1)兼职创业。兼职创业是高职学生不放弃或中断自己的学习,采取在课余时间从事创业活动的创业模式。我国目前的大学生创业者对于这种模式倾向性很高,学生在创业的同时不影响课程学习。选取此种模式的创业者在创业活动中所涉及的行业通常都是对创业者时间投入要求较灵活的行业,创业者本人对于学习和创业的时间、精力安排必须合理,否则,将会一事无成。

(2)休学创业。为了创业而申请休学从事创业活动。创业学生中采用此种模式的比例很小,选择这种模式的高职学生不仅要面对创业的风险和挑战,还要应对周围环境的压力。创业失败后可以回校继续读书,在创业过程中,要有充分的应对风险和困难的准备,否则容易半途而废。创业学生在休学期内,通过自己的实践和创业企业的发展,能更有针对性地选择创业模式。

(3)毕业后创业。创业者在接受高等教育的过程中,实践能力、自身知识水平等各方面素质有较大提高。毕业后创业直接面对市场经济的机遇和挑战,创业企业的组织形式、经营模式相对稳定。

麦可思研究院在中国社会科学院举行"2015 年中国大学生就业报告发布暨研讨会"。报告显示,2014 届高职高专毕业生半年内自主创业集中行业为其他个人服务业、综合性餐饮业等,见表 1－1。

表 1－1　2014 届高职高专毕业生半年内自主创业最集中的行业(前 5 位)

自主创业最集中的行业名称	所占比例
其他个人服务业	4.4%
综合性餐饮业	2.6%
百货零售业	2.4%
建筑装修业	2.3%
其他金融投资业	2.3%

【知识链接】

格林豪斯职业生涯发展阶段理论

格林豪斯研究了人生不同年龄段职业发展的主要任务，并将职业生涯划分为以下5个阶段。

(1)职业准备，典型年龄段为0～18岁。主要任务：发展职业想象力，对职业进行评估和选择，接受必需的职业教育。

这个阶段可以理解为找工作前的准备阶段，在年龄上也较为符合中国的情况，即高中或中专毕业之后。其主要任务就是了解社会上的各种职业，并且在理论和实践上对职业进行体验、评估，结合个人偏好或目标进行职业选择，同时为了达到职业入门的要求，要接受培训、学校等方面的教育，以取得相应的从业证书和基本的职业能力。

(2)查看组织，18～25岁。主要任务：在一个理想的组织中获得一份工作，在获取足量信息的基础上，尽量选择一种合适的、较为满意的职业。

这个阶段可以理解为"找工作、找到工作、找到适合的工作"的过程，同时此理论提出一个概念：企业化或组织化，即在了解各类雇主中确定个人所适应的企业类型，在适应企业文化中与组织达到同步发展，这是与企业达成心理契约、获得同步发展的关键时期，也是避免职场新人过于频繁跳槽的有力方式。现在很多人过多地关注内在的职业倾向和外在的职业信息，而忽略了给我们提供工作平台的雇主，导致个人对组织有一点儿不满意就跳槽，这十分不利于个人的发展，要知道个人在职业生涯的发展很大程度取决于组织，在组织中工作，与组织共同发展，这样对个人的锻炼和提升才是最大的，尤其是对于刚工作的人来说。

一般来说，在25岁之前是很难找到适合的工作的。大多人都是在毕业时找工作，经过一段时间找到工作，由于对职业与企业的不了解，很多时候是适应和学习，如果不适应就会离职换工作。对于很多人来说，25岁甚至30岁之前都是职业体验期，即通过做更多的工作来了解自己的职业兴趣、评估各类职业，尤其是大学生，能在30岁时找到适合的工作就不错了。

(3)职业生涯初期，处于此期的典型年龄段为25～40岁。该阶段的主要任务是学习职业技术，提高工作能力；了解和学习组织纪律和规范，逐步适应职业工作，适应和融入组织；为未来的职业成功做好准备。

有的人一辈子都在做着自己不喜欢的工作，但因为"路径依赖"导致转换成本过高，所以只能盼着退休，从这个层面来讲，只有当个人找到了自己的"天职"时，才真正地开始自己的职业生涯。当然，对职业生涯的通俗理解就是只要开始工作了，就是开始了职业生涯旅程，即发现天赋，找到天职，开始职业生涯。融入职业、融入企业是把握当下的关键任务，这也是个人加薪晋升的两个必要条件。同时，还要为职业的下一步做好必要的准备，或职业转换，或跳槽。

(4)职业生涯中期，40～55岁。主要任务：需要对早期职业生涯重新评估，强化或改变自己的职业理想；选定职业，努力工作，有所成就。经过十几年的工作之后，很多人也有了寻找天职的念头。以前是为生存工作，现在开始考虑为内心工作，因此有了重新评估和选择的想法，最好还是在初期就有所准备，否则四五十岁的人家庭负担很大，不容易轻易转换职业与组织。

(5)职业生涯后期,从55岁直至退休。继续保持已有职业成就,维护尊严,准备引退,是这一阶段的主要任务。快退休,不犯错,维持原有辉煌成就是很不容易的事,发挥最后的余热,同时规划退休后的生活。年轻时的爱好、朋友、理想在此时都会是打发时间的较好选择。

格林豪斯的职业生涯发展阶段理论从人的工作角度来看很通俗,在逻辑上也很清晰,可以概括人的整个职业生涯,但未免过于简单,不能细分职业生涯的阶段与问题。

【测试】

威廉斯创造力倾向测试

1. 测试方法

表1-2是一份帮助个人了解自己创造能力的测试。如果你发现表中某些句子所描述的情形很适合自己,则请在题后的表格中“完全符合”的选项内打钩;如果有些句子对你来说,只是部分适合,则在“部分符合”的选项内打钩;如果有些句子对你来说,根本不可能,则在“完全不符”的选项内打钩。

2. 注意事项

①每一题都需要做,但不要花太多的时间去想;

②所有题目都没有“正确答案”,仅凭读完每一句话后的第一印象作答;

③虽然没有时间限制,但尽可能地争取以较快的速度完成;

④仅凭自己的真实感觉作答,在最符合自己的选项内打钩;

⑤每一道题只能打一个钩。

3. 开始测试

表1-2　创造力倾向测试表

序号	测试题内容	完全符合	部分符合	完全不合
1	在学校里,我喜欢猜测问题,即使不一定都猜对也无所谓			
2	我喜欢仔细观察我没有看过的东西,以了解详细的情形			
3	我喜欢听变化多端和富有想象力的故事			
4	画图时我喜欢临摹别人的作品			
5	我喜欢利用旧报纸、旧日历及旧罐头等废物来做成各种好玩的东西			
6	我喜欢幻想一些我想知道或想做的事			
7	如果事情不能一次完成,我会继续尝试,直到成功为止			
8	做功课时我喜欢参考各种不同的资料,以便得到多方面的了解			
9	我喜欢用相同的方法做事情,不喜欢去找其他新的方法			
10	我喜欢探究事情的真假			
11	我喜欢做许多新鲜的事			

表1－2(续)

序号	测试题内容	完全符合	部分符合	完全不合
12	我不喜欢交新朋友			
13	我喜欢想一些不会在我身上发生的事情			
14	我喜欢想象有一天能成为艺术家、音乐家或诗人			
15	我会因为一些令人兴奋的念头而忘记了其他的事			
16	我宁愿生活在太空站,也不喜欢住在地球上			
17	我认为所有的问题都有固定的答案			
18	我喜欢与众不同的事情			
19	我常想要知道别人正在想什么			
20	我喜欢听故事或看电视节目			
21	我喜欢和朋友在一起,和他们分享我的想法			
22	如果一本故事书的最后一页被撕掉了,我就自己编造一个故事,把结局补上去			
23	我想做一些别人从没想过的事情			
24	尝试新的游戏和活动,是一件有趣的事			
25	我不喜欢被太多的规则限制			
26	我喜欢解决问题,即使没有正确的答案也没关系			
27	有许多事情我都很想亲自去尝试			
28	我喜欢唱没有人知道的新歌			
29	我不喜欢在班上同学面前发表意见			
30	当我读小说或看电视时,我喜欢把自己想成故事中的人物			
31	我喜欢幻想200年前人类生活的情形			
32	我常想自己编一首新歌			
33	我喜欢翻箱倒柜,看看有些什么东西在里面			
34	画图时,我很喜欢改变各种东西的颜色和形状			
35	我不敢确定我对事情的看法都是对的			
36	对于一件事情先猜猜看,然后再看是不是猜对了,这种方法很有趣			
37	玩猜谜之类的游戏很有趣,因为我想要知道结果如何			
38	我对机器有兴趣,也很想知道它里面是什么样子,以及它是怎样转动的			
39	我喜欢可以拆开来的玩具			
40	我喜欢想一些新点子,即使用不着也无所谓			
41	一篇好的文章应该包含许多不同的意见或观点			
42	为将来可能发生的问题找答案,是一件令人兴奋的事			

表 1－2(续)

序号	测试题内容	完全符合	部分符合	完全不合
43	我喜欢尝试新的事情,目的只是为了想知道会有什么结果			
44	玩游戏时,我通常是有兴趣参加,而不在乎输赢			
45	我喜欢想一些别人常常谈过的事情			
46	当我看到一张陌生人的照片时,我喜欢去猜测他是怎么样一个人			
47	我喜欢翻阅书籍及杂志,想知道它的内容是什么			
48	我不喜欢探寻事情发生的各种原因			
49	我喜欢问一些别人没有想到的问题			
50	无论在家里还是在学校,我总是喜欢做许多有趣的事			
备注	在做完所有题目后,根据测试表中所给每一选项的分数计算自己的最后得分,得分高说明创造能力强,反之,说明创造能力差			

4. 测试说明:

本测量表共有50题,包括冒险性、好奇性、想象力、挑战性四项。其中:正面题目完全符合3分,部分符合2分,完全不符合1分;反面题目完全符合1分,部分符合2分,完全不符合3分。

(1)冒险性题目

正面题目:1,5,21,24,25,28,36,43,44。

反面题目:29,35。

(2)好奇性题目

正面题目:2,8,11,19,27,32,34,37,38,39,47,49。

反面题目:12,48。

(3)想象力题目

正面题目:6,13,14,16,20,22,23,30,31,32,40,46。

反面题目:45。

(4)挑战性题目

正面题目:3,7,10,15,18,26,41,42,50。

反面题目:4,9,17。

5. 结论

计算你的总分,得分高说明创造能力强;反之,说明创造能力差。

任务 1.2　树立创新创业理想

高职学生正处于一个黄金时期——很可能是有史以来最适合创业的时期。白手起家、激情创业,渐成洪流。一是环境使然,为人打工再好也是打工者,所谓“宁做鸡头,不当凤尾”;越来越多的毕业生就业困难,创业不失为一种人生选择。政府出于鼓励创新、安定社会的考虑，也将长期支持创业。二是中国现在是最好的创业时代。资讯发达、科技爆炸、需求无限、增长迅速，是为创业者提供机会、产生富豪的英雄时代。

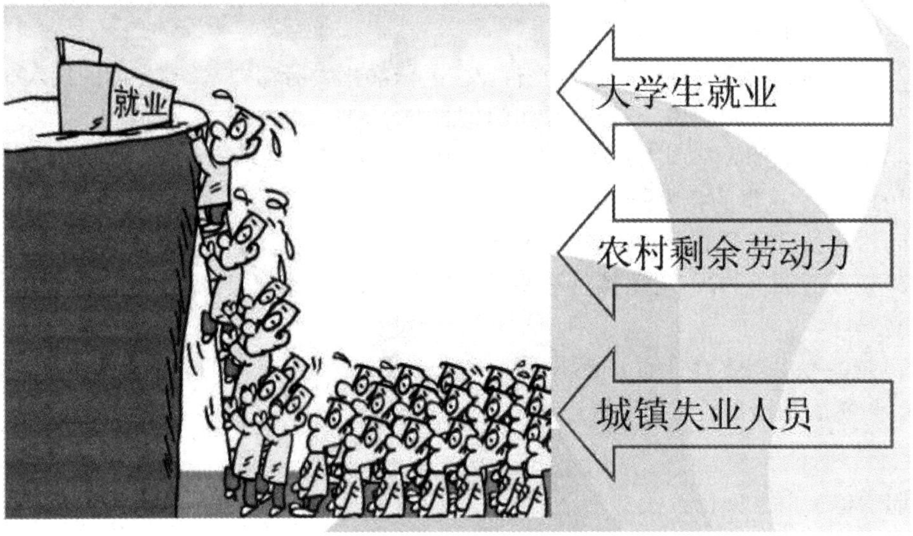

1.2.1 强烈的创业意识

要想取得创业的成功，创业者必须具备自我实现、追求成功的强烈的创业意识。强烈的创业意识能帮助创业者克服创业道路上的各种艰难险阻，将创业目标作为自己的人生奋斗目标。事业成功总是属于有思想准备的人，也属于有创业意识的人。

创办企业是高职学生创业者人生的重大选择，不管为什么创业，都将面临诸多且巨大的挑战，但同时也会带来许多益处。高职学生自主创业可以不听命于他人，按自己的节奏工作，更好地把握自己的命运，赢得尊重、威望和利润，感受创造及贡献的乐趣。利润、独立性和个人成就感三个方面的创业动机是迎接挑战的动力。

1.2.2 竞争意识

竞争是市场经济最重要的特征之一，是企业赖以生存和发展的基础，也是一个人立足于社会不可缺乏的一种精神。人生即竞争，竞争本身就是提高，竞争的目的只有一个——取胜。随着我国社会主义市场经济从低级向高级发展，竞争愈来愈激烈，从小规模的分散竞争，发展到大集团集中竞争；从国内竞争发展到国际竞争；从单纯的产品竞争，发展到综合实力的竞争。因此，创业者如果缺乏竞争意识，实际上就等于放弃了自己的生存权利。创业者只有敢于竞争，善于竞争，才能取得成功。创业者在创业之初面临的是一个充满压力的市场，如果创业者缺乏竞争的心理准备，甚至害怕竞争，就只能是一事无成。

很多人都渴望创业，但苦于没有资金。想要创业，就必须考虑如何能做到低成本创业，那么如何进行低成本的创业呢？首先必须要有心理准备：要有吃苦和百折不挠的精神，要勤奋，要有正确的方向和方法，要有良好的规划和人生设计，要充分利用现有的资源，要发挥自己的主观能动性，要发挥自己的优势、扬长避短，要善于借势。

下面列举几个低成本创业的几个例子：

(1)智能型的行业。这些行业里,有特殊知识或技能的人可以进行低成本创业,不需要大的资金投资,只需要智力投资。这需要特有专长或某方面的专长,如管理才能、行销才能、专利,这方面的例子很多,如著名作家、律师、高级工程师、职业经理人、发明家等。实际上,个人的专长就是一种资源。

(2)劳动密集型的服务行业。这些行业主要依靠出卖劳动力,资本方面的投入非常少。

(3)能充分挖掘和利用、整合资源和信息的人。

(4)善于借势的人是利用别人的资源,如风险投资就是一些人的智力资源和别人的资本资源的结合。这里的智力资源范围很广,如专利、如创业新点子等。

(5)占有特殊资源的人,如一些高干子弟。

(6)切入低成本的行业,尤其是一些服务性行业,有大量的不需要大资金投入的行业,如中介公司。

(7)先不考虑创业,在打工过程中创造个人品牌,如一些有名的职业经理人、行销专家、发明家等,然后利用自己的无形资产和别人的有形资产结合,达到无本创业的目的。

【测试】

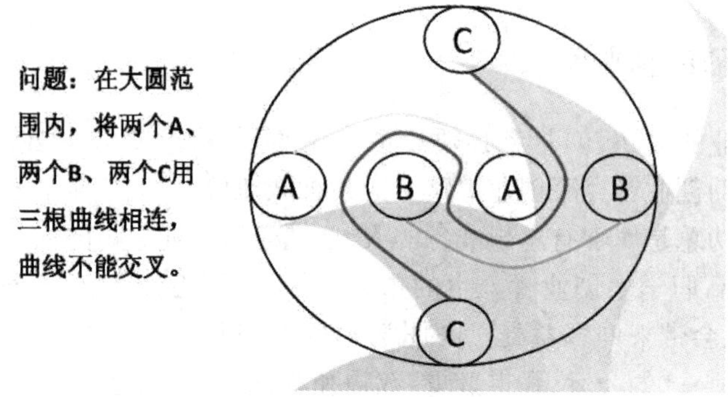

1.2.3　认清高职学生创业问题

1."市场为王"与"技术为王"的权衡

理工科的学生创业往往陷入一个误区:认为有技术、有一个好的产品,就一定有市场。实际上不一定,或者正好相反。一般来说,好的尤其是新的技术,往往是不成熟的。一个新技术,很重要的是看它和其他产品是否兼容,不能只关注这个产品的本身,没有解决市场实用性以及和其他产品的配套问题,这项新技术就很难被市场所认可,这一点至关重要。

此外,还要注重产品在心理层面被人接受的模式。一个产品虽然在技术方面有优势,但如果它和消费者的使用习惯或者审美观相悖,那么销售依然面临问题。比如说一个在创业者眼中很看好的产品,消费者却不愿购买,其中的原因是消费者根本不了解产品,所以在推出产品时,要有一个特别通俗易懂的说明书,要让消费者很容易就能明白卖点。不管技术多复杂,只要有一点能抓住消费者的心,产品就能卖出去。

很多学生在学校里面有一定的科研能力,但是研发的产品有时是没有市场的,因为对于创业者来讲,进行科研的前提是创业者所研发的产品可以卖出去。换个角度而言,如果首先进行概念研发，然后再朝技术方向研发一个产品，市场的成效就很不一样。例如，万科的主要产品都是先做概念研发，设计师根据概念研发再来做实房的研发，而且要把房子做成一个真的房子，放在房子实验中心，把消费者请来，问这个房子他是否喜欢。一年间，万科共进行了 124 场消费者调查，很多人都说"这个房子就是我们要的"。而过去，40 个产品类型里面只有 1 个是消费者想要的。

学生的精力是有限的，从自己的艺术倾向、灵感爱好出发，研发一个可能只有很小市场空间的东西，还是一开始就从想影响的消费者中间找到一个有潜力的概念，然后进行研发，这是两个很不一样的路线。前面的路线会有高度的浪费，这也是我国 85% 的专利无法转化的重要原因。专利在中国的发明，带有很强的个人游戏的性质，但是没有衡量市场。美国转化率很高，因为 70% 以上的专利本身就来自商业战斗，本身有很明确的商业价值追求。所以有技术发明能力的学生，应该要多花一些时间去了解市场，与目标服务对象、消费者、用户进行沟通，了解市场情况。

2. "单枪匹马"与"团队合作"的权衡

高职学生的创业活动或多或少总是包含有创新元素，具体能有多大程度的创新则取决于创业者和创业团队的天分。所以要从现在做起，有意识地培养自己的创新精神，提升自己个人的创新能力。决意创业后，一些学生会找一些志同道合的朋友一起创业，有的学生则倾向于选择自己独立创业。

如果创业者自身是一个很有想法、很有专注性的理工科同学，较好的做法是选择团队合作创业，尽早寻找创业伙伴，这样能形成异质化、多元化的创业团队，合作伙伴可能在营销方面或融资方面很有想法，这样的一个创业团队比自己单枪匹马要更有战斗力。

创业后要面对市场、社会、公司员工，创业者要时刻处理各方面的琐事，一个人很难应对，良好的创业伙伴不可或缺。人一辈子找到好的创业伙伴是非常不容易的，如果真的有几个好的创业伙伴，相对于单枪匹马，成功周期就会缩短，获得市场认可的可能性也会大很多。

3. "大市场"与"小市场"的权衡

高职学生创业者往往认为，可以创业的生意都是针对小市场的，甚至是一些地域化的极小市场。但是，在着手创业前，还是要对市场进行分析。从创业计划来看，有一个共同的特点是实际上只能做一个小市场，计算的方法却使用大市场的计算方式。真正的市场不是这么简单的，真正的市场是高度细分的。正确的做法应该是创业者将其产品所针对的人群进行细分，然后开展市场调研。具体做法可以在这个潜在消费群体中，找少数真实的消费者探讨一下，像本公司这样的产品、这样的服务，消费者是否有消费意向。

对学生创业来说，能否最终获得投资人支持，能否打开市场局面，取决于是否能清晰、有效地描述出这样一个较小的市场，甚至是一个缝隙市场，而不是大市场，除非创业者能从政府部门中获得支持，但大部分情况下是不容易拿到资金的。站在长远生意的角度来考虑，这种创业模式将来也会暴露出问题，因为学生创业者在设计的时候都不知道哪个是靶子。所以创业要回答的首要问题就是，在非特权的市场上，谁是自己的消费者？要满足消费者怎样的需求？

【测试】

工作创意测试

下面是10个题目,请在括号中的备选答案中选择一个。

(1)你在接到任务时,是否会问一大堆关于如何完成任务的问题?(肯定0分,否1分)

(2)你在完成任务的过程中,是否不善于思考,而习惯找他人帮忙,或者不断地问别人有关完成任务的问题?(肯定0分,否定1分)

(3)任务完成得不好时,你是否会找出一大堆理由来证明任务太难?(肯定0分,否定1分)

(4)对于多数人认为很难的任务,你是否有勇气和信心主动承担?(肯定1分,否定0分)

(5)当别人说不可能时,你是否就放弃?(肯定0分,否定1分)

(6)你完成任务的方法是否与他人不一样?(肯定1分,否定0分)

(7)完成任务时,领导针对任务问一些相关的信息,你是否总能回答上来?(肯定1分,否定0分)

(8)你是否能够立即行动,并且工作质量总能让领导满意?(肯定1分,否定0分)

(9)工作完成得好与不好,你是否很在意?(肯定1分,否定0分)

(10)对于做好了的工作,能否有条理地分析成功的原因和不足?(肯定1分,否定0分)

评价:

如果受测试者能够得10分,就很棒了;能够得7分以上则过得去;如果低于7分,就不尽如人意了;如是低于5分,受测试者就几乎没有创意头脑。

任务1.3　培养创新创业精神

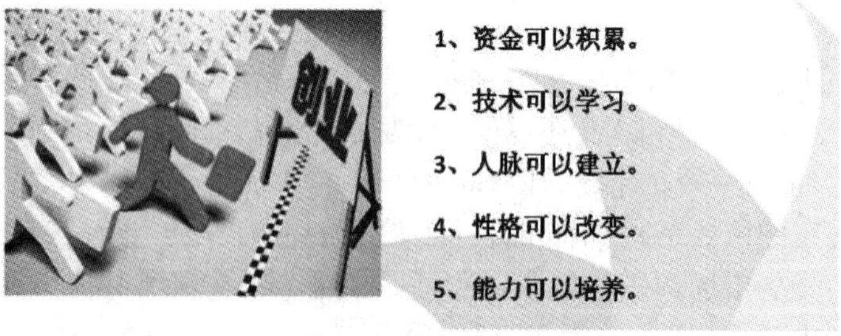

创业精神和企业家精神来源于同一个英文单词“entrepreneurship”,由于国内一开始将“entrepreneurship”翻译为企业家精神,所以习惯上使用企业家精神一词。创业精神是发现和把握商业机会,无论当时如何受资源的制约,都要努力通过创新满足需求,并且创造价值的活动过程。创业是一个过程,更是一种挑战,如果没有创业的决心和信心,就算是建立了自己的企业,经营过程中也很容易失败。

自信是对自己充满信心。自信心能赋予人主动积极的人生态度和进取精神,不依赖、不等待。要成为一名成功的创业者,必须坚持信仰如一,拥有使命感和责任感;信念坚定,顽强拼搏,直到成功。信念是生命的力量,是创立事业之本,是创业的原动力。要相信自己有能力、有条件去开创自己未来的事业,相信自己能够主宰命运,成为创业的成功者。

自强是在自信的基础上不贪图眼前的利益，不依恋平淡的生活，敢于实践，不断增长自己的能力与才干，勇于使自己成为生活与事业的强者。

自主是具有独立的人格，具有独立性思维能力，不受传统和世俗偏见的束缚，不受舆论和环境的影响，能自己选择自己的道路，善于设计和规划自己的未来，并采取相应的行动。自主还要有远见、有敢为人先的胆略和实事求是的科学态度，能把握住自己的航向，直至达到成功的彼岸。

自立是凭借自己的头脑和双手，凭借自己的智慧和才能，凭借自己的努力和奋斗，建立起自己生活和事业的基础。青年人应该早立、快立志向，自谋职业，勤劳致富，建立起自己的事业。

【扩展阅读】

中国改革开放以来的四次创业浪潮

从1984年起，中国至少有四次创业大潮，每一次大潮都有一个从上而下的过程，离不开政府和政策的引导，与中国经济结构的调整息息相关。

(一)1984年邓小平初次南巡

1984年春天，邓小平南巡视察深圳、珠海等特区以及《中共中央关于经济体制改革的决定》的酝酿出台，为这股创业浪潮注入了催化剂。新中国的第一波创业潮，人们把创业称为“下海”。柳传志曾这么评价他的创业时代：“下海确实很被人看不起，这是那些勇敢者做的事情，这些勇敢者在过去就是在社会上没有地位的人。”那个年代，主流的创业者以个体户为多，大多是城镇待业人员被逼无奈自谋生计，算是被动创业者。这一轮创业潮是以打破计划经济下的平均主义、解放思想、搞活商品经济为主旨的，也可以说是体制内的创业。1984年的创业应该说是一次勇敢者玩的拓荒游戏。

第一波创业的弄潮儿

这一轮创业潮的代表人物有步鑫生、张瑞敏、柳传志、王石等，这些在当年站在创业和改革大潮潮头的弄潮儿，今天有的已经销声匿迹，有的已经成为业界大亨，在自己所在领域里有着举足轻重的地位。

1984年的新闻人物步鑫生，就是以对浙江海盐县衬衫总厂做的“三新(款式新、衣型新、装潢新)”“一快(周转得快)”以及对员工薪酬的“按劳分配”而闻名全国的。

张瑞敏给中国商界的贡献主要在管理上。“不准在车间随地大小便”和“76台不合格冰箱被砸成废铁”这些广为流传的段子恰恰是那个时候中国企业管理改革的写照，也成了“中国制造”的缩影。

年近四十下海的柳传志则从代理进口计算机等起家，在中关村摸索出一条“贸工技”的发展道路。其他从中科院下海的同仁则在中关村创立了声名显赫一时的“两通两海(信通、四通、京海、科海)”，那时候，名气都比联想大。

后来创立万科地产的王石，最初也是以贸易起家的。“外汇”和“进口商品”曾让很多活跃在香港、北京两地的商人在中国对外开放的初期淘到第一桶金。

(二)1992年邓小平再次南巡

1992年的创业土壤和气候，同样与中国改革开放总设计师邓小平息息相关。1992年春天，邓小平再次南巡，与1984年的低调慎言不同，这一次，邓小平发表了著名的南巡讲话。

同年2月28日，中共中央将此次谈话以中央第二号文件的形式向全国传达。国务院还修改和废止了400多份约束经商的文件，《人民日报》甚至还发表了《要发财，忙起来》的文章鼓励人们下海经商。

这次的创业潮更像一个社会精英的掘金潮。这一批人是中国的现代企业制度的试水者，和之前的创业者相比，他们是中国改革开放以来，最早具有清晰、明确的股东意识的企业家代表。他们普遍具有企业现代管理意识，具有较强的资源整合能力，尤其是懂得资本运作，对宏观环境变化有灵敏的嗅觉。据《中华工商时报》的统计，当年全国至少有10万名党政干部主动下海经商，这一年的创业者被冠以“92派”之称。“92派”的代表人物有陈东升（也是“92派”一词的发明者）、田源、毛振华、郭凡生、冯仑、王功权、潘石屹、易小迪等，他们原本是政府机构、科研院所、大专院校的知识分子。1992年，全国房地产完成开发投资732亿元，比1991年猛增117%。第二次的创业热潮是以官员下海为特征、以席卷全国的“圈地运动”为契机的。

第二波“下海”的创业者

20世纪90年代的创业潮在当时依然被称作“下海”。不过，在市场经济的大海中畅游时，他们比前辈幸运，可以选择非体制下的创业。1992年5月，中国的《有限责任公司暂行条例》《股份有限公司暂行条例》相继出台。在此大气候下，全国兴起办公司热。同年8月，北京市工商局的库存营业执照发放完毕，不得不从外地紧急调运。还有报道说，在深圳的国际贸易中心大厦里，“一层25个房间，最多时拥挤着20多家公司，有的一张写字台就是一家公司”。在复旦大学做老师的郭广昌也在这一年在上海注册了一家公司。

“92派”代表人物冯仑、潘石屹等如今都成了房地产大佬，还有的是在金融服务领域开疆辟土，例如陈东升（嘉德拍卖公司创始人、泰康人寿董事长兼CEO）、田源（创办了第一家期货公司）、毛振华（创办中诚信，中国信用评估第一人）等。除此以外，“92派”中也有部分体育文化界精英，例如李宁、那英、王朔等。李宁创立的运动服装品牌至今依然在市场上很有号召力。

（三）启动“春晖计划”

第三次创业浪潮是以海归创业为主而形成的一股潮流。江泽民在中共十五大报告中指出，鼓励留学人员回国工作，或以适当方式为祖国服务。国家教委全面启动鼓励和支持留学生短期回国服务的“春晖计划”。1999年国庆，“春晖计划”支持了25名留学生参加中国建国50周年的阅兵仪式。25人名单中包括李彦宏、邓中翰，他们回国创立了百度和中星微。

第三波创业的“海龟”们

这些先行的海归人士，在回国创业前，大多学的是工科专业，在美国获得过博士学位，目睹或亲历过美国硅谷高科技产业发展的奇迹。他们回国带来的不仅仅是创业项目，还有美国的风险投资资本。模仿硅谷的创业项目加上来自硅谷的早期资本的支持，成了这一轮海归创业潮最鲜明的特征。他们成为中国新经济的代表，还开拓了中国企业奔赴纳斯达克IPO的时代。他们在纳斯达克的成功上市，又激励了更多的“海归+风投资本”的组合式创业。在财富的效应下，潜藏在人们内心的创业激情迸发出来。2000年前后，汪潮涌、王冉这些跨国投行的高管也加入到创业大潮中来，创立精品投行，主要服务于创业群体。2005年前后，加入创业大潮的风投也越来越多，甚至有些是硅谷实业家转身风投，著名的有邓锋、朱敏。

1999年,当著名搜索引擎 Google 和 Yahoo 在网络世界如日中天的时候,李彦宏回到中国创立了百度。2000年,李彦宏第二轮融资100万美元成功。

以张朝阳、李彦宏等为代表的在互联网领域创业的海归留学生创业成功后,被称为互联网时代的英雄。同前两波创业潮一样,他们回国创业也有一个政策大环境。在海归群体的示范下,本土的创业者也越来越多,也有不少人在互联网领域取得过辉煌成功,例如创立盛大的陈天桥、创立网易的丁磊等。这些互联网的创富英雄被称为阳光富豪,他们的出现首次打破了此前存在于中国企业家群体的"原罪"魔咒。

(四)新"克强指数"的新维度:第四次创业浪潮

"克强指数"是由《经济学人》提出用以衡量中国经济的指标,自2010年提出之后广为人知。近期,李克强总理撰文修正了"克强指数",市场据此归纳出新版"克强指数"新增的三个维度:就业、居民收入以及能耗强度。扩充的"克强指数"纳入了经济转型期间的新特征,而创业创新正是其间的最大亮点。

随着本土风投的壮大和国内创业板的开通,创业者获得资本和整合各项资源变得更加容易。有中外风投做推手的创业潮开始从海归向本土创业者扩展,创业的领域也从互联网向生物医药、太阳能、清洁技术、教育、消费等诸多领域扩张,出现了全民创业潮。全民创业潮的新推动者包括各级地方政府,倡导"回乡创业"和"大学生创业",并出台了一系列扶持政策。2014年,中小企业的所得税减少了一半,惠及246万户小微企业;国家下放和取消了160多项涉及创新创业的行政事项。几乎每两天就为小微企业松一次绑。

依托中国创业环境的改变,我国每天有一万多家企业注册,平均每分钟就会诞生7家公司。第四次创业浪潮比拼的是创新的技术。在汉诺威展上,阿里巴巴的马云靠刷脸完成了支付,惊艳全球,而提供这项技术支持的同样是一家年轻的创业公司。

"中国正在兴起第四次创业浪潮",李开复这句话,受到众多商界人士的赞同。几年前从微软辞职后,他致力于跟"创客"们打交道,他创立的创新工场已经成为国内最知名的培育新一代创业企业的基地。

从北京中关村兴起的"创客风潮",已迅速"传染"到深圳、上海、天津等一线城市,并逐级向成都、贵州、郑州等地扩散,新一波的创业浪潮正激荡着中国大陆。据权威部门统计,2014年全国新注册企业在上年大幅增长的基础上,又新增加了1 200多万户,其中首次参与投资创业的自然人多达291万人。

教育部公开数据显示,2015年我国大学生创业率为2.86%,已经连续3年保持增长。创业创新在新"克强指数"中以内涵的方式显现。官方数据显示,我国单位能耗持续下降,居民收入逐步提高。而创业人群的增长具有双重效应:一是解决了就业存量,缓解了就业压力;二是拓展了就业空间,稳定了居民收入持续增长预期。

不仅如此,创新创业在重塑社会商业环境的同时,产业升级期间的新兴业态也大批涌现。市场调查机构的数据显示,电商、互联网金融、消费服务、医疗保健、APP开发等更为创业者偏好。

【实训与习题】

一、知识点练习

1. 什么是创新?

2. 什么是创业?

3. 高职学生创业风险有几方面，如何化解？

4. 就业与创业有什么区别？

5. 从职业发展的角度来看，是就业稳定还是创业稳定？

二、实训实践题

创业利弊辩论赛的具体要求如下。

1. 辩手要求：每支队伍由4人组成。要求辩手口齿清晰，思维敏捷，赛前做好充分准备。

2. 主席要求：仪表端正，口齿清晰，开朗大方。

3. 比赛规则

全场总计用时28分钟。

(1) 陈词共6分钟，正反方一辩发言各3分钟。

(2) 攻辩阶段：

①正方二辩提问，反方二辩回答，双方累计时间1分30秒。

②反方二辩提问，正方二辩回答，双方累计时间1分30秒。

③正方三辩提问，反方三辩回答，双方累计时间1分30秒。

④反方三辩提问，正方三辩回答，双方累计时间1分30秒。

⑤正方一辩做攻辩小结，用时1分钟。

⑥反方一辩做攻辩小结，用时1分钟。

注意：每次提问不超过15秒，每次回答不超过20秒。回答方不得以任何形式向对方提问。攻辩双方必须正面回答对方问题，提问和回答都要简洁明确。重复提问和回避问题均要被扣分。正反双方的攻辩小结要针对攻辩阶段的态势及涉及内容，脱离比赛实际状况的背稿要被扣分。

(3) 自由辩论阶段：

共用时10分钟，每方用时5分钟。

双方轮流发言，正方先开始。一方发言完毕落座后，另一方方可起立发言，不得中途打扰对方发言。同一方辩手的发言次序不限。如果一方时间已经用完，另一方可以继续发言，也可向主席示意放弃发言。自由辩论提倡积极交锋，对重要问题回避交锋两次以上的一方扣分，对于对方已经明确回答的问题仍然纠缠不放的，适当扣分。

(4) 总结陈词阶段：

共用时4分钟，双方四辩总结陈词，每方用时2分钟。反方先开始。

辩论双方应针对辩论会整体态势进行总结陈词。脱离实际，背诵事先准备的稿件，适当扣分。

【参考材料】

在校大学生创业利弊辩论赛

正方立论陈词：

谢谢主席，大家好：

今天很高兴在此与大家进行“在校大学生创业是利大还是弊大”的探讨。我方观点是在校大学生创业利大于弊。

首先，我们明确几个概念。教育部相关文件规定：在校大学生在高等院校存有学籍的学生创业，即创立事业和其他活动一样，创业始终是部分人的行为，并不是每个人都必须选择的发展道路。因此，我方认为，此辩题应以正在从事创业活动的在校大学生为对象，通过证明其创业活动利大于弊，向广大在校大学生提供一条可行的发展道路，但要注意的是利大于弊，并不代表着利益最大化。例如，苹果好吃，但并不说明苹果一定是最好吃的水果。

其次，我们来看看在校大学生的特性：

①在校大学生已经接受过至少12年的基础教育，有相对完善的基础知识和人格。

②他们是最具创新精神的人群之一。

③大学校园内资源整合的优势是完全走入社会的人可望而不可即的。

由此我将从个人、国家、民族三个层面来论证我方观点。

第一，从个人角度。首先，专业知识学习与课外实践相互结合是知识经济时代的大学生充实自我的必由之路。二者结合起来恰是练就一个人的综合素质的修行！其次，在校大学生能充分利用大学校园资源整合的优势。三个臭皮匠，顶个诸葛亮。将学习各门专业的人有机地聚在一起就是一组黄金搭档，更何况知识渊博的教授近在眼前。对于创业我们翘首以待！即使创业失败了，丧失了金钱，花费了精力，受到了创伤，但正所谓吃一堑长一智，从创业过程、创业失败中所学的，将受用终生啊！

第二，从国家层面上说，创业成功当然好，促进经济发展。即使失败了，也能给其他企业提供经验教训，不致重蹈覆辙，提高创业质量，这对国家经济不也是一种促进吗？

第三，最有竞争力的民族是最具有创新精神的民族！我们不应在别人的民族大力创新进取的时候，悠然地坐在红木椅上闻着茶香，中华民族需要我们的创新。我们的努力，将推动中华民族创新精神的发扬！

综上所述：在校大学生创业利大于弊。

反方立论陈词：

主席，评委，大家好：

首先声明我方观点：在校大学生创业弊大于利。何谓在校大学生？根据国际惯例，就是在大学上课继续学业的学生。否则，一个离开学校十几年而保留学籍的人是否仍是在校大学生呢？

什么是创业？创业具有怎样的特性呢？创业，创办事业，即具有一定的目标、规模和系统性，对社会发展有影响的活动。它的特性包括创新性、目的性、系统性、风险性、延续性、经常性、规模性。由此可见，创业必须投入的时间精力非常大，绝非对方辩友所说的一小部分。同时，创业对创业者的性格、人格、心智、人文素养、专业知识和能力提出了很高的要求。

在校大学生这一群体又具有怎样的特性呢？

首先，在校大学生的根本任务是促进自己作为一个“人”的成长和完善，包括人格的完善、心智的成熟以及人文素养的积累，而不仅是为了毕业后有出路。

其次，大学为实现这种成长提供了最好的土壤，大学生有必要在这最合适的时间，做与之相适应的事，否则就是资源的浪费了。

再次，多数大学生的性格、心智、人文素养、创业的知识和能力都没有达到创业相应的标准。

第四，人的精力都是有限的，尤其对于正在为自身素质提高而努力的大学生而言，学习本身就需要极大的时间和精力，如果再加上创业，那绝大多数大学生会得不偿失。

综合在校大学生和创业这两者的特性，我们可以得出这样的结论：在校大学生创业利弊皆有，但是弊大于利。

诚然，创业机遇难得，合适的机会降临时确实不该放弃；创业活动可以提高创业能力，也有利于提升社会创新力。但是如果放在大学阶段可就不同了。

其一，大学生不能很好地完成个人的成长这一根本任务，因为学习和创业都要倾注极大的时间和精力，而这很难做到兼顾。

其二，大学生在没有全面成长，心智、品格不成熟，人文素养不深厚，知识不完备，能力有欠缺的情况下贸然创业，不仅注定了失败，还会给未来人生带来阴影。

其三，这样一批素质不高的创业者会导致创业的低水准，影响未来商业发展的规模和水平。

所以，我方认为评判在校大学生创业利弊的标准是：是否有利于在校大学生的全面成长，是否有利于创业成功，是否有利于未来商业的高水平发展。

创业本身没有错，一个在校大学生如果同时具备了知识、经验、心态、创新这四个条件，在遇上一个合适的机会，那么他当然也应该去创业。但是，对于广大普普通通的在校大学生而言，他们还不具备上述条件。所以，对于广大在校大学生，创业弊大于利。

正方总结陈词：

谢谢主席，大家好，开门见山，有错必纠。

首先请允许我指出对方辩友的几点不足：

第一，对方曲解辩题，还一笑而过。本次辩论的主体是正在创业的在校大学生，你对一个不吃雪梨的人说雪梨好不好吃，纯属对牛弹琴，创业如是，我们要讨论的就是社会应对在校大学生创业这个新生事物的态度！

第二，对方割离了创业与学业，其实他们是统一的，是知与行，是理论与实践的统一，创业是学习的一部分。《大学生创业指南》说“创业是创新教育的实践课堂”，所以，根本不存在兼不兼得的问题。同时，孟子曾说：“鱼我欲也，熊掌亦我所欲也，两者不可兼得，舍鱼而取熊掌也。”可见不可兼得是指水火不容，两者只可选其一，但创业、学习绝非水火不容！

第三，对方辩友类比不当，说毕业后创业好就能否定在校大学生创业好吗？我们今天讨论的是利大于弊，而不是最优化选择，比如说喝牛奶对人体是利大于弊，至于是否最有利，最优化不是今天讨论的范围！

第四，对方说大学生知识储备不足，经验不够，那我就不明白了，那什么时候是足呢？农民叔叔没有读过大学去创业是不是就该千刀万剐？比尔盖茨错了，应该考上博士才去创业呢？其实，正在创业的大学生已比一般人多些准备了，遇到机遇创业也不意味着知识学习的终止，提倡终身教育的今天，社会也是最好的大学！

我方整场比赛论证了在校大学生创业者个人、国家、民族的利与弊，有利于个人素质全面提高，推动经济发展，教育资源多元化，民族创新精神的发扬。正在创业的大学生是一群充满激情与创新，知识与勇气，自强不息，躬行实践的骄子，一个人的力量可能是不够的，但整合起来就是一个具有无穷潜力与创造力的团队。

沧海横流，方显英雄本色。世事我曾抗争，成败不必在我。菁菁校园，许多人忙东忙西不知忙什么东西，走来走去不知何去何从。创业就像一面鲜艳的旗帜，在学业之中指引年轻人不断从辉煌走向辉煌。人生能有几个 20 岁，只因年轻人不寂寞，青春不甘寂寞。

反方辩词：

每个大学生都曾有创业的憧憬和冲动，但请冷静想想，什么是创业？它不是辩论或是兼职打工这样简单，而是创立事业的过程。对于“大学在校”这一特定的人生阶段，对于“大学生”这一特定的社会角色定位来说，不论是从个人价值实现还是社会良性发展的角度看，在校大学生创业均弊大于利。

首先，看大学生的人生价值实现。一方面，大学生个人特殊阶段的任务要求与创业本身是矛盾的。在校大学生知识结构不完备，社会化进程不充分，社会实践的时间精力等无形资本匮乏，而这些缺憾正是大学阶段所要提升与完善的，又是与创业所需难以匹配的。诚然，大学生需要人生历练，需要社会经验，我们主张通过拓宽当前的教育手段，增加在校期间的社会实践和兼职打工来有益地补充。但这与盲目鼓励创业并不等同。创业与在校的必然冲突，是不可调和的。另一方面，在校大学生创业的机会成本巨大。人生的每个选择都意味着得失，但今天的大学生应该理性的权衡。大学生所处的人生发展阶段是学习能力最强，可塑性最佳的时期。而大学教育就是让大学生在知识获得的基础上，完善认知体系、价值体系，提升人格品质。指望创业来获得社会经验，并非大过，却不明智。以功利思想荒废学业，以浮躁氛围浸染学术，将物质的追求置于品格培养之上，从根本上讲，这与大学的超功利性取向是相背离的。打着“磨砺人生”的旗号鼓吹创业，以放弃学业为代价也只能换来失败，积累经验的初衷也只能导致遗憾终生。

其次，从社会良性发展的需求和现实来看。一方面，人才培育模式本身就考虑了人的发展阶段性特点，才组织对这一年龄段的人进行高等教育。个别令人尊重的成功案例不能掩盖在校大学生创业的低成功率预期。当前大学生创业的市场机制不健全，信用体系亟待完善，这些都加大了大学生资本的无效投入。这在客观上闲置了教育资源的同时，又浪费了社会资本，可谓双失的下策。另一方面，在校创业这种单一的甚至是偏激的人才锻炼模式势必造成知识结构的单一匮乏，无法为社会发展提供多元的知识结构体系，使社会进步失去持续的智力支持。

利弊比较，是要以普遍性为基础进行衡量，在校大学生创业必然对个人、社会产生不良影响，因此必然是弊大于利的。

项目2　培育创业心理品质

【创新创业格言】

积极的心态必是正确的心态。正确的心态总是具有“正性”的特点……具有积极心态的人，总是怀着较高的目标并不断奋斗，以达到自己的目标。

——N. 克莱门特·斯通

【创新创业家小传】

N. 克莱门特·斯通是拿破仑·希尔基金会主席、美国联合保险公司董事长。他1902年生于美国一个并不富裕的家庭，小时候父亲早逝。为了贴补家用，斯通很小便开始卖报，满20岁时在芝加哥创立“联合保险代理公司”，由一个只有100美元起家的年轻人自我奋斗成为4亿美元身价的富豪。

斯通一生都在从事推销，既推销保险，又推销信念和使人成功的方法。为了广泛传播自己思想和信念，他与人合著了《获取成功的精神因素》，发行25万册。1962年，他又出版了《永不失败的成功之道》并成为畅销书，之后创办了杂志《无限制成功》。他根据自己的经历，循循善诱地向世人告知成功的秘密以及由此所带来的幸福生活的意义。

【学习目标】

通过本项目的学习，纠正神化创业者的片面认识，树立正确的心理定位，了解创业心理品质，深刻体会创业心理品质与成功创业的关系。学习成功创业者的优秀心理品质，掌握调控心理问题的方法，完善人格，全面提升创新创业能力。

【案例导入】

选择大于努力

“选择大于努力”，这是渤海船舶职业学院毕业生梁洪涛行走在创业路上的人生格言。

梁洪涛，1990年9月出生于辽宁阜新，2012年毕业于渤海船舶职业学院，现任辽宁恒达原生态农业有限公司董事长。

由于家境贫寒，梁洪涛是班级的特困生，艰苦的日子，严格的管教，使梁洪涛从小养成了吃苦耐劳、艰苦朴素的良好作风和勤俭节约的好习惯。上学期间，他为了锻炼自己的能力，尽早接触社会，同时改善自己经济状况，业余时间钻研创业书籍，有意向企业家请教，处处留心与一些创业者交流，并一直做兼职。在生活中，他性格开朗、热情大方，尊敬老师、团结同学，勤俭节约、艰苦朴素，诚实守信、热心待人，深受老师和同学们的喜爱，在师生中留下了良好的口碑。

2009年，梁洪涛考入渤海船舶职业学院材料工程系，入校以后便严格要求自己，始终以提高自身综合素质为目标。他曾经担任班长、团支书记，经过三年的学生工作锻炼与学习，增强了自己各个方面的综合能力，也在工作中学到了许多在书本和课堂上学不到的东西。这也使他养成了坦诚、做事讲原则、敢于承担责任的良好习惯。在学习上，他努力扩展自己的知识面，广泛涉猎各科知识，培养其他方面的能力。他以优秀的成绩在渤海船舶职业学院完成学业，同时自学了沈阳工业大学机械设计专业本科课程，拿到了本科毕业证书。他善于把所学的专业知识运用到实践中，更好地指导实践活动。同时，实践活动也促进他更好地学习专业知识，找到自己在学习中的漏洞，提高自主学习的能力，并且在实践中改造了自己的世界观和价值观，为踏入社会打下了坚实的基础。正是这种严谨的学习作风和端正的学习态度，塑造了他朴实、稳重、创新的性格特点。他曾获得二、三等奖学金各一次，国家助学奖学金两次，多次获得学院军训标兵、三好学生、优秀干部等荣誉称号。

2012年11月，他以优秀的成绩被中国第一重型机械集团录用，获得了一份令人羡慕的工作。但是，为了执着于自己创业的信念，挑战自己的能力，他顶着家庭的压力于2013年4月辞职，去沈阳银润康基集团做净水设备销售，不久便当上了销售主管。当年10月，他独自南下考察市场，足迹遍布福建、浙江、广东、湖南、湖北、陕西、河南、河北、山东等地，又在北京都展望展览服务有限公司做招商主管。不久后，他再次辞职，自己组建团队做工艺品展览、床品及服装展示，最后定位于南北干货的甄选交易和流通。

2014年3月，他带领自己的创业团队从厦门回归家乡，创立辽宁恒达源生态农业有限公司，公司坐落于阜新市阜蒙县大板镇，注册资金500万。恒达源公司以中国甘薯体系研究院和辽宁省风沙地改良利用研究所为技术依托单位，从事甘薯产业研究，重点开展甘薯高产栽培技术研究、机械化管理、优质种苗选育及开发产品精深加工品，是一家以现代农业综合开发、林下示范种植、农副产品深加工为产业结构，集冷冻保鲜果蔬、坚果、果脯等系列休闲食品深加工生产、甘薯深加工生产及黑花生、黑玉米等小杂粮农产品速冻加工、销售，农产品冷链物流配送产业规模化于一体的民营企业。2015年，公司被选定为阜新市农业+互联网示范基地，现有员工15人，带动就业200人次，公司产值达500万元，利润近100万元。

梁洪涛立志于用科学技术服务于农业发展，改善中国人餐桌上的饮食品质，为国家的食品安全贡献自己的微薄之力。他说，创业者的内心都住着两个小人，一个小黑人总是退缩，告诉你那么多人都遵循命运的安排，信命吧，老老实实上班，勤勤恳恳晋升，不求大富大贵，只求平平安安，不也挺幸福吗？这个时候小白人就跳出来了，人生就应该与众不同，拥有激情，乐于挑战，命运是在自己手中的，以后的自己一定会感谢现在努力的你。只有攀爬才能达到顶峰，山脚下是决然不能感觉到一览众山小的豪情，宁愿不被理解，也要为自己的人生轨迹负责，想想暮年后拥有的不一定是金钱、权力，但一定拥有丰富的经验阅历。他对大学生创业的建议是：选择要果敢，既然走入创业这条路，就要坚持。今天很艰辛，明天更艰辛，但是也许后天很美好。

每当谈起自己创业的经历，梁洪涛总是深有感触：创业就像是一种探险，一路披荆斩棘，过关斩将，享受的就是超越的经历，一步一步成长，没有人逼迫你，自己却总是快马加鞭。创业就是放下安逸选择波澜，每天都有各种前所有未的坎坷，想破头皮，抓耳挠腮，期待灵光一闪，慢慢超越，逐渐成为强者。

说到赚钱，梁洪涛认为，赚钱不是目的，而是结果，而且是顺理成章的结果。面对新时期、新平台、新环境，要定位好自己，勇敢地迈出第一步，人生短短几十年，机会不是随时随地都有的，不一样的路绝对有不一样的风景，行走在创业路上，痛并快乐着，凤凰涅槃，浴火重生。

【案例分析】

1. 梁洪涛的创业经历给了你哪些启发？
2. 梁洪涛创业成功的优势是什么？
3. 高职学生创业需要什么样的心理素质？

任务 2.1　创业心理品质

心理学研究表明，人类创造性活动的心理结构十分复杂，一项创造性活动有多种心理因素参与。创业之路充满艰险与曲折，自主创业等于是一个人去面对变化莫测的激烈竞争，以及随时出现的需要迅速正确解决的问题和矛盾，这需要创业者具有非常强的心理调控能力，能够持续保持一种积极、沉稳的心态，即有良好的创业心理品质。

创业的成功在很大程度上取决于创业者的创业心理品质。只有具有处变不惊的良好心理素质和愈挫愈强的顽强意志，才能在创业的道路上自强不息、竞争进取、顽强拼搏，才能从小到大，从无到有，闯出属于自己的一番事业。

2.1.1　创业心理品质是什么

创业心理品质是创业基本素质结构中的调节系统，是在创业实践活动中对人的心理和行为起调节作用的个性意识特征，与人固有的气质、性格密切相关，体现在创业者的独立性、敢为性、坚韧性、克制性、适应性、合作性等方面，反映了创业者的意志和情感，是一种综合心理素质。

通过对创业者成功案例的研究，发现成功创业者具有多种共同的特性，如欲望、忍耐、眼界、明势、人脉、谋略、胆量、与他人分享的愿望和自我反省的能力等鲜明的品质特点。

人能改变心态，从而改变自己的一生。西方著名成功学家拿破仑·希尔博士说："一个人所取得的成就，一个人所交的朋友，一个人对子孙后代所做的贡献，都是由人的心态决定的。"

2.1.2　优秀创业心理品质

良好的创业心理品质涵括正确的动机、坚定的信念、鲜明的个性和良好的创业意识等诸多方面，主要表现在以下几方面。

1. 独立思考、判断、选择、行动

独立性是创业者最基本的个性品质。这种品质主要体现在：自主抉择，即在选择创业目标时，有自己的见解和主张；自主行为，即在行动上很少受他人影响和支配，能按自己主张将决策贯彻到底；行为独创，即能够开拓创新，不因循守旧。创业者要跳出依附于他人的生活圈子，克服事无主见、优柔寡断的个性心理缺陷，走上独立的生活道路。

2. 善于交流、合作

在创业道路上,摒弃“同行是冤家”的狭隘观念,与同事真诚合作,善于倾听、分析、取舍他人意见,理解、体谅、尊重和关心他人,学会合作与交往。能团结他人合作共事、与周围人进行有效的交流与沟通,提高办事效率,增加成功的机会。

在创业过程中,需要与客户和顾客打交道,与公众媒体打交道,与外界销售商打交道,与企业内部员工打交道等,这些交往沟通,可以排除障碍,化解矛盾,降低工作难度,增加信任度,有助于创业的发展。如温州职业技术学院轻工系教师罗德宇在暑假期间带着学生做十二生肖红酒架,实现了“从产品到商品的跨越”。这个创意是学生自己选定的,任务很快分派了下去,有人负责设计,有人负责工艺,有人负责销售,按公司的机构来运作。经过画图、雕刻、加工、打磨、组装等一道道工序,模型出来了。接下来,负责销售的同学不仅把作品晒到微博上、朋友圈里,而且还主动和经营红酒的商家、网站联系,发送作品图片,结果引来了一批订单。目前这套十二生肖红酒架已经申请了三项国家专利。“这些作品本身技术含量并不高,投入也小,但有亮点,有创意,体现的是创意的价值。”

3. 敢于行动、敢冒风险、敢于拼搏、勇于承担后果

对瞄准的目标敢于起步,对选定的事业敢冒风险的心理品质又称敢为性。敢为性的人对事业总是表现出一种积极的心理状态,不断地寻找新的起点并及时付诸行动,表现出自信、果断、大胆和一定的冒险精神;当机会出现的时候,往往能激起心理冲动。胆小懦弱,患得患失,恐惧风险,屈服压力,难以迈开创新步伐;而随心所欲,意气用事,盲目蛮干,则成事不足败事有余。因此,要培养胆大而心细,果断而不武断,敢为而不妄为的个性心理品质。

4. 敢于克服盲目冲动和私利欲望

在创业过程中,创业者要善于克制,防止冲动。克制是一种积极的、有益的心理品质,它可使人积极有效地控制和调节自己的情绪,使自己的活动始终在正确的轨道上进行,不会因一时的冲动而引起缺乏理智的行为。创业者在创业过程中要自觉接受法律的约束,合法创业、合法经营、依法行事;自觉接受社会公德和职业道德的约束,文明经商、诚实经营、互助互利。当个人利益与法律和社会公德相冲突时,要能克制个人欲望,约束自己的行为。

5. 坚持不懈、不屈不挠、顽强努力

创业者的恒心、毅力是十分可贵的个性品质。创业者需要百折不挠、坚持不懈的毅力和意志。必须有一颗持之以恒的进取心。三心二意、知难而退或虎头蛇尾、见异思迁,终将一事无成。遇事沉着冷静,思虑周全,一旦做出行动决定,便咬住目标,坚持不懈。创业过程是一个长期坚持、努力奋斗的过程,立竿见影、迅速见效的事是极少的。在方向目标确定后,就要朝着既定的目标一步步走下去,纵有千难万险,迂回挫折,也不轻易改变初衷,半途而废。

6. 善于进行自我调节、适应性强

面对市场的变化,创业者能否因客观变化而动,灵活地适应变化,是创业成功的关键所在。创业者必须以极强的信息意识和对市场走向的敏锐洞察力,看准行情,抓住机遇,不失时机地、灵活地进行调整。

善于进行自我调节还应处理各种压力,能用积极的态度看待来自工作和生活的压力,冷静分析、控制压力,找出原因、缓解压力、甚至消除压力。能够保持良好的心理,勇敢地面对压力,力争将不利变有利,将被动变主动,将压力变动力。要具有较强的适应性,还应做到“胜不骄,败不馁”。

2.1.3 高职学生创业品质

1. 独立而非孤独——独立性与合作性

独立性与合作性是相辅相成的两种心理品质，交互作用，相互制约，能在创业实践活动中发挥重要的调节作用。因此，首先要能走出依附于他人的生活圈子，走上独立自主的生活道路。独立性是高职学生创业最基本的个性品质。不依靠别人的供养，摆脱别人的控制和影响，独立思考，自主行为，依靠自己的劳动和智慧，走上自立人生、兴家创业的道路。其主要表现在以下几方面。

（1）独立思考，自主行动。在人生道路选择上，有自己的见解主张，不人云亦云，下决心靠自己的努力去闯出一条创业道路来；在做出抉择之后，独立自主地采取行动来实现自己的计划，不受或很少受别人的影响和支配。

（2）开拓创新，独树一帜。行为独创，不因循守旧，步人后尘。独立性是高职学生自强的重要的人格因素，但是独立并不等于孤独，更不是孤僻。有自己的个性特点，既不依靠他人，不听命于他人的安排，又能与他人密切配合。创业活动是在人与人之间交往、配合和协调中发生发展并取得成功的。要做一名出色的社会活动家，要善于与各种人打交道，积极主动地与人交往、交流、合作、互助，通过合作，取人之长，补己之短，通过交流获取各方面的信息，做到独立性与合作性在个体上的统一。

2. 敢为而又善于自控——敢为性与克服性

敢为性与克服性又是一组相辅相成的心理品质，在创业活动中交互作用。从事创业活动必然会伴随着某种风险，事业的范围和规模越大，取得的成功就越大，伴随的风险也就越大，需要承受风险的心理负担也就越大。立志创业，必须敢闯敢干，有胆有识，才能变理想为现实。只要瞄准目标，判断有据，方法得当，就应敢于实践，敢冒风险。敢为不是盲目冲动，不能冒进，要具备评估风险程度的能力，具有驾驭风险的有效方法和策略。

对情绪的自我控制，对行为的自我约束，对心理的自我调节，这就是克制性。敢为而又善于自控，才能在积极进取和自我完善中不断获得成功。

3. 坚韧而不失灵活——坚韧性与适应性

有韧劲的人遇事冷静沉着，思考周全，不急于行动，一旦做出决定，便咬住不放，贯彻始终，但有时难免丧失时机。成功的创业者既能不失时机地抓住机会、敢于行动，又能锲而不舍地咬住不放，坚持不懈。坚韧性的另一表现是始终如一、坚持到底的精神。社会环境总是不断发展变化的，市场经济“千转百折，机遇一闪”。创业者必须以极强的信息意识和对市场走向的敏锐洞察力，瞅准行情，抓住机遇，不失时机地、灵活地进行调整。“眼观六路、耳听八方”就是适应性。如果在情况有变的时候仍然盲目地留在原有的格式上，或者明摆着此路不通，却不顾条件地蛮干，那就非撞南墙不可了。要把坚韧性与取得成功有机地结合在一起，才能避免盲目、呆板、僵化和固执，才能确保创业有成。

2.1.4 创业心理品质的作用

创业是艰难的，是成败并存的，是对高职学生全面素质的检验，尤其是对心理品质的考验。要了解创业心理学，学习心理学知识，对人性有更深刻的了解，这会让创业的路走得更远。

1. 心理品质是高职学生创业成功的关键因素

知识经济时代既为高职学生发展提供了机遇，使高职学生有施展才华和抱负的广阔天地，也对高职学生创业成才提出了更高的要求。创业意在开创，没有现成的答案，没有现存的岗位，不存在老路，一切要靠自己去摸索、去闯荡、去开拓。对创业者而言，仅有文凭和好分数是远远不够的，还必须具备良好的创业心理品质。

首先，正确的动机、坚定的信念是创业成功的前提。创业动机、坚定的信念是创业行为的发动机，它是推动个体或群体从事创业实践活动的内部动因，是使主体处于积极心理状态的一种内驱力，具有较强的选择性、倾向性、主观能动性，这也是创业行为产生的前提。创业动机、信念的形成和发展在很大程度上能直接引导创业，激发潜能，拓展潜能和实现潜能，帮助个体获得事业上的成就和巨大的财富。要有巨大的创业热情，抵制各种诱惑，清除内心障碍，要有合理明确的创业目标。高职学生只有努力端正创业动机、坚定创业信念，才能正确调控高职学生的创业过程。

其次，完善个性是创业成功的关键。个性是一个人的基本精神面貌。创业成功者，一般都有鲜明、完善的个性品质。从内涵与外延相结合的角度看，可使创业者在理性和感性之间，智力因素和非智力因素之间求得最佳平衡。高职学生只有具备完善的个性，才能担当创业重任，为国家做贡献，为自己谋出路，努力进取，不断追求，造就辉煌的创业人生，在知识经济时代真正创业成功。

最后，良好的创业意识是创业成功的保证。高职学生创业不是经商的简单重复，而是凭借兴趣、智慧、胆识和理想去开创能发挥个人所长的事业。这种兴趣、智慧、胆识和理想的核心正是创业意识，是创业心理品质的重要组成部分。创业意识水平高者能充分利用挑战和机会，甚至能在这些基础上进行创造。

2. 心理品质是高职学生创业过程中的内在调控器

良好的心理品质包括具备健康的心理和心理调适能力。心理健康的人在创业过程中懂得运用心理调适，能够迅速消除各种因素造成的心理不适，恢复心态的平和，维持较稳定的良好的心理状态，经常保持愉悦的心理，保持心理的健康。而心理调适能力是心理健康的保证，是缓冲各种心理压力对心灵的伤害、保持心理健康的保护器。

3. 不良心理品质是高职学生创业的主要障碍

随着招生就业制度的改革，高职学生被推上了人才市场，面临着就业压力，也存在着失业现象。从客观上来说，这与我国人口基数大，劳动力供给数量巨大，就业机制不健全，就业渠道不畅通等原因有关，但更重要的是高职学生自身素质的原因。综合素质不高，特别是心理品质不好是导致高职学生创业失败的重要原因。有的学生动机不纯、信念淡漠、金钱至上、贪婪自私，一遇诱惑便把持不住，稍有成就便忘乎所以，偶有挫折就悲观失望；有的学生自卑胆怯、患得患失，不愿为也不敢为；有的学生常常为空虚、消沉和烦恼困扰，兴奋时忘乎所以，抑郁时了无生趣，消沉时放纵萎靡，痛苦时万念俱灰；有的学生庸俗、自负、狂妄、懒散、嫉妒。这些既不利于自我发展，也不利于良好人际关系的建立，是高职学生创业的主要障碍和大敌。

创业是极具挑战性的社会活动，是对创业者自身智慧、能力、气魄、胆识的全方位考验。创业之路是充满艰险与曲折的，作为掌握专业知识技能的高职学生，要在知识经济大潮中创业，如果不具备良好的心理素质，在创业的道路上是走不远的。

【扩展阅读】

百折不挠的卖报男孩

——克莱门特·斯通

我6岁的时候,在社会不太稳定的芝加哥南区卖报纸,这样的工作对我来说并不容易,因为比我大的孩子已经占据了人流最多的街角,叫卖的声音也比我大,而且还常常用拳头威胁我。我现在还记得那段灰暗的日子,因为那段日子是我第一次学会扭转劣势。现在看来,那只是一个简单的故事。

卖报纸最理想的场所是富乐饭店,那的客人很多,生意自然也就不错,因为我胆子很小,所以非常紧张,但还是走了进去。很幸运,我在第一张桌子旁卖出一份报纸之后,在第二张和第三张桌子上吃饭的客人也都向我买报纸。不过,就在我走向第四张桌子的时候,富乐先生把我赶了出去。

但是我已经卖出了三份报纸,销路实在很好。因此,当富乐先生不注意的时候,我又溜进了饭店,走向第四桌的客人。饭店里发出了哄堂大笑,客人似乎喜欢看我和富乐先生玩捉迷藏的把戏。

在第四张桌子吃饭的客人显然很喜欢我不屈不挠的精神,在富乐先生还来不及把我推出去之前就付了报纸钱,还多给了我一毛小费,我想到我已经卖出四份报纸,还得了一毛钱"奖金",心里的兴奋简直无法言说。

当富乐先生再次向我走来的时候,一位客人开口说:"让他在这里好了。"就这样,五分钟后,我卖完了所有的报纸。

第二天晚上我又走进了那家饭店,而富乐先生拎着我的衣服又把我拽出了饭店。但我并没有就此放弃,当我再度走进去的时候,他两手上举,表示投降,无可奈何地说:"我真拿你没办法!"后来,我们成了非常好的忘年交朋友,我在他的饭店里卖报纸,也就不再有什么问题了。

很多年匆匆而过,当我事业有成的时候,我常常想起那个卖报纸的小男孩。他似乎不是我自己,因为那个男孩小小年纪就知道,为了成功只有百折不挠、锲而不舍——虽然他获得的成功很微小,仅仅是把报纸卖完。

其实在很多时候,我们之所以失败,并不是因为成功离我们非常遥远,而是由于我们没有全力以赴。

【测试】

认识自己的潜意识

如果将人类的整个意识比喻成一座冰山的话,那么,浮出水面的部分就属于显意识的范围,约占意识的1/8,换句话说,7/8隐藏在冰山底下的意识就是属于潜意识的力量。认真地做这个测试,看看你的潜意识里,适合什么类型的角色。

这个测试是菲尔博士在著名女黑人主持人欧普拉的节目里做的。答案要依你现在情况来选择。

1. 你何时感觉最好？(　　)

a)早晨　　b)下午及傍晚　　c)夜里

2. 你走路时是________。

a)大步地快走　　b)小步地快走　　c)不快,仰着头面对着世界

d)不快,低着头　　e)很慢

3. 和人说话时,你________。

a)手臂交叠地站着　　b)双手紧握着　　c)一只手或两手放在臀部

d)碰着或推着与你说话的人　　e)玩着你的耳朵、摸着你的下巴或用手整理头发

4. 坐着休息时,你的________。

a)两膝盖并拢　　b)两腿交叉　　c)两腿伸直　　d)一腿蜷曲在身下

5. 碰到你感到发笑的事时,你的反应是________。

a)欣赏地大笑　　b)笑着,但不大声　　c)轻声地咯咯笑　　d)羞怯地微笑

6. 当你去一个派对或社交场合时,你________。

a)很大声地入场以引起注意　　b)安静地入场,找你认识的人

c)非常安静地入场,尽量保持不被注意

7. 当你专心工作时,有人打断你,你会________。

a)欢迎他　　b)感到非常恼怒　　c)在上述两极端之间

8. 下列颜色中,你最喜欢哪一颜色？(　　)

a)红或橘色　　b)黑色　　c)黄或浅蓝色　　d)绿色

e)深蓝或紫色　　f)白色　　g)棕或灰色

9. 临入睡的前几分钟,你在床上的姿势是________。

a)仰躺,伸直　　b)俯躺,伸直　　c)侧躺,微卷

d)头睡在一只手臂上　　e)被子盖过头

10. 你经常梦到你在________。

a)下落　　b)打架或挣扎　　c)找东西或人　　d)飞或漂浮

e)你平常不做梦　　f)你的梦都是愉快的

结论分析:把你所选各项的对应分数加起来

1. (a) 2 (b) 4 (c) 6

2. (a) 6 (b) 4 (c) 7 (d) 2 (e) 1

3. (a) 4 (b) 2 (c) 5 (d) 7 (e) 6

4. (a) 4 (b) 6 (c) 2 (d) 1

5. (a) 6 (b) 4 (c) 3 (d) 5

6. (a) 6 (b) 4 (c) 2

7. (a) 6 (b) 2 (c) 4

8. (a) 6 (b) 7 (c) 5 (d) 4 (e) 3 (f) 2 (g) 1

9. (a) 7 (b) 6 (c) 4 (d) 2 (e) 1

10. (a) 4 (b) 2 (c) 3 (d) 5 (e) 6 (f) 1

测试结果：

【低于21分：内向的悲观者】人们认为你是一个害羞的、神经质的、优柔寡断的人，是需要人照顾、永远要别人为你做决定、不想与任何事或任何人有关联的人。他们认为你是一个杞人忧天者，一个永远看到不存在的问题的多虑人。有些人认为你令人乏味，只有那些深知你的人才知道你不是这样的人。

【21分到30分：缺乏信心的挑剔者】你的朋友认为你勤勉刻苦、很挑剔。他们认为你是一个谨慎的、十分小心的人，一个缓慢而稳定辛勤工作的人。如果你做任何冲动的事或无准备的事，都会令他们大吃一惊。他们认为你会从各个角度仔细地检查一切之后仍经常决定不做。他们认为你的这种反应的根源，一部分是因为你的小心的天性所引起的。

【31分到40分：以牙还牙的自我保护者】别人认为你是一个明智、谨慎、注重实效的人，也认为你是一个伶俐、有天赋、有才干且谦虚的人。你不会很快、很容易和人成为朋友，但你是一个对朋友非常忠诚的人，同时要求朋友对你也有忠诚的回报。那些真正有机会了解你的人会知道要动摇你对朋友的信任是很难的，一旦这信任被破坏，会使你很难过。

【41分到50分：平衡的中庸之道】别人认为你是一个新鲜的、有活力的、有魅力的、好玩的、讲究实际的、永远有趣的人；你经常是群众注意力的焦点，但你是一个足够平衡的人，不至于因此而昏了头。他们也认为你亲切、和蔼、体贴、能谅解人；你是一个永远会使人高兴起来并会帮助别人的人。

【51分到60分：吸引人的冒险家】别人认为你是一个令人兴奋的、高度活泼的、相当易冲动的人；你是一个天生的领袖、一个做决定会很快的人，虽然你的决定不总是对的。他们认为你是大胆和冒险的，会愿意尝试做任何事，是一个愿意尝试机会而欣赏冒险的人。

【60分以上：傲慢的孤独者】别人认为对你必须“小心处理”。在别人的眼中，你是自负的、以自我为中心的、有支配欲和统治欲的人。别人可能钦佩你，希望能多像你一点，但不会永远相信你，会对与你更深入地来往有所踌躇及犹豫。

任务2.2　创业心理品质训练

创业心理品质培育属心理学的范畴，不是一般的心理咨询、疏导或治疗所能替代的，更不可与常规的思想品德教育相混同。

具有处变不惊的良好心理素质和愈挫愈强的顽强意志，才能在创业的道路上自强不息、竞争进取、顽强拼搏，才能从小到大，从无到有，做成属于自己的一番事业。

2.2.1　创业前的心理定位

创业之前，首先要明白，通过创业想得到什么？财富、地位、休假、安全感？如果创业成功，或许能得到这些，但付出的代价绝对是高昂的。

1. 关于安全感

很多创业者都有一个误区，他们认为通过创业可以提高自己的安全感，再也不用担心看老板或领导的眼色，被老板或领导炒鱿鱼了。然而，这只是事物的一方面，请看海尔的张瑞敏是怎么说的吧：“永远战战兢兢，永远如履薄冰。”市场、资本、生产、人才、管理，以及数不胜数的细节问题，始终在创业者的脑海里盘旋。开始创业时，很多人会诚惶诚恐，有些人会因缺乏准备、资金、精力以及对生意的敏感度而以失败告终。

2. 关于地位

说到地位，必须先提两个词：责任和尊重。只有担当了一定的责任并做出贡献，才会获得相应的尊重，从而取得一定的社会地位。只有财富而没有承担任何责任，那是不会有地位的，而且还会遭人轻视和谴责。所以，“通过创业获得地位”从一开始就是个伪命题，正确的说法是，“通过创业创造财富、价值和机会，才有机会担当更多的责任，做出更大的贡献，进而获得尊重和地位。”比如，受雇时，如果有一辆公司配备的车，人们总是把你想得比别人更重要，而经营个人企业很少有这样的地位。

3. 关于财富

有人创业赚了许多钱，但也有人赚的钱极为有限。至于代价则不必多言，大家都知道“天上不会掉馅饼”。为了生活得更好，必须不断地工作，任何有质量的生活背后总是需要艰辛的劳动，正是“人前显贵，人后受累。”

4. 关于家庭

创业时，由于要经营事业，不可能与家人有更多的时间相处交流，尤其是刚刚创业时，会把大量的时间投入到工作中，以尽快创造财富。

5. 关于休假

可以休假，但是休假越多意味着收入受到威胁。如果是个人创业，就会明白根本不存在休假的机会。

2.2.2 培养意志品质

第一，树立崇高的理想和志向。高职学生创业必须有为实现理想和志向而奋斗的准备，不畏艰难挫折。

第二，将理想和实际工作目标结合起来，在具体工作中严于律己，出色地完成具体任务。

第三，积极参加各种实践活动，如参与确立目标、制订计划、选择方法、执行决定等，参加到整个实践活动中，锻炼意志。

第四，锻炼健康的体魄。积极参加体育活动，是锻炼坚强意志品质的重要途径。

第五，加强意志的自我锻炼，提高自我认识、自我检查、自我监督、自我评价、自我命令、自我鼓励的能力。

2.2.3 培养商业意识

要用心去钻研有关的商业知识，在实践中摸清市场运行的基本规律，善于观察分析，把握事物的本质，善于收集和利用信息，积极主动地去寻找和创造商业机会。

2.2.4 培养敢于冒险的能力

在已有知识经验的基础上，运用直觉、想象力、创新思维，找出尽可能多的选择方案，以求得最佳效果。创业有风险，创业者过硬的心理素质和实践能力有助于化险为夷。高职学生在校学习期间需要培养高尚的人格，使自己既有探险家的胆识，敢冒风险，具备敢担风险的精神和能力，又有高度负责的责任感。这样才能把握全局，从战略的高度沉着稳健地应付可能出现的危机和风险。

敢于冒风险源于丰富的知识、超常的想象力和创造性思维的厚积薄发。创业过程中的很多决策具有难度大、难以把握等高风险性。所以,高职学生在校学习期间必须培养预言家的想象、乐观和自信,在对立思想的交锋和不同观点的碰撞中,培养及时、果断、慎重的决策能力和风险意识。

2.2.5 培养处理突发事件的能力

创业过程中的突发事件需要创业者以知识经验为基础,打破旧俗,创新思维。领导艺术体现为在处理突发事件时,能以直觉、合理想象、可行的创新思想为指导,客观妥善地处理突发事件。重点掌握以下几方面的方法与艺术:

第一,当机立断,迅速控制事态。突发事件的出现,要求创业者立刻做出正确反应并及时控制局势。快速反应、果断行动,是突发事件时效性的要求,也是突发事件决策的显著特征,明智的非程序化决策行为,控制住事态,使其不扩大、不升级、不蔓延,是处理突发事件的关键。为达到这一目的,创业者可采用以下两种方法:一是心理控制法,即首先应控制住自己的情绪,冷静沉着,以"冷"对"热",以"静"制"动",镇定自若,组织成员的心理压力就会大大减轻,并在引导下恢复理智,突发事件就能迅速及时解决,二是组织控制法,即在组织内部迅速统一观点,使大多数人有清醒认识,稳住自己的阵脚,以大局为重,避免危机扩大。

第二,注重效能,标本兼治。处理突发事件的首要目标是迅速果断地行动,控制局势,要求突发事件的决策指向能够针对核心问题,达到"立竿见影"的效果。可以采取特殊的决策方式治"标",旨在谋求治"本"之道。

第三,打破常规,敢冒风险。由于突发事件扑朔迷离、瞬息万变,面对高时效性和信息匮乏,需要灵活处理突发事件,改变正常情况下的行为模式,最大限度地集中使用资源,依靠经验或采纳某种建议,迅速做出决策并付诸实践。

第四,循序渐进,稳妥可靠。在处理突发事件时,要有冒险精神,选择稳妥的阶段性决策方案,控制突发事态的发展。在信息有限的条件下,采用反常规的决策方式,对决策风险进行预测和控制,回避可能造成被动的方案,同时要注意克服急于求成的情绪。

【扩展阅读】

创业需具备的八个心理素质

最新调查显示在我国的创业环境及众多成功案例中,创业者应具备以下八个心理素质,才能走向成功之路。

第一,自信是创业的动力。

人的意志可以发挥无限力量,可以把梦想变为现实。对创业者来说,信心就是创业的动力。要对自己有信心,对未来有信心,要坚信成败并非命中注定而是由于自己努力与否,更要坚信自己能战胜一切困难。

第二,领袖精神创业的无形资本。

企业文化被称作企业的灵魂和精神支柱。而企业文化的精髓就是创业者的领袖精神,这是凝聚员工的一笔"不可复制"的财富,更是初创企业生存和发展的关键。对创业者来说，注重塑造领袖精神，远比积累财富更重要，因为财富可在瞬间赢得或失去，但领袖精神永远是赢得未来的无形资本。

第三，敏锐眼光识时务者终为俊杰。

生意场上，眼光起决定性作用。很多资金不多的小创业者，都是依靠准确抓住某个不起眼的信息而挖到“第一桶金”的。

第四，勇气视挫败为成功之基石。

失败的结果或许令人难堪，却是取之不尽的活教材。在失败过程中所累积的努力与经验，都是缔造下一次成功的宝贵经验积累，创业的过程就是在不断的失败中跌打滚爬。只有在失败中不断积累经验财富、不断前行，才有可能到达成功彼岸。

第五，控制的欲望。

成功的创业者通常都执意于自己的决策，不习惯听命于人。如果你在公司里是一个唯唯诺诺或者说是一个“虽不喜欢公司的环境，但又没有勇气辞职自创前途的人”，要成为创业者还有一段距离。

第六，社交能力强。

借力打力觅捷径。在当今提倡合作双赢的时代，过去那种单枪匹马的创业方式已越来越不适应时代需求。扩大社交圈，通过朋友掌握更多信息、寻求更大发展，日益成为成功创业的捷径。

第七，创新精神。

创新精神是创业成功的维生素。在竞争激烈的市场中，缺乏创新的企业很难站稳脚跟，改革和创新永远是企业活力与竞争力的源泉。

第八，爱心。

爱心是创业成功的催化剂。在竞争日趋激烈的今天，产品和企业的公众形象定位，对创业成功与否起着关键作用。有爱心，则是构成诚实、良好商业氛围的重要因素。从某种角度看，爱心是创业成功的“催化剂”。

【测试】

意志力自测

你是否每年都替自己订下大的计划？又是否每每能坚持到底，抑或多是半途而废？请做以下的心理测验。

1. 你正在朋友家中，茶几上放着一盒你爱吃的巧克力，但你的朋友无意给你吃。当她离开房间时，你会________

◎立即吞下一块巧克力，再抓一把塞进口袋里。

◎一块接一块地吃起来。

◎静坐着，抗拒它的诱惑。

◎对自己说：“什么巧克力？我很快就有一顿丰富的晚餐。”

2. 你发现你的好友未将日记锁好便离开房间，你一向很想知道她对你的评语及她和男朋友的关系，你会________

◎立即离开房间去找她，不容许自己有被引诱偷看的机会。

◎匆匆揭过数页，直至内疚感令你停下来为止。

◎急不可待地看，然后责问她居然敢说你好管闲事。

3. 你从朋友珍妮的日记中发现了多个秘密，急于与别人分享，你会________

◎立即告知海伦，说珍妮迷恋她的男朋友。

◎不打算告诉任何人，但会让珍妮知道你已经发现了她的秘密，使她不敢太放肆。

◎什么也不做，你和珍妮能做好朋友，正因为你能守秘密。

◎请催眠专家使你忘记一切秘密。

4. 你正努力储钱准备年底去旅行，但你看到了一条很适合与他约会时穿的裙子。你会________

◎每次经过那店铺时都蒙住眼睛，直至过了约会日期。

◎自己买衣料，缝制一条一样的裙子，但价钱便宜很多。

◎不顾一切买下它，宁愿哀求父母借钱给你去旅行。

◎放弃它，没有任何东西能阻碍你的旅游大计。

5. 你深信自己深深爱上了他，但他只在无聊时才想起你，在一个狂风暴雨的夜晚，他要求与你见面，你会________

◎立即冒着雨去找他，纵然数小时也是值得的。

◎挂断电话。虽然你很不情愿，但你需要一个更关心你的人。

◎先要他答应以后更好地待你才答应去，他照例微笑着应允。

6. 你对新年所许下的诺言所抱的态度是________

◎只能维持几天。

◎维持2~3年。

◎懒得去想什么诺言。

◎到适当的时候就违背它。

7. 如果你能在早上6点起床温习功课，晚间便有更多时间，令你做事更有效率。你会：

◎虽然每天早晨6点闹钟准时闹醒你，但你仍然躺在床上直至8时才起来。

◎把闹钟调到5点半，以便能准时在6点起床。

◎约在6点半起床，然后淋热水浴使自己清醒。

◎算了吧，睡眠比温习更重要。

8. 你要在6周内完成一项重要任务，你会________

◎在委派后5分钟即开始进行，以便有充足的时间。

◎限期前30分钟才开始进行。

◎每次想动手时都有其他事分神，你不断地告诉自己还有6周时间。

◎立即进行，并确定在限期前两天完成。

9. 医师建议你多做运动，你会________

◎只在一二天照做。

◎拼命运动，直至支持不住。

◎每天慢步去买雪糕，然后乘计程车回家。

◎最初几天依指示去做，待医生检查后即放弃。

10. 朋友想跟你通宵看录像带，但你需要明早7点起床做兼职，你会________

◎看到晚上9点半回家睡觉。

◎拒绝，好好地睡一觉。

◎视情绪而定,要是太疲倦就告假。

◎看通宵,然后倒头大睡。

分数为18以下:你并非缺乏意志力,只不过你只喜欢做那些你感兴趣的事,对于那些能即时获得满足感的工作,你会毫无困难地坚持下去。你很想坚持你的新年大计,可惜很少能坚持到底。

分数为18~30:你很懂得权衡轻重,知道什么时候要坚持到底,什么时候要轻松一下。你是那种坚守本分的人,但遇到极感兴趣的东西时,你的好玩心会战胜你的决心。

分数为31~40:你的意志力惊人,不论任何人、任何情形都不会使你改变主意;但有时太执着并非好事,尝试偶尔改变一下,生活将会更充满趣味。

任务2.3 创业心理及调试

人们在电梯上都会觉得很尴尬,因为人的心理安全距离是0.5米左右,十几个人挤在一个电梯里,每个人都感觉不自在。江南春发现了这一点,所以有了分众传媒电梯广告商业模式。这些产品的成功是建立在对人性的了解之上的。如果创业者不懂心理学,不懂人性,那么再好的商业模式都是浮云。创业者需要跳脱出自己的视角,用“同理心”从多个维度去审视自己的用户、产品以及团队,才能避开许多的创业陷阱。同时,自主创业需要创业者具有非常强的心理调控能力,能够持续保持积极沉稳的心态。

2.3.1 创业心理周期

第一个阶段:创业亢奋期。

创业还没有开始,有一个非常好的想法,会觉得这个世界是我的。这个想法简直太棒了,一定可以做出一个伟大的公司。创业者在这时候会出现“意识狭窄”的现象,这种意识狭窄的现象就像谈恋爱坠入情网的时候,看到对方全部是好的,看不到任何陷阱的存在,也看不到任何风险,看到的都是红利,看到的都是机会。所以创业还没有开始的时候,大多数创业者处于创业的亢奋期。这个阶段作为朋友,一定要泼冷水让其清醒,因为一定有太多的创业的陷阱和盲点是没有被发现的。

第二个阶段:创业低谷期。

创业一旦开始之后,之前没有预估或发现的问题就会涌现出来,让人措手不及。在接连的问题和挫折打击之下,创业者很快就进入了创业低谷期。创业低谷期一般持续3个月甚至更长时间,大多数人会在这个阶段放弃创业。作为朋友,一旦创业者开始创业,就不能再泼冷水了。因为生活给了足够多的教训,人在低谷需要的是鼓励和支持,让他更有能量坚持走下去。

第三个阶段:创业稳定期。

有幸经过创业的低谷期而没有放弃,则会进入一个创业的稳定期。心态平和,正视已有的资源、盲点,创业者开始慢慢变得成熟,逐渐成为在自己创业领域的专家。但是,这种稳定的状况绝不会一直稳定下去。创业本身是一个不断解决问题的过程,这个问题解决了又出现一个新的问题,这个机会过去了又会发现一个新的机会,创业者也会随之进入一个新的亢奋期,然后又可能进入一个新的低谷期,如此循环反复。

创业都要经历这三个期间，每个期间每个人的状态不一样，应对策略也是不一样的。

2.3.2 创业者常见的三个心理问题

1. 广泛性焦虑

作为创业者会有很多的焦虑。创业者不能容忍现状，不能容忍很多细节，满脑子公司的钱、人、事，每天都非常焦虑，有时甚至手足无措、无所适从。

【测试】

焦虑自评量表

焦虑自评量表（Self-Rating Anxiety Scale，SAS）是由华裔教授Zung编制的。该表从量表构造的形式到具体评定的方法，都与抑郁自评量表（SDS）十分相似，是一种分析病人主观症状的相当简便的临床工具。由于焦虑是心理咨询门诊中较常见的一种情绪障碍，所以焦虑自评量表是近年来咨询门诊中了解焦虑症状的常用量表。

下面有20条文字，请仔细阅读每一条，把意思弄明白，然后根据您最近的实际感觉，选择问题下方的答案。在回答时请注意，有的题目的陈述是相反的意思，例如，心情忧郁的病人常常感到生活没有意思，但题目之中的问题是感觉生活很有意思，那么评分时应注意得分是相反的。

01. 我觉得比平常容易紧张或着急。（ ）

A. 没有或很少有 B. 有时有 C. 大部分时间有 D. 绝大部分时间或全部时间有

02. 我无缘无故地感到害怕。（ ）

A. 没有或很少有 B. 有时有 C. 大部分时间有 D. 绝大部分时间或全部时间有

03. 我容易心里烦乱或觉得惊恐。（ ）

A. 没有或很少有 B. 有时有 C. 大部分时间有 D. 绝大部分时间或全部时间有

04. 我觉得我可能将要发疯。（ ）

A. 没有或很少有 B. 有时有 C. 大部分时间有 D. 绝大部分时间或全部时间有

05. 我觉得一切都很好，也不会发生什么不幸的事。（ ）

A. 没有或很少有 B. 有时有 C. 大部分时间有 D. 绝大部分时间或全部时间有

06. 我手脚发抖。（ ）

A. 没有或很少有 B. 有时有 C. 大部分时间有 D. 绝大部分时间或全部时间有

07. 我因为头痛、颈痛和背痛而苦恼。（ ）

A. 没有或很少有 B. 有时有 C. 大部分时间有 D. 绝大部分时间或全部时间有

08. 我感觉容易衰弱和疲乏。（ ）

A. 没有或很少有 B. 有时有 C. 大部分时间有 D. 绝大部分时间或全部时间有

09. 我心平气和，并且容易安静坐着。（ ）

A. 没有或很少有 B. 有时有 C. 大部分时间有 D. 绝大部分时间或全部时间有

10. 我觉得心跳得很快。（ ）

A. 没有或很少有 B. 有时有 C. 大部分时间有 D. 绝大部分时间或全部时间有

11. 我因为一阵阵头晕而苦恼。（ ）

A. 没有或很少有　B. 有时有　C. 大部分时间有　D. 绝大部分时间或全部时间有

12. 我觉得要晕倒似的

A. 没有或很少有　B. 有时有　C. 大部分时间有　D. 绝大部分时间或全部时间有

13. 我吸气呼气都感到很容易。(　　)

A. 没有或很少有　B. 有时有　C. 大部分时间有　D. 绝大部分时间或全部时间有

14. 我的手脚麻木和刺痛。(　　)

A. 没有或很少有　B. 有时有　C. 大部分时间有　D. 绝大部分时间或全部时间有

15. 我因为胃痛和消化不良而苦恼。(　　)

A. 没有或很少有　B. 有时有　C. 大部分时间有　D. 绝大部分时间或全部时间有

16. 我常常要小便。(　　)

A. 没有或很少有　B. 有时有　C. 大部分时间有　D. 绝大部分时间或全部时间有

17. 我的手脚常常是干燥温暖的。(　　)

A. 没有或很少有　B. 有时有　C. 大部分时间有　D. 绝大部分时间或全部时间有

18. 我脸红发热。(　　)

A. 没有或很少有　B. 有时有　C. 大部分时间有　D. 绝大部分时间或全部时间有

19. 我容易入睡并且睡得很好。(　　)

A. 没有或很少有　B. 有时有　C. 大部分时间有　D. 绝大部分时间或全部时间有

20. 我做噩梦。(　　)

A. 没有或很少有　B. 有时有　C. 大部分时间有　D. 绝大部分时间或全部时间有

计分:

正向计分题 A,B,C,D 按 1,2,3,4 分计;反向计分题按 4,3,2,1 计分,反向计分题号为 5,9,13,17,19。

结果:

SAS 的主要统计指标为总分。将 20 个项目的各个得分相加,即得到粗分;用粗分乘以 1.25 以后取整数部分,为标准分。按照中国常模结果,SAS 标准分的分界值为 50 分,其中:

轻度焦虑:50 ~ 59 分。

中度焦虑:60 ~ 69 分。

重度焦虑:70 分以上。

2. 双向抑郁

通常理解的抑郁只是情绪低落,但是创业者不一样,有时候整个情绪会很低落,有时候情绪又非常亢奋。双向抑郁是创业者常见的状况。过于敏感,有了改变的动机,如果没有行动力去匹配,会让人陷入抑郁。第一天想到一个好主意,整个人非常亢奋,但是第二天、第三天又切换到另一个场景,整个人非常低落。在两个极端不停地切换,陷入高潮、低潮交替的过程中。

【测试】

抑郁自评量表(SDS)

SDS 抑郁自评量表由 Zung 编制,是美国教育卫生部推荐用于精神药理学研究的量表之一,由 Psychology Express 重新编辑和制作。

下面有 20 条题目,请仔细阅读每一条,把意思弄明白,每一条文字后有四个答案,分别表示:

A:没有或很少有时间(过去一周内,出现这类情况的日子不超过 1 天);

B:小部分时间(过去一周内,有 1 ~2 天有过这类情况)

C:相当多时间(过去一周内,3 ~4 天有过这类情况)

D:绝大部分或全部时间(过去一周内,有 5 ~7 天有过这类情况)

根据你最近一个星期的实际情况进行选择 。

1. 我觉得闷闷不乐,情绪低沉
2. 我觉得一天之中早晨最好
3. 我一阵阵地哭出来
4. 我晚上睡眠不好
5. 我吃得很好
6. 我与异性接触时和以往一样感到愉快
7. 我发觉我的体重在下降
8. 我有便秘的苦恼
9. 我心跳比平时快
10. 我无缘无故感到疲乏
11. 我的头脑和平时一样清楚
12. 我觉得经常做的事情并没有困难
13. 我觉得不安而平静不下来
14. 我对将来抱有希望
15. 我比平常容易激动
16. 我觉得做出决定是容易的
17. 我觉得自己是个有用的人,有人需要我
18. 我的生活过得很有意思
19. 我认为如果我死了别人会生活得更好些
20. 平常感兴趣的事我仍然照样感兴趣

说明:

主要统计指标为总分。把 20 题的得分相加为粗分,粗分乘以 1.25,四舍五入取整数,即得到标准分。抑郁评定的分界值为 50 分,分数越高,抑郁倾向越明显。

3. 歇斯底里

当情绪积累到一定程度时就会爆发。乔布斯是一个苛刻、追求细节的人,对团队很严

厉，也经常对团队发火。但乔布斯是一个懂心理学的人，知道如何在控制不住的时候发泄不良情绪，但又能让整个团队往健康的方向走。

处于低谷期的时候，不能被动地消极应对，可以用些积极的方法来处理。那么，创业者怎么去渡过低谷期呢？

首先，要重新认识创业。创业是一件明亮而忧伤的事情。大多数人可能受到创业媒体的影响，只看到创业明亮的一面，而忧伤的一面只有创业者自己才能体会！大多数人对创业这件事情的认识是不够全面的。

大多数人认为：创业开始以后，要么成功，要么失败。但是创业从来就不可能是一帆风顺的，真正的过程是不断地经历失败和挫折后才可以成功，这是创业的本质。选择创业就选择了一个反复痛苦和重复打击的环境，磨难不可能避免。“苦难是化妆了的祝福”，在创业路上遇到的一切，都是为了成就你，为了成就你的团队和你的公司。

其次，要重新认识情绪。所谓的负面情绪都有它积极的意义。人生需要不同的情绪帮助应对不同的状况。情绪有时可以帮我们快速解决问题。比如愤怒，学会表达自己的愤怒，会快速地去解决问题，而不是不作为。适当地披露自己的焦虑情绪，能获得团队成员的理解和支持，让大家一起聚焦在问题解决这个点上。做决策时，乐观、快乐的时候做出来的决策不一定是好的决策。在悲伤时做出的决策往往更客观，国外社会心理学的研究也印证了这一点。情绪是一种工具，没有好坏之分。

创业者是不可能消除焦虑和抑郁状态的，一旦选择了创业，焦虑会持续而来。一定要分清是抑郁状态还是抑郁症，是焦虑还是焦虑症？如果抑郁的状态持续了 2 周还是没有任何改善，这时可能是抑郁症了。焦虑也是一样，人都有广泛性的焦虑，广泛性的焦虑实际上是人类自我保护的一种机制。比如过马路的时候，适当的焦虑能减少事故的发生。如果焦虑让你没办法正常工作和生活了，这时候可能患上了焦虑症。

再次，要接纳这些情绪。和情绪对话，通过对话觉察发现这份焦虑是想表现得更好，提醒以后准备得更加充分。千万要注意的是，表达情绪一定不是发泄情绪，发泄情绪只会造成情绪污染，让身边的人的状态变得一团糟。情绪超出了个人的负载，已经不在正常的焦虑状态和抑郁状态之内，这时就需要去做心理咨询。

2.3.3　高职学生的创业心理问题

1. 创业意志不强

(1)缺乏意志力，耐挫力较差

很多高职生意志力比较薄弱，开拓进取的精神不强，同时思想又比较单纯，往往处于理想化状态。在创业过程中，希望一蹴而就，缺乏一颗持之以恒的进取心，因创业过程中遇到的困难和问题而失去原有的创业积极性，担心失败。一旦遇到挫折或遭遇失败，就会情绪低落或丧失信心，进而半途而废。

(2)急于成功

在创业的开始就盼望能够顺顺利利，想一步登天，想通过之前的努力得到应有的回报，这种现象充分证明了创业者的意志力不足。

2. 心理适应能力弱

(1)缺乏独立性，习惯依赖外界

不少高职生在就业方面缺乏自主性和主动性，表现出过分地依赖学校或是自己家庭的关系网，存在着“等、靠、要”的思想，没有强烈的创业愿望，缺乏创业的心理准备。大学时期是处在一个极度缺乏社会经验的时期，没有太多磨炼自己的机会，人格也需要继续改进，思维也不能脱离群体而存在。大部分高职学生在创业的初期扮演着被领导的角色，习惯于别人的带领，导致现在不清楚领导者的任务，对很多高职学生来说，做这一急转弯是有困难的。

(2)害怕失去自我

就“心理断乳期”的高职学生而言，准备创业就相当于花费自己所有的时间来筹划自己的生意，私人空间会减少，娱乐和聚餐的时间也就减少，与家人共度的时光也会减少。在刚开始创业的时候会很忙碌，适应能力不够好的极易失去自我。

(3)不善自我调节，适应性较差

无论是在学校生活中，还是在企业实习中，很多高职学生遇到问题时，不善于自我调节，情绪波动性很大，易急躁或闷闷不乐，对实习环境适应性较差，难以做到以变应变。

3. 创业动机偏差

(1)降低就业压力型

创业并不能减少就业的饱和现象，倘若创业的目的仅是为了不让自己成为一个失业人员，那么创业的成功率也会小之甚小。

(2)创业好玩型

将好玩视为创业的动机，现实中的创业疲劳、压力和恐慌的因素足以超过好玩乐趣。

4. 创业认知偏差

(1)不能学以致用

自己感兴趣的创业类型也许与所学专业不符，或是自己所学的专业无法进行创业。大部分高职学生担忧自己创业不能有效运用校园里学到的知识，甚至所学的专业在以后的社会中根本没什么用，感觉惋惜。

(2)害怕创业风险

据调查，大学生第一次创业的成功率只达到了2.4%。创业与风险并存，创业还需要很大的承受能力。在创业之前，要正确掌握自己所要创业的产品和相应的市场情况，这样才能更大程度地降低创业的风险，而不是知难而退。

(3)不够自信

不够自信主要是因为高职学生轻视自己的能力，甚至对自己的能力产生疑惑，不能准确地了解自己。自卑的人喜欢找各种客观的原因：资金不足、缺乏协助、技不如人、缺乏经验、信息不足、身体不适等。总觉得自己不适合创业，宁可被别人领导，也不愿打造一片属于自己的新天地。自卑的人常常对未来失去信心，总喜欢把自己的不如意归因于社会的不公，这对创业有极大的消极作用。

此外，不少高职生虽然有很强的自我意识和需求欲望，却往往以自我为中心，寄希望于他人。争强好胜又怕苦畏难，好高骛远又意志脆弱，胆小怯懦或胆大妄为，盲目乐观或妄自菲薄……这样的现状与创业的心理品质需求相去甚远。

一位专家曾经说过：“创业的技巧虽然是学来的，但是具有某些素质的人占了先天的优势。”社会心理学家认为，以下十类人不具备自行创办企业的素质，如图2-1所示。

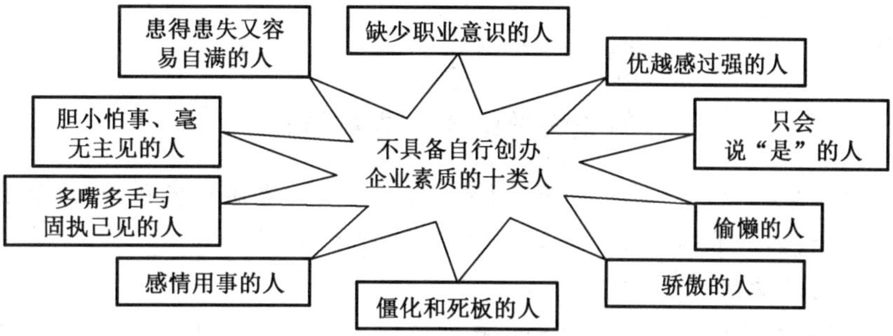

图2－1　不具备自行创办企业的十类人

2.3.4　创业心理调适

一个人成功的标志，不是看他登到顶峰的高度，而是看他跌到谷底的反弹能力，对于一个创业者而言，触底反弹的能力非常重要。

第一，要具有极强的心理承受能力，才能应对创业中遇到的挫折。很难想象一个玻璃心的人能创业成功。但也不能乐观地认为，创业能把一个玻璃心的人变成一个大心脏的人。得承认一个事实，其实大多数人是不适合创业的。

第二，要敢于直面问题。遇到困难的时候有人想去旅行，而旅行唯一的价值是调整应对问题的心情，本质上跟解决问题没有任何关系，旅行回来之前遇到的问题依然原封不动地摆在那里。旅行其实是回避问题的方式。回避问题会把解决问题的时间窗口拖得非常长，对很多创业者而言，最缺的不是钱而是时间。

第三，少看创业成功学，有些坑自己踩过才会再次避免。

第四，一定要建立社会支持系统。社会支持系统指的是个人在社会网络中所获得来自他人的物质和精神上的双重支持。在低谷的时候一定要得到家人、朋友的支持，因此平时要处理好家人、朋友的关系，社会支持系统会让你从低谷里走出来。

第五，建立积极的思维模式，高效处理遇到的问题。你的思维是过去式，还是未来式的？过去式思维是低效解决问题的方式，而未来思维导向积极的一面，要找对方向。

第六，创业者要跟创业者在一起。遇到困境，家人大多会从舒适感出发，劝你别那么辛苦或者放弃吧。但创业的朋友不一样，创业者会说：我以前也经历过这样的阶段，再坚持一下吧，再坚持一下就过去了。强关系和弱关系是不一样的。强关系给的是资源、支持，弱关系会给你一些信息、资讯。

第七，在不熟悉的领域找到智囊。创业者关系里要有几个智囊，要有几个私人顾问，艰难的时候，甚至情绪低落的时候，可以得到一些专业方面的信息。

第八，运动是摆脱低谷的最有效的方法。养成运动的习惯，每天有30分钟流汗的运动经历，可以很快地摆脱焦虑状态和抑郁状态。在艰难的时候，要保持运动，分泌多巴胺。多巴胺是一个快乐的因子，能让人的状态朝着好的方向发展。

【扩展阅读】

创业失败的十个思维误区

创业有各种死法,有不接地气而死,有盲目扩张而死,有团队内讧而死,有资源不足而死,死法千奇百怪,但归根结底源于创业者的思维方式的错误。

思维误区一:过度自信

这类创业者对于自己的产品都有着极高的自信。谈到竞争对手不屑一顾,从来不把同类的产品放在眼里,问到优势在哪的时候,认为最大的优势在于自己的团队,在于人,在于价值观这些比较务虚的东西。从来不去追踪对手产品,也认为对手永远追赶不上自己,盲目对技术自信。更有甚者,对于产品的批评质疑听不进去,还诋毁同类产品。如果已经有了以上的思维误区,请尽快修正!创业者好的思维态度是要自信,但不盲目自信。要在战略上藐视对手,但在战术上重视对手。能够听得见旁观者对产品的批评与吐槽,能善于学习同类其他产品优秀的地方,而不是一味地对对手的产品吐槽。

思维误区二:从众心理

从众心理指个人受到外界人群行为的影响,而在自己的知觉、判断、认识上表现出符合公众舆论或多数人的行为方式。其主要表现在一些创业者对项目的选择上。对项目的选择不是从需求和自己的资源出发,而是看美国创业者在做什么,其他创业者在做什么,跟随着别人做什么。虽然创业要学会借大势,但并不意味着就要从众。很多创业者不是考虑用户需要什么,而是盲目从事移动互联网。看着别人做什么就跟着做什么,并且不断转向,创业的目的就是跟随别人,什么热门做什么。曾有一个创业者,最初做团购,团购倒了转向做电商,电商泡沫破灭又做O2O,几年下来依然处于一个很小的规模。从当年的分类信息大战,到视频大战,再到团购血战,再到新一波即将出现的硬件盒子大战,无不是因为创业者所犯的从众的思维错误。

思维误区三:拖延思维

所有战略制定的事情无限期的拖延。有人曾经用很长时间待在某个创业公司,给老板提出了一系列认为很好的意见,并且很郑重地记录在手册上。然后信誓旦旦地说要立刻寻求改变,反复强调要推进一系列让公司脱胎换骨的计划。一个月过去了,这个创始人再次拿起了手册,很认真地说我立刻就要行动,然后三个月后,他又有了一个新主意,说马上实行新计划,然后,直到那个公司进入小败局案例库,也没见到他去做写进手册里的事。很多创业公司负责人每天都会很忙,有无数的事情去拖延,久而久之,每个战略的讨论都见不到落实,所有的战略都成了精神上的一次快感。

思维误区四:团队和气思维

最失败的团队不是每天都会有争吵的团队,而是每天都完全没有争吵和不同意见的团队。很多创业公司的创始人太过于信奉少数服从多数原理,而不是信奉自己的判断和直觉。依赖他人,用大多数都觉得好的方法来决策,忽视了一个很重要的思维惯性,即每个人决策都是依靠对自己最有利、最方便的方式去提意见,很少有从最有利于公司的角度提问题。如果有一天某一个创业公司发现,整个公司保持着高度一致的惯性,大家都一致同意创始人的意见,达成很好的共识,那么就要小心了,这可能陷入创业的思维误区了。

思维误区五:懈怠思维

取得了一点点成功就出现了思维上的懈怠。很多创业者在初期还很吃苦耐劳,保持每天12小时以上的工作时间,但一旦有一天获得了阶段性成功,就陷入了懈怠思维之中,慢慢发现在办公室见不到人影了,经常出入各种演讲场所,讲授着成功的法则,参加各种的会议,然后公司的业务在这个期间出现各种问题却没有察觉。像温水里的青蛙,在这种懈怠与麻醉之中将自己的公司的前程给葬送了。

思维误区六:忽视基本概率的思维

每个创业者都认为自己的公司会成为下一个腾讯或者百度或者阿里巴巴。基本每个创业者都认为能成为这样的巨头。但是,只要仔细算算,就能够知道成功或者能够做到上市的公司的概率还不如买彩票的概率。因此,当很多的创业者开始开口闭口的谈论成功的定义和未来的目的就是要上市的时候,就可能进入失败的思维困境之中了,因为上市实在是一件太过于幸运的事情了。忽视概率论思维,一味地去放大公司的理想,反而有很大的概率导致公司夭折。所以,每个创业者都要计算一下成功的概率到底会有多大,不要太期望成为下一个谷歌或者百度,毕竟现实一点会离成功更近。

思维误区七:过度相信经验的思维

在决策之中除了依靠别人决策的思维之外,还有一种相信经验的思维。在证明这种思维之前先分享一个经典的故事:曾经在一个小岛上,土著的居民在第二次世界大战期间依靠空投的物资而生存,每当他们看到有带着无线电的空军到来,就知道有食物吃了。当第二次世界大战期间结束没有了空投之后,他们依然想要免费的食物,可是,一直没有食物再送来。这个故事说明了人们喜欢用过去的经验来判断现在发生的事情,而很多创业者痴迷于过去的经验,喜欢研究其他创业成功者的经历,习惯于用以前的错误的思维来武装指导自己,学习自己,结果过去的思维习惯已经不再适用了,就像前面故事里面的土著居民一样,外部的环境已经发生变化了,但没有发现环境的变革,就只能遭遇失败了。

思维误区八:自利思维

这是往往发生在创始人身上的错误。一个创业者往往把所有的成功都归功于自己身上,产品好是自己有判断力,团队好是自己领导有方,业绩好是自己销售能力强。能成功都是因为自己的原因而忽略了团队的功劳。在所有的地方都只是想着自己的好处,整个团队会离心离德,形成不了凝聚力,也离失败不远了。因为,不公平是团队的最大失败,而自利是导致不公平的根源。

思维误区九:固执的思维

对于自己的创业方向,明知道不正确也不转向。即使这个项目已经无力维持,还是固执的坚持,而不是利用精益创业的思维实现小步快跑。对于方向错误和产品错误不愿意修正并且不听意见。很多创业者由于其过度的自信而陷入自我的固执环境过程中,最终导致失败。

思维误区十:无法预见黑天鹅的思维困境

黑天鹅事件是创业者市场会遭遇到的问题,就算在一切条件都很满足的情况之下,依然还是会遇到这样的问题。创业者在思维之中,要时刻保持对黑天鹅可能出现的警惕与应对。当黑天鹅出现之后,创业者要想好一切应对的方法与方式。

当然,创业失败远远不只有这十个思维的困境,还有其他失败的因素,但在小败局之中,这些因素是最为典型的因素。

【测试】

创造力测试

下面是20个问题，若符合个人情况，则在（　　）里打上“√”，不符合的则打“×”。

(1)听别人说话时，你总能专心倾听。（　　）
(2)完成了上级布置的某项工作，你总有一种兴奋感。（　　）
(3)观察事物向来很精细。（　　）
(4)你在说话以及写文章时经常采用类比的方法。（　　）
(5)你总能全神贯注地读书、书写或者绘画。（　　）
(6)你从来不迷信权威。（　　）
(7)对事物的各种原因喜欢寻根问底。（　　）
(8)平时喜欢学习或琢磨问题。（　　）
(9)经常思考事物的新答案和新结果。（　　）
(10)能够经常从别人的谈话中发现问题。（　　）
(11)从事带有创造性的工作时，经常忘记时间的推移。（　　）
(12)能够主动发现问题以及和问题有关的各种联系。（　　）
(13)总是对周围的事物保持好奇心。（　　）
(14)能够经常预测事情的结果，并正确地验证这一结果。（　　）
(15)总是有些新设想在脑子里涌现。（　　）
(16)有很敏感的观察力和提出问题的能力。（　　）
(17)遇到困难和挫折时，从不气馁。（　　）
(18)工作中遇上困难时，常能采用自己独特的方法去解决。（　　）
(19)在问题解决过程中找到新发现时，你总会感到十分兴奋。（　　）
(20)遇到问题，能从多方面多途径探索解决它的可能性。（　　）

评价：

如果20道题答案都是打“√”的，则证明创造力很强；如果16道题答案是打“√”的，则证明创造力良好；如果有10~13题答案是打“√”的，则证明创造力一般；如果低于10道题答案是打“√”的，则证明创造力较差。

【实训与习题】

1. 知识点练习
(1)优秀的创业心理品质有哪些？
(2)什么样的人不具备创业素质？
(3)如何化解高职学生创业心理问题？
(4)创业者如何打造自身素质？
(5)你自己有哪些负面情绪？如何排除？

2. 实训实践题

美国哈佛大学心理学家威廉·詹姆士研究发现，一个没有受到激励的人，仅能发挥其能力的20%至30%。当受到激励时,其能力可以发挥至80%。因而,即便是完善的个性,由于缺乏前进的动力,也很难实现创富的目标。创立“心理创富学”的希尔博士曾揭示出五个赚钱的自我激励的“黄金”步骤。

第一步:要在心里确定你所希望拥有的财富数字。如果笼统地说“我需要很多很多的钱”是没有用的,必须确定你渴望得到的财富的具体数额。

第二步:实实在在地想好,你愿意付出什么样的努力和多大代价去换取你所需要的钱,世界上是没有不劳而获的财富的。

第三步:规定一个固定日期,一定要在这个日期之前把希望得到的钱赚到手,没有时间表,你的希望之船永远不会“泊岸”。

第四步:拟订一个实现理想的可行性计划并马上进行,要习惯“行动”,不能够只沉溺于“空想”。

第五步:将可行性计划写在纸上,每天看一次,并大声读一遍!

高职学生创业问卷调查

1. 在创业之前,您会做哪些准备?

①参加创业计划大赛

②看创业书籍

③到企业实习

④求助创业型企业家

⑤其他

2. 您对创业概念的理解为:

①开办一个企业(公司)

②只要开创一份事业都可以叫创业

③开发一项前沿的科技项目

④不了解

3. 政府在学生创业方面应该做哪些扶持?(可多选)

①学生科技创业基金支持

②社会化专业化管理服务机构提供服务

③政策支持

④宣传鼓励

⑤政府不应该扶持,不应再出台过多的这类政策,使大量学生盲目地选择创业而荒废学业

⑥其他

4. 学校是否应该鼓励学生自主创业,应该采取何种鼓励措施?(可多选)

①学校提供配套资金

②纳入大学科技园区提供场、实验设备等环境和服务

③将创业课程纳入必修课

④其他

5. 自主创业要求大学生具备哪些素质?(可多选)

①强烈的挑战精神

②出色的沟通及交际能力
③较好的专业知识
④理及领导艺术
⑤良好的社会关系
⑥其他
6. 如果要自主创业,你的目的是:(可多选)
①赚钱
②实现自我价值
③为社会服务
④积累经验
⑤提高社会地位
⑥其他
7. 你认为对大学生创业教育的最好方法是?(多选)
①请成功人士讲授经验
②到创业成功的企业实地考察
③在新闻媒体多宣传成功创业人士的经验
④设立大学生创业基金
⑤设立大学生创业启动项目
⑥建立校企联合的创业基地
⑦其他
8. 你是否打算自主创业?
①完全没有
②考虑过
③正在进行
④已经成功创业
9. 自主创业你会选择什么样的创业类型?
①网店
②注册开公司
③小型零售店
④加盟店
⑤其他
10. 如果创业你会选择哪种形式?
①合伙创业
②家庭创业
③自己创业
④其他
11. 你是否了解国家对于大学生自主创业的相关政策?
①了解
②听说过一些
③不了解

12. 如何筹集创业资金?

①银行贷款

②家庭支持

③个人存款

④风险投资

⑤政府基金

⑥合伙融资

⑦其他

13. 你认为大学生自主创业面临的最大问题是什么?(多选)

①资金不足

②缺乏经验

③家庭不支持

④失败带来的后果难以承担

⑤没有适合的合作伙伴

⑥政策支持力度不够

⑦缺乏创业指导指导

⑧创业理想化

⑨其他

14. 如果你想创业,你最希望得到哪方面的帮助?

①创业知识培训

②创业能力训练

③创业资金支持

④创业政策支持

⑤专家咨询指导

⑥创业场所支持

⑦创业硬件设备支持

⑧创业实践活动

⑨其他

15. 你关注过“赢在中国”或者“大学生创业大赛”等一系列的与创业有关的电视节目或者社会活动吗?

①关注过

②没有关注过

16. 你不打算自主创业的原因是?(不打算创业的填写)

①个人偏好

②资金不足

③没想好做什么项目

④失败带来的后果难以承担

⑤缺乏经验

⑥家庭不支持

⑦不自信

⑧已有比较适合的工作
⑨其他
17. 在大学期间你是否考虑过自主创业?
①从没考虑过
②有过想法,但没行动
③有想法,也尝试过,但失败了
④已经尝试或正在尝试
18. 如果创业,那么你会选择哪个领域?
①与自身专业有联系的行业
②自己感兴趣的行业
③当前热门的发展方向(如软件、网络等高科技行业)
④技术要求低的行业
19. 大学生创业最需要的是什么?
①个人强烈的价值观志向
②个人或团队研究成果或专利
③学校提供的各种创业培训和支持
④得到社会专业化的管理和服务
⑤充足的资金
⑥其他
20. 如果进行自主创业,你能够承受多少的资金投入?
①5 000 元以下
②1 万元左右
③2 万~5 万元
④5 万~10 万元
⑤无所谓,视情况定
21. 作为一个创业者,应具备什么样的素质?
①较好的组织能力
②具有专业知识背景
③具有良好的社交能力
④具有良好的心理素质合适应能力
⑤其他
22. 当前大学生创业存在的主要障碍有什么?
①经验不足,缺乏社会关系
②没有好的创业项目,开拓市场困难
③资金不足
④缺乏家人的支持
⑤缺乏人才和核心技术
⑥缺乏良好的创业团队
⑦国家的优惠政策没有落实
⑧创业与学业的冲突

⑨缺乏合作精神
⑩其他
23. 你认为政府在大学生创业方面应该做哪些？
①大学生科技创业基金支持
②社会专业化管理服务机构提供服务
③政策支持，宣传鼓励
④政府不应该扶持，不应该过多颁布这类政策，使大学生创业盲目
⑤其他
24. 如果现在进行创业的话，那么你的目的会是什么？
①赚钱
②积累经验
③成长的一种方式
④一种尝试
⑤其他
25. 如果你有创业的想法，是来源于哪里？
①家人朋友的影响
②国家优惠政策的鼓励
③就业困难
④学校开展的“创业设计大赛”类似活动的启发
⑤其他
26. 大学生创业的启动资金从何而来？
①自己省吃俭用
②由家人出资
③向银行或其他组织借款
④由第三方投资
⑤其他
27. 大学生创业团队是如何组建的？
①宿舍成员组建
②班级内同学组建
③同学校同学组建
④与校外成员组建
28. 你认为大学生创业成功的多还是失败的多？
①因为有好点子，有激情，很多都可以获得成功，还是成功的多
②大获成功的少，小有成就的还是很多
③小有成就算是好的，大多都一败涂地
④几乎很少有能成功的，缺乏经验，还得从打工做起

项目 3　提升创新创业能力

【创新创业格言】

如果你在 20 岁之前已经进入大学,希望你把书读好;30 岁之前找到一个好老板跟他学习怎么做,一个好老板比一个好公司好太多。一个优秀的老板会告诉你很多做人的道理,做事的原则。

——阿里巴巴集团董事局主席　马云

【创新创业家小传】

马云,男,1964 年 9 月 10 日生于浙江省杭州市,祖籍浙江省嵊州市(原嵊县)谷来镇,阿里巴巴集团主要创始人,现担任阿里巴巴集团董事局主席、日本软银董事、大自然保护协会中国理事会主席兼全球董事会成员、华谊兄弟董事、生命科学突破奖基金会董事。马云 1988 年毕业于杭州师范学院外语系,同年担任杭州电子工学院英文及国际贸易教师,1995 年创办中国第一家互联网商业信息发布网站"中国黄页",1998 年出任中国国际电子商务中心国富通信息技术发展有限公司总经理,1999 年创办阿里巴巴,并担任阿里集团 CEO、董事局主席,2013 年 5 月 10 日,辞任阿里巴巴集团 CEO,继续担任阿里集团董事局主席。同年 6 月 30 日,马云当选全球互联网治理联盟理事会联合主席。同年 10 月受邀出任英国首相戴维·卡梅伦的特别经济事务顾问。2016 年 5 月 8 日,马云任中国企业家俱乐部主席。

马云不仅没有上过一流的大学,而且连小学、中学都是三四流的。1982 年,马云第一次参加高考,首次落榜,数学只得了 1 分。马云充满了挫败感,之后他跟表弟到一家酒店应聘服务生,结果表弟被录用,自己惨遭拒绝,老板给出的理由是马云又瘦又矮,长相不好。后来马云做过秘书、搬运工人。马云高考落榜后,父亲马来法见他意志消沉,让他蹬三轮给杂志社送书。1983 年,马云第二次参加高考,再次落榜,数学提高到了 19 分。马云的父母劝他死了上大学的心,好好学门手艺,之后马云又开始骑着那辆破旧的自行车,穿梭于杭州的大街小巷。1984 年,马云不顾家人的极力反对第三次参加高考,这次数学考了 89 分,但总分离本科线还差 5 分。由于英语专业招生指标未满,部分英语优异者获得升本机会,马云被杭州师范学院破格升入外语本科专业。进入大学后,马云变成了品学兼优的好学生,凭借出色的英语稳坐外语系前五名。之后马云当选学生会主席,后来还担任了两届杭州市学联主席。在杭州师范学院外语系毕业后,马云在杭州电子工业学院教英语。1991 年和朋友成立海博翻译社,结果第一个月收入是 700 元,房租是 2 000 元。大家动摇的时候,马云一个人背着个大麻袋去义乌,卖小礼品、卖鲜花、卖书、卖衣服、卖手电筒,养活了翻译社,组织了杭州第一个英语角。1994 年,海博翻译社营收持平,其中来自西雅图的外教比尔和马云聊互联网,马云开始寻找机会决定创业。1995 年年初,海博翻译社开始赚钱。马云作为翻译来到洛杉矶沟通落实一项高速公路投资未果后,从洛杉矶飞到西雅图去找比尔,比尔领马云去西雅图第一个ISP公司VBN参观。1995年3月,马云从杭州电子工业学院辞职,自己拿出六七千元,向妹妹、妹夫借了一万多,凑足了两万元准备创业。1995年4月,中国第一家互联网商业公司杭州海博电脑服务有限公司成立,三名员工是马云、马云夫人张瑛和何一兵。1995年5月,中国黄页正式上线。此时,离中国能上Internet还有3个月。1995年7月,中国黄页为浙江省外宣办做了一个网站,在网上宣传浙江的经济文化,名曰"金鸽工程"。1996年3月,由于杭州电信也做了一个中国黄页,分食市场,马云决定和杭州电信合并。中国黄页作价60万元,占30%股份,杭州电信投现金140万人民币,占70%股份。1997年,在得到外经贸部进京成立中国国际电子商务中心(EDI)邀请后,马云决定放弃中国黄页。他将自己所持的21%的中国黄页以每股两三毛钱的价格贱卖给了公司,拿回10多万元。之后马云和他的团队在北京开发了外经贸部官方网站、网上中国商品交易市场、网上中国技术出口交易会、中国招商、网上广交会和中国外经贸等一系列网站。1998年底,他离开经贸部,因为一个巨大的梦想诞生了。1999年2月,他被邀请参加在新加坡举行的亚洲电子商务大会。马云讲了一个小时:"亚洲电子商务步入了一个误区。亚洲是亚洲,美国是美国,现在的电子商务全是美国模式,亚洲应该有自己独特的模式。"1999年3月,马云正式辞去公职,马云团队回到杭州,凑够50万元人民币创建阿里。1999年4月15日,阿里巴巴网站正式上线。Invest AB副总裁蔡崇信听说阿里巴巴后,飞赴杭州洽谈投资业务,在和马云谈了4天后,他决定辞职加入阿里巴巴。1999年10月和2000年1月,阿里巴巴两次共从软银等国际投资机构融资2 500万美元。2003年5月10日,马云创立淘宝网,开始抢夺市场。2004年12月,马云创立第三方网上支付平台支付宝。2005年8月17日,雅虎宣布以10亿美元现金和雅虎中国全部资产为代价,同时获雅虎10亿美元投资,换取马云创办的阿里巴巴40%的股份和35%的投票权,马云出任中国雅虎董事局主席。2007年11月,马云创立的阿里巴巴网络有限公司在香港联交所主板挂牌上市。2008年10月31日,阿里巴巴有限公司和杭州师范大学合作共建杭州师范大学阿里巴巴商学院,马云出任董事长。2013年5月10日,马云正式卸任阿里巴巴集团CEO,陆兆禧接替马云出任阿里巴巴集团首席执行官。2013年5月28日,阿里巴巴集团联合银泰集团、复星集团、富春集团、顺丰、中通、圆通、申通、韵达等多家民营快递企业联合成立菜鸟网络科技有限公司,并同时启动中国智能骨干网(CSN)项目建设,马云出任菜鸟网络科技有限公司董事长。2013年8月22日,在UC优视成立9周年之际,阿里巴巴董事局主席马云和UC优视董事长俞永福向UC全体员工发布邮件宣布,马云将出任UC优视董事。2014年9月19日,阿里巴巴集团于纽约证券交易所正式挂牌上市。2015年10月23日,《2015信中利·胡润IT富豪榜》发布,51岁的马云及其家族以1 350亿元的资产蝉联中国IT业首富,在13年里财富增长了540倍。2015年10月26日,2015年福布斯中国富豪榜在北京发布,马云以218亿美元的财富,排名第二。2015年11月4日,马云名列《福布斯》全球最有权力人物排行榜第22位。

【学习目标】

通过对本项目的学习,全面了解和掌握创新创业的含义、创业的类型、主要的创业理论模型,认识创业的重要意义,激发创业理想,正确认识并理性对待创业。

【案例导入】

"待就是浪费青春"

张婷(1991.9.9—),2010 年 9 月至 2012 年 7 月在渤海船舶职业学院学习动漫设计与制作,随后在大连安博实习期间学习 web2.0 网页设计。在大二的时候,她开始对创业产生兴趣,凭着强烈的爱好,她要挑战自己的能力,实现自我价值。2013 年 2 月,她一个人去了北京,在北京市海淀区西二旗一家互联网公司谋得第一份工作,当时的公司靠近百度、联想等知名公司,给了她极大的激励。尽管从实习生开始做起,天天加班,又苦又累,但是,每天不管多么晚下班,她都会羡慕地看一眼百度灯火阑珊的办公大楼,暗自为自己加油。由于她工作出色,一个月后被公司转正。通过钻研,她用三个月时间便熟练掌握了商业性的网站制作、网站开发等业务。同年 4 月份,她选择了离职,步入医疗行业,工资从实习生的 2 500 元涨到 4 500 元。在医疗行业,掌握了百度竞价 PHP 程序等多方面的知识,负责集团上百个网站建设。

2013 年 7 月,在渤海船舶职业学院学成毕业后,张婷开始组建团队,创建了 art798 工作室,带领 8 人技术团队进行创业,在不到四个月时间,工作室盈利十余万元。同年 11 月份,她转战电商领域,打入电商行业,快速了解了电商独立平台的建设,熟悉掌握了淘宝、天猫、京东等电商行业的运转。同时她又兼职担任北京某电商公司设计总监一职,并且带领团队在聚划算活动中,创下一天销售额超过 60 万元、天猫家装类目排名第二这样一个喜人的业绩。

2014 年 4 月,张婷创办 7time 美食坊,为了探寻最正宗的美食,她带领团队离开北京去品尝各地美食,定期举办户外活动,邀请更多人的加入 7time。5 月,张婷离开电商公司个人筹资创办了自己的公司。因为不懂创办公司的业务流程,在注册公司的过程中她吃了一些亏,最终于 8 月份把公司注册下来。公司主营业务包含网站建设、商城建设,以及各种页面设计、VI 设计等。在公司运营的过程中,她拼命地接项目,以解决资金链的问题。

在飞速发展的互联网 + 时代,不断尝试新的创新创业是永恒的主题。张婷不断更新和学习知识,包括营销学、管理学和自身技术的快速更新。在这一过程中,APP 开发列入了公司的主营项目。企业坚持以诚待人,坚持将最好的服务给予客户。

2015 年 4 月,张婷受邀参加北大清华讲座,分享个人创业事迹。2015 年 10 月,她接受人民邮电出版社出版合作之邀请,出版以张婷冠名的电商设计书。在国内知名设计平台"90 设计"上,有近 55 万名设计师参加,张婷个人排名全国第 5 名,拥有粉丝数量 3 000 多。

2015 年,张婷的公司服务各地方、部分政府网站、北京的国企、个体户等上百家企业,并逐步扩展到海外,包括美国、英国的客户,从企业站到电商的需求合作,逐步得到客户的认可。

谈起创业,张婷认为高职学生创业需要具备强烈的挑战精神、出色的沟通能力、较好的专业知识、优秀的领导艺术、良好的社会关系、敏锐的市场认知等多方面综合素质,必须了解一些国家的创业政策。她建议学校要提供场地、实验设备等环境和服务,多组织学生参加各类创业实践活动。张婷感慨地说:"创业者首先是要做正确的事,对于这一点,绝大多数人还是心知肚明的。凭我自己的感觉来说,更为关键的还是要明确什么是正确的事。"由于每一个创业者的背景和所拥有的资源差异性都很大,对于此人来说的"最合适的事""最正确的事”，对于彼人来说就未必如此；对于大多数人来说，都不是很好选择的事情，对于某个人来说也许就是“最合适的事”和“最正确的事”。简而言之，对于创业者来说，做“正确的事”就是做最符合自己实际情况的事。

【案例分析】

1. 从张婷的创业故事中你学到了什么？

2. 如何看待学历与能力？

任务3.1　创新思维能力训练

3.1.1　创新思维能力是什么

创新思维是指以新颖独创的方法解决问题的思维过程。这种思维能突破常规思维的界限，以超常规甚至反常规的方法和视角去思考问题，提出与众不同的解决方案，从而产生新颖的、独到的、有社会意义的思维成果。对于创新能力的最好诠释，应该首推一位著名学者的话：“既要异想天开，又要脚踏实地”。创新能力指的不仅仅是良好的发散思维能力，还指对事物持之以恒的忍耐力。当然更重要的是将这两者有机结合起来的综合能力。

创新能力是技术和各种实践活动领域中不断提供具有经济价值、社会价值、生态价值的新思想、新理论、新方法和新发明的能力。其包括两方面的含义：一是大脑活动的能力，即创造性思维、创造性想象、独立性思维和捕捉灵感的能力；二是创新实践的能力，即人在创新活动中完成创新任务的具体工作的能力。创新能力是一种综合能力，与人们的知识、技能、经验、心态等有着密切的关系。具有广博的知识、扎实的专业基础知识、熟练的专业技能、丰富的实践经验、良好的心态的人容易形成创新能力，它取决于创新意识、智力、创造性思维和创造性想象等。

3.1.2　创新思维与模仿思维有什么不同

模仿思维是常规思维方式，比较适合已知的世界。在这个世界人们的思维活动通常是模仿以前的成熟经验或他人的成功方法，这种“复制成功”做法可以帮助人们节省思考摸索的时间和精力，少走弯路，从提高思维效率的角度来讲无可厚非，是完全正确的。但是，这种思维方式一旦进入未知的世界，由于没有可参照的模仿对象，就不再适用，这时候就需要启动一种新的思维方式来适应陌生的环境，这种思维方式就是创新思维。创新思维是思维的一种高级形式，具有跳跃性、发散性、独创性等鲜明特征。

“如何才能无中生有？如何才能由未知的盲区走到已知的彼岸？”“抽象深奥的科学原理是怎样被发现的，丰富多彩的艺术作品是如何被创作出来的？”“在纷乱混沌的情境下，领导者怎样思考才能做到正确决策？在激烈竞争的商业活动中，如何做才能脱颖而出？”

当面对的情境越陌生，面对的问题越深奥，模仿思维所能起的作用越小。越是在高层次的智力活动中，越需要创造力，对创新思维的需求就越大。模仿思维方式就像是行走状态，创新思维方式就像是奔跑状态，当周围的人都开始奔跑加速的时候，那些仍在慢步前行的人必然将被社会主流所淘汰。

众所周知,超强的记忆力可以造就一个学习天才,但一旦进入应用领域,初级智能记忆力所能起的作用就非常有限了,不论是观察、分析,还是设计、决策,最需要的是高级智能创造力。有的学习成绩出众的优等生到了社会上变得平庸无奇,关键就是他们在高级智能方面缺乏培养。所以,专家学者认为,创新思维是人类思维活动中最积极、最活跃和最富有成果的一种思维形式,创新思维比模仿思维更能体现人的主观能动性。假如人类不懂得创新思维,也许今天仍生活在刀耕火种的时代。从钻木取火到大规模使用火柴,从驾驭牲畜到使用机械汽车,从农业经济社会到创意经济社会,从知识短缺时代到信息爆炸时代,人类能够一步步走到今天,超越万物,主宰世界,靠的就是创新,创新,不断地创新!

3.1.3 如何学习创新思维

首先,学要领,即创新思维的基本法则,这些思维法则告诉我们什么是对的,什么是错的,什么是重要的,什么是不重要的,就像一个坐标一样构成了我们思考的参照。其次,需要反复强化训练,任何能力都是反复训练的结果,光看别人练举重自己是不会长肌肉的。要想掌握创新思维,训练和提高自己的创造力,就要参与大量的训练。当然,这是一个非常枯燥乏味的过程,通向成功的巅峰道路上从来没有捷径,不论是体能提升还是头脑提升,从来都是一份付出,一份收获。

众所周知,在沙漠上是学不会游泳的,学会创新思维必须有一个与之相适应的训练环境。许多人为什么看了很多有关创新思维的书却还是不能掌握创新思维?关键就是缺少训练的环境。许许多多的、大大小小的、简单与复杂的、专业与非专业的问题构成了创新思维的训练环境。

思维训练培养的是活智慧,不是灌输死知识。在学习的过程中,从头脑中输出比向头脑内输入更重要。所谓创新思维能力,从本质上来讲就是头脑向外输出新观念、新思想、新方法、新知识、新信息的智力。

3.1.4 求同—求异—求合创新思维训练

想取得成功一定要有足够的创新思维。如果一味地模仿前人,只能落后,很难取得突破。持之以恒是成功的法宝,进行创新思维训练也是一样,绝不是一朝一夕即可成功的。这一点人人都知道,但却没有几个人能做到。在坚持一段时间后就会找各种理由让自己放弃,这就是人类的本性。成功者之所以能够成功,就是不找理由为自己开脱,把更多的时间用在坚持做事上,不考虑别人会如何看自己。真正的赢家就要有一种忘我的精神。

第一步,求同。培养一个善于发现的习惯,善于在生活中找到不同事物的相同点和相同事物的不同点,并且发现生活中各种事物的联系。具体的方法:首先,在每天早上起床的时候,在脑海里想出四种完全没有联系的事物,比如一本书、金项链、一瓶可乐、一台电视。在睡醒的时候头脑里是很空旷的,这时进行思维的训练就好像新生儿一样,极大程度上的锻炼了自己的思维,使神经在昏昏欲睡中清醒过来,醒来想到的任何事物都可以进行创新思维训练,抓住第一感觉,不用特意去想某个事物,生活中任何事物都可以。要做的就是进行分类,每两种事物都要能归到一类且与另外两类不同。比如:

金项链和电视属于贵重物品,书和可乐比较便宜;书和电视可以承载大量的信息,戒指和可乐不能;电视和可乐属于新兴事物,书和金项链很久以前就有。

开始进行训练的时候会感觉很费力,因为生活环境长时间束缚了我们的思想,但只要我们去想,就一定会找到,万物之间都是有联系的。在这个训练中没有绝对的对和错,只要自己能够解释清楚就可以。每天早上就这样对想到的事物寻找共同点来分类,思维会在一天之内非常开阔。久而久之,在看待事物的时候,可以找到两个不同的事物之间的联系,有助于创新能力的培养。

第二步是求异,方法与求同恰好相反,类似于玩游戏找不同。在一天之中不断发现相同事物的不同点,从不同的角度去审视同一个问题。在别人发表完观点的时候不要急于肯定回答,而是要想一想从自己的角度来看的话是怎样的观点。人与人是不同的,自己的观点不可能和某个人完全相同,只是自己让自己屈服于别人的观点,跟着别人的想法走,没有求异。求异是非常重要的一点,是树立创新思维必不可少的。

例如有两家咖啡公司,一家依靠着自己历史悠久打出了"爷爷在喝,父亲在喝"的广告。而另一家咖啡公司另辟蹊径,找到和对手不同的市场,打出"年轻的一代,激情的一代"的口号,受到了年轻消费者的追捧。

第三步是求合。求合是在求同和求异的基础上,将发现的不同事物的相同点和不同点结合起来,创造新事物的一种思维方式。生活中很多创新的事物都是来自于多种事物的结合。比如铅笔和橡皮,正是人们找到二者的共同点(在写字的时候用),才有了铅笔上面的橡皮。二者结为一体使用起来非常方便。

求合思维把不同事物的优点集于一身,发明创造出新的事物,在日常的生活中,同样会用到这种方法将一些复杂的事情简单化。

无论做什么都是贵在坚持,创新训练也是一样,要想培养出良好的创新思维,就要每天坚持去做,坚持去想。只有这样,大脑才能不断地开发,思维不断地创新,在未来的某一天创造出全新的事物。

【测试】

创新思维能力测试

说明:创造型人才在企业中越来越重要,这类人才能够创造性地完成工作,不会被困难吓倒,不会因为条件不具备而放弃努力。在寻找创新、开发、管理方面的人才时,必须考虑人才的创新能力。下面是10个题目,如果符合你的情况,则回答"是",不符合则回答"否",拿不准则回答"不确定"。

1. 你认为那些使用古怪和生僻词语的作家,只是为了炫耀。
2. 无论什么问题,要让你产生兴趣,总比让别人产生兴趣要困难得多。
3. 对那些经常做没把握事情的人,你不看好他们。
4. 你常常凭直觉来判断问题的正确与错误。
5. 你善于分析问题,但不擅长对分析结果进行综合、提炼。
6. 你的审美能力较强。
7. 你的兴趣在于不断提出新的建议,而不在于说服别人去接受这些建议。
8. 你喜欢那些一门心思埋头苦干的人。
9. 你不喜欢提那些显得无知的问题。
10. 你做事总是有的放矢,不盲目行事。

评分标准：

题号	“是”评分	“不确定”评分	“否”评分
1	-1	0	2
2	0	1	4
3	0	1	2
4	4	0	-2
5	-1	0	2
6	3	0	-1
7	2	1	0
8	0	1	2
9	0	1	3
10	0	1	2

得分22分以上，说明被测试者有较高的创造思维能力，适合从事环境较为自由，没有太多约束，对创新性有较高要求的职位，如美编、装潢设计、工程设计、软件编程人员等。

得分21~11分，说明被测试者善于在创造性与习惯做法之间找出均衡，具有一定的创新意识，适合从事管理工作，也适合从事其他许多与人打交道的工作，如市场营销。

得分10分以下，说明被测试者缺乏创新思维能力，属于循规蹈矩的人，做人总是有板有眼，一丝不苟，适合从事对纪律性要求较高的职位，如会计、质量监督员等职位。

任务3.2 高职学生创新思维

人们习惯把艰难的思考任务交给伟人或天才们，用他们的思考来替代自己的思考，用他们的知识成果来塞满自己的头脑，平常人只扮演一个思想追随者的角色。在今天，创新思维由金字塔的精英顶端普及到大众基层，进而渗透到生活的各个领域，即使是一个普通人也意识到自己必须创新，必须具备创造力。创新思维在日常生活、学习和工作中的应用领域越来越广，使得普通人对创新思维的需求也越来越大。如果不懂得创新思维，不懂得如何运用创造力去开辟自己的生存与发展空间，那将无法在激烈的竞争中立足，势必会被社会淘汰，沦落为弱势阶层。

3.2.1 创新思维训练

1. 发散思考法则

创新思维与常规的模仿思维的第一个显著差异就在于是否发散思考，对于创新思维而言，无论是遇到什么样的问题都会遵循发散思考法则，不会因为是一个封闭型问题就使思维封闭扁平化。如：

钢笔的用途是什么？写字、绘画。钢笔的用途只有这几种吗？钢笔可以作武器戳人、作支撑物……钢笔可以当礼物、装饰物、玩具……钢笔可以用作容器、数字符号、砝码……无数的钢笔可以盖房子、铺道路、创作艺术景观……

由于受思维习惯的影响，无意中就归结到封闭型问题，采取一种封闭扁平的方式去思考。

对于创新思维而言，任何问题都存在着多个答案，这种多答案源于从多个角度发散看问题。若想掌握创新思维，第一步要做的就是培养发散思考习惯，习惯了用多维视角去发散思考时，会突然发现以前熟悉的世界变得新奇陌生，丰富多彩，充满了无限的可能性和未知领域。要先训练自己的发散思考能力，打好创新思维的基本功，否则当遇到真正的创新型问题时就会有心无力，不知所措。

歌德说："在限制中才能显出真正的高手，只有法则能给我们自由"。发散思考是创新思维的首要法则。世界是多维的，人们看问题的角度也应当是多维的。发散思考的方法很多，一般常见的有原因发散、结果发散、功能发散、层次发散、要点发散、方法发散、规则发散、过程发散等。

柔性思维训练：

(1)请列出 30 种杯子的用途。

(2)请列出 10 种导致交通堵塞的原因。

(3)请列出 5 种可以替代现行高考制度的办法。

2. 跳跃联想法则

跳跃联想的跨度越大，思维的速度和灵活性越佳。举一反三是一种跳跃联想，融会贯通也是一种跳跃联想。

做一个思维游戏，测试一下大家的创新思维素质。游戏的规则是：请在纸上快速写出联想到的词汇，比如：

大海——鱼——渔船——天空……

电——电话——电视——电线——电灯——电冰箱——食品——鸡蛋……

电——闪电——雷鸣——暴雨——彩虹——太阳——宇宙——外星人……

电——能源——石油——战争——伊拉克——美国——科技——强大……

电——危险——机遇——成功——能力——艺术——自然——规律 ……

电——风筝——节日——情人——红豆——袁隆平——荣誉——军人……

第一个联想词组词与词之间的联想难度最小，基本上所有的人都能理解。第五个联想词组中词与词之间的联想难度比较大，需要思考一下才能弄清楚它们之间是如何联想在一起的。比如电——风筝这两个词是如何联想在一起的，一般人很难想到。

由电联想到风筝有如下的故事。

当年科学家富兰克林从事电学的研究，他在家里做了大量实验，研究了两种电荷的性能，说明了电的来源和在物质中存在的现象。在 18 世纪以前，人们还不能正确地认识雷电到底是什么。当时人们普遍相信雷电是上帝发怒的说法。一些不信上帝的有识之士曾试图解释雷电的起因，但都未获成功，学术界比较流行的是认为雷电是"气体爆炸"的观点。在一次试验中，富兰克林的妻子丽德不小心碰到了莱顿瓶，一团电火闪过，丽德被击中倒地，面色惨白，足足在家躺了一个星期才恢复健康。这虽然是试验中的一起意外事件，但思维敏捷的富兰克林却由此而想到了空中的雷电。他经过反复思考，断定雷电也是一种放电现象，它和在实验室产生的电在本质上是一样的。于是，他写了一篇《论天空闪电和我们的电气相同》的论文，并送给了英国皇家学会。但富兰克林的伟大设想竟遭到了许多人的嘲笑，有人甚至嘲笑他是"想把上帝和雷电分家的狂人"。

富兰克林决心用事实来证明一切。有一天，阴云密布，电闪雷鸣，一场暴风雨就要来临了。富兰克林和他的儿子威廉一道，带着上面装有一个金属杆的风筝来到一个空旷地带。

富兰克林高举起风筝，他的儿子则拉着风筝线飞跑。由于风大，风筝很快就被放上高空。刹那，雷电交加，大雨倾盆。富兰克林和他的儿子一道拉着风筝线，父子俩焦急地期待着，此时，刚好一道闪电从风筝上掠过，富兰克林用手靠近风筝上的铁丝，立即掠过一种恐怖的麻木感。他抑制不住内心的激动，大声呼喊："威廉，我被电击了！"随后，他又将风筝线上的电引入莱顿瓶中。回到家里以后，富兰克林用雷电进行了各种电学实验，证明了天上的雷电与人工摩擦产生的电具有完全相同的性质。这使富兰克林在全世界科学界的名声大振。英国皇家学会给他送来了金质奖章，聘请他担任皇家学会的会员。跳跃联想是创新思维的翅膀，富兰克林之所以能由实验室中的电流联想到天空中的雷电，突破当时人们的传统观念，大胆地预测两者是相同的，靠的就是天才的跳跃联想。

如何由电想到风筝的呢？电—富兰克林—实验—风筝。思维快速跳跃省去了其中的两步，直接由电联想风筝。这种大跨度跳跃式的思维方式不仅思维速度快，而且更容易激发大脑中的灵感。有鉴于此，在培养创新思维时需要特别强化训练跳跃联想的能力，在远离常识、常规之外发现闪光的创意。怎样才能提高思维的联想跨度呢？

关于跳跃联想的训练比较复杂，思维向哪里跳，如何跳，怎么样才算大跳跃，怎么样算是小跳跃等，要结合具体问题来讨论。

两种简单的跳跃联想训练方法：

(1)自由联想训练。随便找一个词汇起头，在规定的时间内快速联想，就像刚才做的思维游戏一样，要求想到的词组概念越多越好，这是训练思维联想的速度。

(2)强制联想训练。随机找两个不相关的事物，要求尽可能多地想出它们之间的相关联系或相同点，比如：大海—羽毛球有什么联系，有哪些相同点等。这种训练可以帮助提高大脑思维的跨度。

对于一般人来讲，如果能按照这两种方法坚持训练一个月，就基本上可以达到提高思维速度和跳跃性的目的，为创新思维打下坚实的基础。当然，如果想进一步提升，还需要学习掌握一些专业的思维工具来辅助思考，因为专业的思维工具像撑杆一样，可以帮助我们的思维达到凭本能无法企及的高度。

柔性思维训练：

(1)自由联想训练：杯子—(　　)—(　　)……(15个联想词/1分钟)

(2)强制联想训练：请分析鸡蛋和宇宙有哪些联系？(10个联系/3分钟)

(3)强制联想训练：请分析管理和绘画有哪些相同之处？(10个相同点/3分钟)

3.2.2　事半功倍的笔记工具——思维导图

思维导图是一种革命性的思维工具，简单却又极其有效。英国著名心理学家博赞在研究大脑的力量和潜能过程中，发现伟大的艺术家达·芬奇在他的笔记中使用了许多图画、代号和连线。他意识到，这正是达·芬奇拥有超级头脑的秘密所在。在此基础上，博赞于19世纪60年代发明了思维导图这一风靡世界的思维工具，目的是增强使用者的立体思维能力，增强使用者的超强记忆能力。思维导图就是一幅幅帮助了解并掌握大脑工作原理的使用说明书，能够增强使用者的总体规划能力。为什么思维导图功效如此强大？道理其实很简单。

首先，它基于对人脑的模拟；其次，这种模拟突出了思维内容的重心和层次；再次，这种模拟强化了联想功能，像大脑细胞之间无限丰富的连接；最后，人脑对图像的加工记忆能力大约是文字的1 000倍。更有效地把信息放进大脑，或是把信息从大脑中取出来——这就是作为一种思维工具的思维导图所要做的工作。它是一种创造性的方法,能够用文字将想法“画出来”。

“回形针可以做什么用?”“做导体、牙签、开门钥匙……”答案有很多。“那么回形针不可以做什么用?”“食物、容器、扇子、船桨、绝缘体……”答案更多。

错!回形针要是由可以食用的材料做成的不就可以吃了吗?回形针要线条扁粗,做成扇形不可以扇风吗?……如果仔细推敲,似乎我们的每一条“不可以”都不成立。

怎么让大脑重新自由起来?博赞先生提出了他的“思维导图”理论。在日常工作和学习时,人们最常用的笔记方式是直线型方式,“思维导图”认为,这其实违反了思维的本来面目,也妨碍了思维的效率。“思维导图”的核心思想就是把形象思维与抽象思维很好地结合起来,让左右脑同时运作,将思维痕迹在纸上用图画和线条形成发散性的结构。

如何绘制思维导图?

思维导图是一个简单、有效的工具,可以帮助我们进行发散性思考、结构化思考,通过文字、图画、线条、颜色,图文并茂地展示思考内容,帮助分析、记忆等。思维导图制作不需要什么高深的专业知识,也没有任何年龄、学历或专业的限制,可以这样说,上至90多岁的老人下至5岁的孩童,都可以学习和使用思维导图,作为自己提高学习和思维技巧的工具。

如何绘制思维导图呢?已经有很多介绍这方面的书籍了,但书大多比较厚,从思维导图的起源、作用等等谈起,虽然内容很全,但投入阅读的精力也很大,而且一旦去读书,很容易忘记了实践,结果理论上是懂了,实际还是不会。

这里介绍一种简单、实用的绘制方法,只需要4个步骤,少谈理论多谈实践,只要按着这4个步骤亲手动笔画一画,多练习几遍,就可以入门了。工具/原料:水彩笔若干支(水笔一支亦可)、白纸一张。其具体方法/步骤如图3-1所示。

注意事项:

绘制思维导图的工具有纸笔,还有导图软件,各有利弊。以上介绍的是用纸笔这种原始的工具绘制思维导图的方法,只要有纸笔就可以随时画一画。

理论上需要用不同颜色来画,但实践中根据条件,用一支水笔,无论是黑色、蓝色还是红色,哪怕是铅笔也可以用来画导图,因为思维导图是一个工具,只要能帮助我们达成目的,完全可以灵活运用。

目前互联网上提供了很多的思维导图的制作软件,如:Office中的Word、PowerPoint和金山公司的WPS等都可以用来进行思维导图绘制。几乎所有专门用于绘图的软件都可以用来绘制思维导图。针对思维导图的设计特点而开发的软件也很多。例如:Inspiration7.5、Axonp Ideap Processor5.0、IHMC、Cmap2.0、MindMan、InfoMap、ActivitypMap、Visio、PersonalBrain、BrainStorm和MindManager等,可以很方便地利用这些软件进行思维导图的制作。

MindManager和MindMapper不仅是思维导图软件中的佼佼者,而且在深入认知、熟悉、应用之后可以体会到,相比主流的办公应用软件,它们也毫不逊色。

思维导图的精髓是,不在于用哪种软件进行思维导图作品的制作,而在于把大脑的思维过程进行可视化的展示,在于提高自己的思维水平,把自己的心门打开,改变自己的思维方式和思考模式,让自己用一个开放的头脑接受新鲜的事物,使自己成为一个以终生学习为己任的现代人。

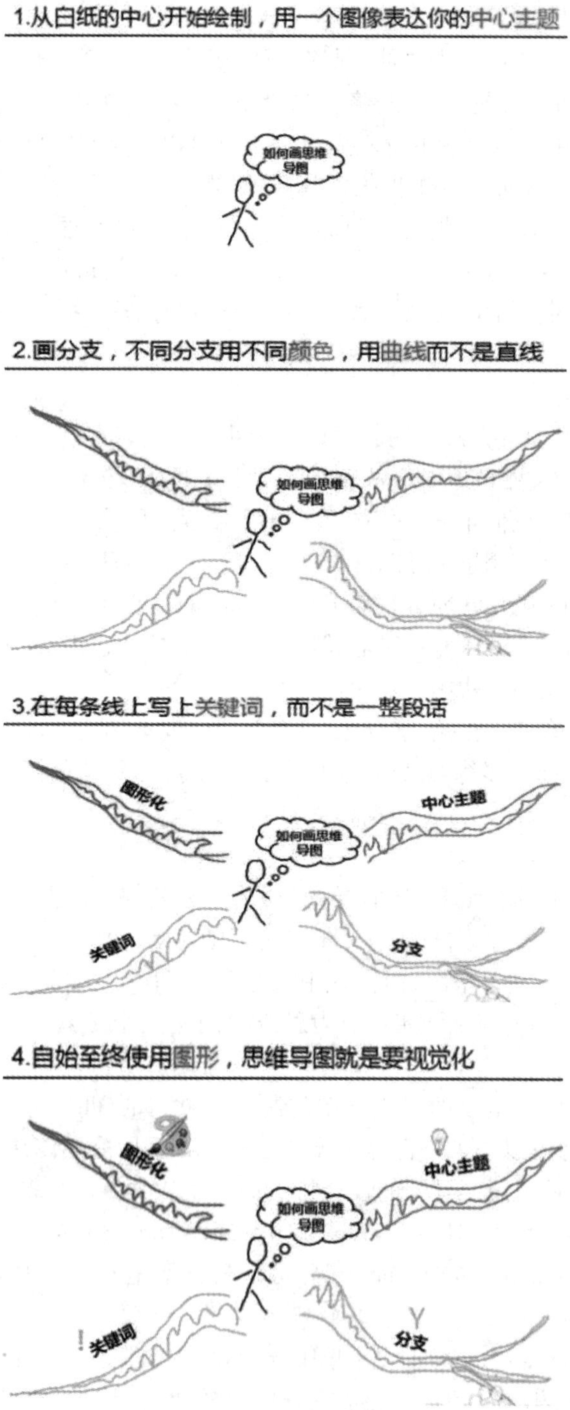
1.从白纸的中心开始绘制，用一个图像表达你的中心主题
如何画思维导图
2.画分支，不同分支用不同颜色，用曲线而不是直线
如何画思维导图
3.在每条线上写上关键词，而不是一整段话
图形化
中心主题
如何画思维导图
关键词
分支
4.自始至终使用图形，思维导图就是要视觉化
图形化
中心主题
如何画思维导图
关键词
分支

图 3－1　思维导图示例

任务3.3 提升创业能力

互联网发展使低成本技术创业成为可能。传统的创新活动以科研人员为主体，以实验室为载体，但在“互联网+”时代背景下，以用户为中心，以共同创新、开放创新为特点的创新创业新模式正逐步显现。尤其是移动互联网实现了信息、知识、技术等生产生活要素的最低成本集聚，实现了市场资源的最大化利用和社会需求的最便捷对接；众创、众筹、众包、众扶的创业新模式极大地丰富了创业的组织形态，大大降低了创业的准入门槛，使低成本的技术创业成为可能。

创业能力是一种特殊的能力，影响创业活动的效率和创业的成功。创业能力包括决策能力、经营管理能力、专业技术能力和交往协调能力。

3.3.1 决策能力

决策能力是创业者根据主客观条件，因地制宜，正确地确定创业的发展方向、目标、战略以及具体选择实施方案的能力。决策是一个人综合能力的表现，一个创业者首先要成为一个决策者。创业者的决策能力通常包括分析、判断能力和创新能力。

高职学生要创业，首先要从众多的创业目标以及方向中进行分析比较，选择最适合发挥自己特长与优势的创业方向和途径、方法。在创业的过程中，能从错综复杂的现象中发现事物的本质，找出存在的真正问题，分析原因，从而正确处理问题，这就要求创业者具有良好的分析能力。

所谓判断能力，就是能从客观事物的发展变化中找出因果关系，并善于从中把握事物的发展方向，分析是判断的前提，判断是分析的目的，良好的决策能力是良好的分析能力加果断的判断能力。创业实际是一个充满创新的事业，创业者必须具备创新能力，有创新思维、不墨守成规，能根据客观情况的变化，及时提出新目标、新方案，不断开拓新局面，创出新路子。可以说，不断创新是创业者不断前进的关键环节。

3.3.2 经营管理能力

经营管理能力是指对人员、资金的管理能力，涉及人员的选择、使用、组合和优化，也涉及资金聚集、核算、分配、使用、流动。经营管理能力是一种较高层次的综合能力，是运筹性能力。经营管理能力的形成要从学会经营、学会管理、学会用人、学会理财几个方面去努力。

1. 学会经营

创业者一旦确定了创业目标，就要组织实施。为了在激烈的市场竞争中取得优势，必须学会经营。

2. 学会管理

要学会质量管理，要始终坚持质量第一的原则。质量不仅是生产物质产品的生命，也是从事服务业和其他工作的生命，创业者必须严格树立牢固的质量观。要学会效益管理，要始终坚持效益最佳原则，效益最佳是创业的终极目标。可以说，无效益的管理是失败的管理，无效益的创业是失败的创业。做到效益最佳要求在创业活动中人、物、资金、场地、时间的使用，都要选择最佳方案运作。做到不闲人员和资金、不空设备和场地、不浪费原料和材料，使创业活动有条不紊地运转。学会管理还要敢于负责，创业者要对本企业、员工、消费者、顾客以及对整个社会都抱有高度的责任感。

3. 学会用人

市场经济的竞争是人才的竞争,谁拥有人才,谁就拥有市场、拥有顾客。一个学校没有品学兼优的教师,这个学校必然办不好,一个企业没有优秀的管理人才、技术人才,这个企业就不会有好的经济效益和社会效益,一个创业者不吸纳德才兼备、志同道合的人共创事业,创业就难以成功。因此,必须学会用人,要善于吸纳比自己强或有某种专长的人共同创业。

4. 学会理财

学会理财首先要学会开源节流。开源就是培植财源,在创业过程中除了抓好主要项目创收外,还要注意广辟资金来源。节流就是节省不必要的开支,树立节约每一滴水、每一度电的思想。百万富翁、亿万富翁都是从几百元、几千元起家的,都经历了聚少成多、勤俭节约的历程。其次,要学会管理资金:一是要把握好资金的预决算,做到心中有数;二是要把握好资金的进出和周转,每笔资金的来源和支出都要记账;三是把握好资金投入的论证,每投入一笔资金都要进行可行性论证,有利可图才投入,大利大投入、小利小投入,保证使用好每一笔资金。总之,创业者心中时刻装有一把算盘,每做一件事、每用一笔钱,都要掂量一下是否有利于事业的发展,有没有效益,会不会使资金增值,这样才能理好财。

5. 要讲诚信

就创业者个人而言,诚信乃立身之本,“言而无信,不知其可也。”创业者在创业过程中,如不讲信誉,就无法开创出自己的事业;失去信誉,就会寸步难行。诚信,一是要言出必行,二是要讲质量,三是要以诚信动人。

3.3.3 专业技术能力

专业技术能力是创业者掌握和运用专业知识进行专业生产的能力。专业技术能力的形成具有很强的实践性。许多专业知识和专业技巧要在实践中摸索,逐步提高发展、完善。创业者要重视创业过程中知识积累的专业技术方面的经验和职业技能的训练,对于书本上介绍过的知识和经验在加深理解的基础上予以提高、拓宽;对于书本上没有介绍过的知识和经验要探索,在探索的过程中要详细记录、认真分析,进行总结、归纳,上升为理论,形成自己的经验特色,积累起来。只有这样,专业技术能力才会不断提高。

3.3.4 交往协调能力

能够妥善处理与公众(政府部门、新闻媒体、客户等)之间的关系,以及能够协调下属各部门成员之间关系的能力。创业者应该做到妥当地处理与外界的关系,尤其要争取政府部门、工商及税务部门的支持与理解。要善于团结一切可以团结的人,团结一切可以团结的力量,求同存异共同协调的发展,做到不失原则、灵活有度,善于巧妙地将原则性和灵活性结合起来。总之,创业者搞好内外团结,处理好人际关系,才能建立一个有利于自己创业的和谐环境,为成功创业打好基础。协调交往能力在书本上是学不到的,是一种社会实践能力,需要在实践活动中学习,不断积累总结经验。

这种能力的形成:一是要敢于与不熟悉的人和事打交道,敢于冒险和接受挑战,敢于承担责任和压力,对自己的决定和想法要充满信心、充满希望;二是养成观察与思考的习惯。社会上存在着许多复杂的人和事,在复杂的人和事面前要多观察多思考,观察的过程实质上是调查的过程,是获取信息的过程,是掌握第一手材料的过程,观察得越仔细,掌握得信息就越准确。观察是为思考做准备的,观察之后必须进行思考,做到三思而后行;三是处理好各种关系。可以说,社会活动是靠各种关系来维持的,处理好关系要善于应酬。应酬是职业上的“道具”,是处事待人的表现。心理学家称:应酬的最高境界是在毫无强迫的气氛里,把诚意传达给别人,使别人受到感应并产生共识,自愿接受自己的观点。搞好应酬要做到宽以待人,严于律己,尽量做到既了解对方的立场又让对方了解自己的立场。

协调交往能力并不是天生的,也不会在学校里形成,而是走向社会后慢慢积累社会经验,逐步学习社会知识而形成的。

【知识链接】

创业理论模型

国际上众多学者对创业研究领域进行了关注,出现了多种创业理论和理论模型。

1. 蒂蒙斯创业模型

蒂蒙斯(Timmons)认为,成功的创业活动,创业者必须能将商业机会、创业团队和创业资源三者做出最适当的搭配,并且要能随着事业发展而做出动态的调整,创业过程由机会所启动,在组成创业团队之后取得必要的资源,创业计划方能顺利开展,如图3－2所示。

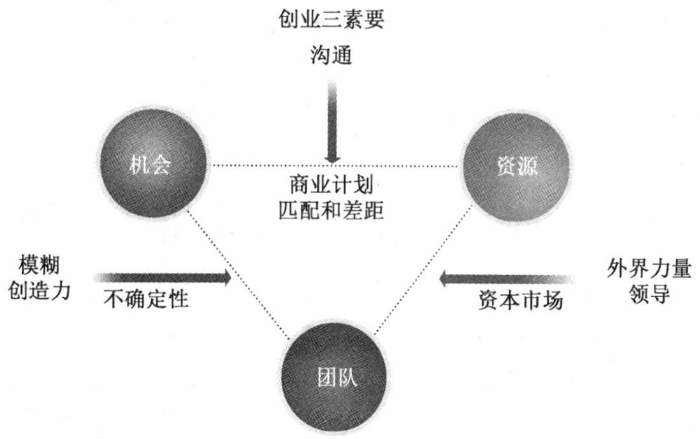

图3－2　蒂蒙斯创业模型

该模型认为创业是一个高度动态的过程,其中机会、资源、创业团队是创业过程最重要的驱动因素:商业机会是创业过程的核心要素,创业的核心是发现和开发机会,并利用机会实施创业,因此,识别与评估市场机会是创业过程的起点,也是创业过程中一个具有关键意义的阶段;资源是创业过程的必要支持,为了合理利用和控制资源,创业者往往要竭力设计创业技巧,采取用资谨慎的战略,这种战略往往对新创企业极为重要;创业团队是新创企业的关键组织要素。

蒂蒙斯认为,创业领导人和创业团队必备的基本素质有:较强的学习能力,能够自如地对付逆境,有正直、可信、诚实的品质,富有决心、恒心、创造力、领导能力和沟通能力,但最为重要的是团队要具有柔性,能够适应市场环境的变化。

机会、资源、团队三者的不断调整，最终实现了动态均衡，这就是创业发展的实际过程。蒂蒙斯模型始终坚持三要素间的动态性、连续性和互动性。结合模型，蒂蒙斯创业理论的内涵可作如下理解：

第一，商业机会是创业过程的核心驱动力，创始人或工作团队是创业过程的主导者，资源是创业成功的必要保证。

创业过程始于创业机会，而不是钱、战略、网络、团队或商业计划。开始创业时，商业机会比资金、团队的才干和能力及适应的资源更重要。在创业过程中，资源与商机间经历着一个"适应→差距→适应"的动态过程。商业计划融合了创业者、商机和资源三个要素，使三者相互匹配，产生协同效应。

第二，创业过程是商业机会、创业者和资源三个要素匹配与平衡的结果。

处于模型底部的创始人或工作团队要善于配置和平衡，借此推进创业过程，他们必须做的核心过程是：对商机的理性分析和把握，对风险的认识和规避，对资源的最合理利用和配置，对工作团队适应性的分析和认识。

第三，创业过程是一个寻求平衡的行为组合。

在三个要素中绝对的平衡是不存在的，但企业要保持发展，必须追求一种动态的平衡。保持平衡的观念展望企业未来时，创业者必须思量的问题是：目前的团队是否能支持公司未来的成长、资源状况；下一阶段的成功所面临的陷阱。这些问题在不同的阶段以不同的形式出现，牵涉企业的可持续发展。

总之，创始人或工作团队必须在推进业务的过程中，在模糊和不确定的动态的创业环境中创造性地捕捉商机、整合资源、构建战略和解决问题，要勤奋工作、敢于牺牲。创业者在创业过程中的情绪就像一个杂技表演者，一边要在平衡线上跳上跳下，保持平衡，一边还要在动荡的处境中进行各式各样的表演。

2. 威克姆创业模型

威克姆(Wickham)提出了基于学习过程的创业模型。如图 3－3 所示，该模型的含义如下：

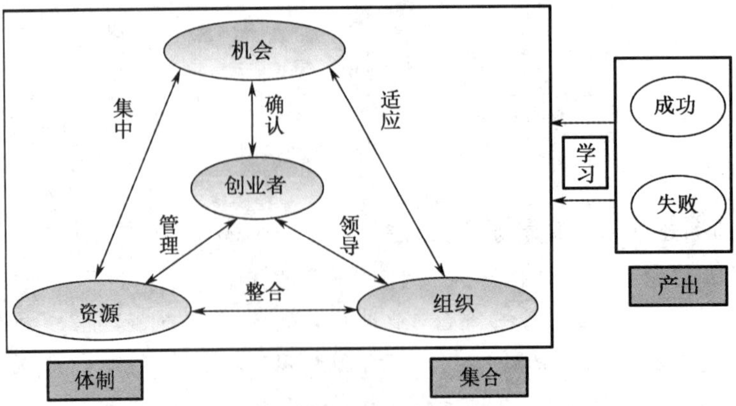

图 3－3　威克姆模型

创业活动包括创业者、机会、组织和资源四个要素，这四个要素互相联系。创业者任务的本质就是有效处理机会、资源和组织之间的关系，实现要素间的动态协调和匹配。创业过程是一个不断学习的过程，创业型组织是一个学习型组织。通过学习，不断变换要素间的关系，实现动态性平衡，成功完成创业。

该创业过程模型告诉我们，创业者处于创业活动的中心。创业者在创业中的职能体现在与其他三个要素的关系上，即识别和确认创业机会，管理创业资源，领导创业组织。

该模型还揭示了资源、机会、组织三要素之间的相互关系。威克姆创业模型的特点主要是将创业者作为调节各个要素关系的重心，经过对机会的确认，管理资源并带领团队实施创业活动，在这个过程中组织不断加强学习，使创业者能够根据机会来集中所需资源，使组织适应机会的变化，进而实现创业成功。

另外，该模型还揭示了组织是一个学习型的组织。也就是说，组织必须对机会和挑战做出反应，而且还要根据这种反应的结构来调整和修改未来的反应，即组织的资产、结构、程序、文化等要随着组织的发展而不断改进，组织在不断的成功与失败中得到学习与锻炼，从而获得更大的成功，得以发展壮大。

3. 克里斯琴创业模型

克里斯琴认为，创业管理的整个焦点应该放在创业者与新事业之间的互动上，模型主要的两个元素为创业者与新事业，强调创业者与新事业的互动关系，将如何创立新事业，随着时间而变化的创业流程管理，以及影响创业活动的外部环境网络等三个议题，视为创业管理的核心问题，如图3－4所示。

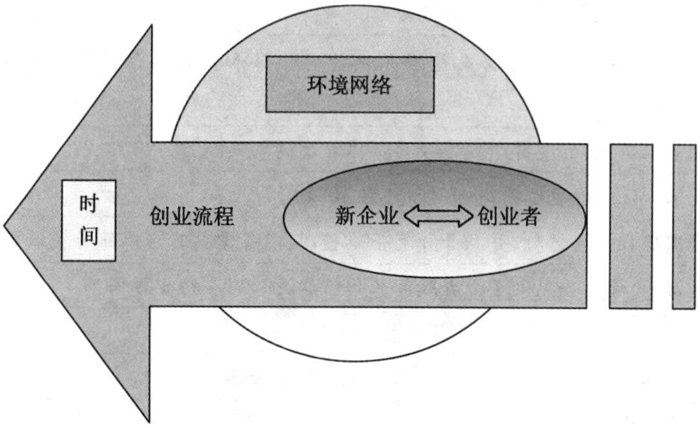

图3－4 克里斯琴模型

克里斯琴的模型与蒂蒙斯的模型同样重视创业者的功能，视创业者为创业活动的灵魂与推手，说明如何发展创业者的创业才能，将是创业管理工作上的一大重点。虽然有人说创业者的冒险犯难精神与积极开创的个性属于先天的人格特质，在后天上很难加以培养。但克里斯琴的模型所强调的“创业者与新事业互动的能力”以及蒂蒙斯模型所强调的“创业者随着环境变迁而动态调整创业模式的能力”，都与人格特质的关联性不高，也可说明创业者的能力确实可以经由系统的创业管理教育加以培育。

【测试】

创业能力测试

1. 测评说明

①当你想要拥有一个自己的公司的时候，有必要先进行这个测试，它可以帮助你判断你自己是否适合创业？你具有多少创业者潜力？如表 3－1 所示，这个测试结果，也是仅供参考，因为决定一个人创业能否成功要受到好多因素的制约。

②本测试根据一系列陈述句组成。请认真阅读题目，根据你的实际情况来选择最符合你的描述。

③在选择时，请根据你的第一印象来回答。不要做过多的考虑，并在符合你的情况的括号里画"√"

表 3－1　创业能力测评表

序号	内容	结果
1	你是否曾经为了某个理想而设下两年以上的长期计划，并且按计划进行直到完成？	
2	在学校和家庭生活中，你是否在没有师长和亲友的督促下，就自动完成分派的任务？	
3	你是否喜欢独自完成工作，并做得很好？	
4	当你与朋友在一起时，你的朋友是否寻求你的指导和建议？你是否曾被推举为领导者？	
5	在你以往的经历里，有没有赚钱的经验？你喜欢储蓄吗？	
6	你是否能够专注地做自己感兴趣的事连续 10 小时以上？	
7	你是否习惯保存重要资料，并且井井有条地整理，以备需要时可以随时提取查阅？	
8	在平时生活中，你是否热衷于社会服务工作？你关心别人的需要吗？	
9	你是否喜欢音乐、艺术、体育以及其他各种活动？	
10	你是否带动其他人员，完成过一项由你领导的大型活动或任务？	
11	你喜欢在竞争中生存吗？	
12	当你在别人管理下工作时，发现其管理方法不当，你是否会想出适当的管理方式并建议改进？	
13	当你需要别人的帮助时，是否能充满自信地提出要求，并且能说服别人来帮助你？	
14	在你筹款或者义卖时，是不是充满自信而不害羞？	
15	当你要完成一项重要工作时，是否总是给自己留出足够的时间仔细完成，而决不让时间虚度，在匆忙中草率完成？	
16	你参加重要聚会时，你是否会准时赴约？	
17	是否有能力安排一个恰当的环境，使你在工作中能不受干扰、有效地专心工作？	
18	你交往的朋友中，是否有许多有成就、有智慧、有眼光、有远见、老成稳重型的人？	
19	你在学习或团体中，被认为是受欢迎的人吗？	

表 3-1(续)

序号	内容	结果
20	你自认是理财高手吗?	
21	你是否可以为了赚钱而牺牲自己的娱乐?	
22	你是否总是独自挑起责任的担子,彻底了解工作目标并认真地执行工作?	
23	在工作中,你是否有足够的信心和耐力?	
24	你能否在很短的时间内,结交许多新朋友?	

④评分标准:

评分标准:答“是”得 1 分;答“否”不得分,统计所得分数。

⑤测评结果分析:

0 ~5 分:

目前不适合创业,应当训练自己为别人工作,并学习技术和专业。

6 ~10 分:

需要在别人指导下去创业,才会有成功的机会。

11 ~15 分:

适合自己创业,但必须在所有“否”的答案中,分析出自己的问题并加以纠正改进。

16 ~20 分:

非常适合创业,足以使你从小事业开始,并从妥善处理中获得经验,成为成功的创业者。

21 ~24 分:

有无限潜能,只要把握时机和运气,可能将是未来的商业巨子。

经过测试,你对自己更加深了认识,结合前边的自身条件评估,请你认真思考一下:你的性格适不适合创业?创业需要激情,更需要理性,只有做好了创业的准备,才可以创业。

任务 3.4　高职学生创业能力

随着我国人口红利的逐渐消失以及随之而来的产业转型升级阵痛,尤其是制造业空洞化后的转型升级和创新驱动,区域产业都在探索“工业 4.0”和“中国制造 2025”概念下如何实现“机器换人”“电商换市”,劳动密集型企业面临如何实现向自动化和智能化转变的难题。高职院校是服务区域产业转型升级的重要力量,肩负着助推区域产业转型升级的使命,需要培养一批新技术应用的创新创业人才,孵化一批具有科技含量的制造业企业。

3.4.1　时代需要新技术应用创业人才

互联网发展使低成本技术创业成为可能。区域产业面临转型升级,新技术应用的创业强调个体的创新创业,强调具有技术含量的创业,强调创业的活力和发展,是“大众创业、万众创新”国家战略的具体体现。传统的创新活动以科研人员为主体、以实验室为载体,但在“互联网 +”时代背景下,以用户为中心,以共同创新、开放创新为特点的创新创业新模式正逐步显现。尤其是移动互联网实现了信息、知识、技术等生产生活要素的最低成本集聚,实现了市场资源的最大化利用和社会需求的最便捷对接;众创、众筹、众包、众扶的创业新模式,极大地丰富了创业的组织形态,大大降低了创业的准入门槛,使低成本的技术创业成为可能。

创业从广义上说就是开创一番事业,就是做了别人所没做过的,别人做过的但更具新意,别人领先的还可以另辟蹊径的产品。每个人在工作岗位中所体现出来的个人独创性,其实都是一种创业,有自搭平台的创业,也有在企业内部的创业,甚至任何一项工作革新,其实都是一种伟大的创业!创业的实质是独特的创新,每一个人都应该在这个时代具备这种创业意识,才能成为出类拔萃的人才。而一个具体的创业项目,不过是把这些创业人才以松散或紧密的组织形式整合在一起,完成一个共同的目标。

通过对上千案例的研究,可以发现成功创业者具有多种共同的特性,创业专家从中提炼出最为明显,同时认为是最为重要的有以下10种。

1. 欲望

一个真正的创业者一定是强烈的欲望者。一个人的梦想有多大,事业就会有多大。想得到,而凭自己现在的身份、地位、财富得不到,所以要去创业,靠创业改变身份,提高地位,积累财富,这构成了许多创业者的人生三部曲。成功创业者的欲望,来自于现实生活的刺激,是在外力的作用下产生的,而且往往不是正面的鼓励型的。刺激的发出者经常让承受者感到屈辱、痛苦。这种刺激经常在被刺激者心中激起一种强烈的愤懑、愤恨与反抗,从而使他们做出一些超常规的行动,焕发起超常规的能力,这大概就是孟子说的知耻而后勇。一些创业者在创业成功后往往会说:“我自己也没有想到自己竟然还有这两下子。”

因为欲望而不甘心,而创业,而行动,而成功,这是大多数白手起家的创业者走过的共同道路。关于人的欲望,地产商冯仑有一段很精辟的论述。他说:“奴隶主的生活最有权威,地主的生活最愉快,企业家的生活最有成就感。地主地里能打多少粮食,预期很清楚,一旦预期清楚,欲望就会被自然约束,也就用不着再努力,所以,会过得很愉快。企业家不同,企业家的预期和他的努力相互作用。预期越高,努力越大;努力越大,预期越高。这两个作用力交替起作用,逼着企业家往前冲。”如果用创业家代替冯仑这段话里的企业家,会发现它同样贴切,或许我们可以套用一句伟人的话:欲望是创业的最大推动力。

2. 忍耐

对创业者来说,肉体上的折磨算不得什么,精神上的折磨才是致命的。如果自己有心创业,一定要先在心里问一问自己,面对从肉体到精神上的全面折磨,有没有一种宠辱不惊的定力与精神力。如果没有,那么一定要小心。对有些人来说,一辈子给别人打工,做一个打工仔,是一个更合适的选择。对一般人来说,忍耐是一种美德,对创业者来说,忍耐却是必须具备的品格。

3. 眼界

创业者要见多识广,广博的见识,开阔的眼界,可以很有效地拉近自己与成功的距离,使创业活动少走弯路。创业专家研究了上千个创业案例,其中亲自走访的创业者无数,发现这些创业者的创业思路有几个共同来源。

第一,职业。俗话说,不熟不做,对行业的运作规律、技术、管理都非常熟悉,对市场也熟悉,这样的创业活动成功的概率很大。这是最常见的一种创业思路的来源。第二,阅读,包括书、报纸、杂志等。很多人将读书与休闲等同,对创业者来说,阅读就是工作,是工作的一部分,一定要有这样的意识。第三,行路。俗话说,读万卷书,行千里路。各处走走看看,是开阔眼界的好方法。在创业专家研究的案例中,有百分之二十以上的创业者最初的创业创意来自于他们在国外的旅行、参观、学习。行路意味着什么?或者换句话说,眼界意味着什么?如果你是一个创业者,开阔的眼界意味着你不但在创业伊始可以有一个比别人更好的起步,有时候它甚至可以挽救你和你企业的命运。眼界的作用,不仅表现在创业者的创业之初,它会一直贯穿于创业者的整个创业历程。一个人的心胸有多广,他的世界就会有多大。我们也可以说,一个创业者的眼界有多宽,他的事业也就会有多大。第四,交友。很多创业者最初的创业主意是在朋友的启发下产生的,或干脆就是由朋友直接提出的。所以,这些人在创业成功后,都会更加积极地保持与从前的朋友的联系,并且广交天下朋友,不断地开拓自己的社交圈子。

4. 明势

作为一名创业者,一要明势,二要明事。

势分大势、中势、小势。创业的人一定要跟对形势,要研究政策,这是大势。很多创业者是不太注意这方面工作的,认为政策研究假、大、虚、空,没有意义。实则不然。对一个创业者来说,大到国家领导人的更迭,小到一个乡镇小官的去留,都会对自己有影响。在政策方面,国家鼓励发展什么,限制发展什么,对创业之成败更有莫大关系。做对了方向,顺着国家鼓励的层面努力,可能事半功倍;做反了方向,比如说,某个行业、某类型企业,国家正准备从政策层面进行限制、淘汰,偏赶在这时一头撞了进去,一定会鸡飞蛋打。

中势指的就是市场机会。市场上现在时兴什么,流行什么,人们现在喜欢什么,不喜欢什么,可能就标明了创业的方向。假如准备创业而资金不足,经验又不足,那么可以看看周围的人都在做什么,大家一起做的,你跟着做,一定没有错,虽然不可能赚到大钱,但赔本的机会也少,风险也小,较适合于那些风险承受能力较弱的创业者。能赚平均利润,对于小本经营的创业者就不错了,通过这样的锻炼,可以慢慢学习赚大钱的本领,慢慢积累赚大钱的资本。假如本钱雄厚, 风险承受能力强,当然可以从创业伊始就去剑走偏锋,寻冷门,赚大钱,只是这样的创业者不多。

小势就是个人的能力、性格、特长。创业者在选择创业项目时,一定要找那些适合自己能力,契合自己兴趣,可以发挥自己特长的项目,这样才有利于做持久性的全身心的投入。创业是一项折磨人的活动,创业者要有心理准备。

明势的另一层含义就是明事,一个创业者要懂得人情事理。创业的首要目的是为了合理合法地赚钱,不是为了改造社会。创业更不是为了要跟谁赌气,那是自己为自己设绊。创业是一个在夹缝里求生存的活动,尤其在处于社会转轨时期,各项制度、法律环境都不十分健全,创业者只有先顺应社会,才能避免在人事上出问题。作为对照,很多原先很强大的外资企业,认为本地人才这样不行,那样不行,只有外来和尚才能念好经,现在也都认识到了人才本地化的重要。人才为什么要本地化?因为本地的人才更熟悉本地的情况,能够按照本地的规矩做事,也就是说更能入乡随俗。创业者一定要明事,不但要明政事、商事,还要明世事、人事,这应该是一个创业者的基本素质

5. 敏感

敏感不是神经过敏。创业者的敏感,是对外界变化的敏感,尤其是对商业机会的快速反应。一些人的商业敏感来自耳朵,一些人的商业敏感来自眼睛,还有一些人的商业敏感来自于自己的两条腿。面对每天在眼前溜来溜去的商业机会,有几个人是有眼力的?有些人的商业感觉是天生的,如胡雪岩,更多人的商业感觉则依靠后天培养。如果有心做一个

商人,就应该像训练猎犬一样训练自己的商业感觉。良好的商业感觉是创业者成功的最好保证。

6. 人脉

创业不是引无源之水,栽无本之木。每一个人创业,都必然有其凭依的条件,也就是其拥有的资源。一个创业者的素质如何,看一看其建立和拓展资源的能力就可以知道。创业者资源,可分为外部资源和内部资源两种。内部资源主要是创业者个人的能力,其所占有的生产资料及知识技能,也就是人们通常所说的有形资产及无形资产,只不过这种有形资产和无形资产属于个人罢了。创业者的家族资源也可以看作创业者内部资源的一部分。拥有一份良好的内部资源,对创业者个人来说无疑是重要的,但因为其中大部分不是通过创业者个人努力获取,而是自然存在的,因而具有天然属性。

创业者外部资源的创立其中最重要的一点是人脉资源的创业,即创业者构建其人际网络或社会网络的能力。一个创业者如果不能在最短时间之内建立自己最广泛的人际网络,那他的创业一定会非常艰难,即使其初期能够依靠领先技术或者自身素质,比如吃苦耐劳或精打细算,获得某种程度上的成功,也可以断言他的事业一定做不大。

创业者人际资源,按其重要性来看,第一是同学资源。实际上,同学之间本来就有守望相助的义务,在现今这个时代,带着商业或功利的目的走进学堂,也并没有什么不妥当。同学之间因为接触比较密切,彼此比较了解,同时因为少年人不存在利害冲突,成年人则大多数从五湖四海走到一起,彼此也甚少存在利害冲突,所以友谊一般都较可靠,纯洁度更高。对于创业者来说,同学资源是值得珍惜的最重要的外部资源。与同学相似的是战友,可以与同学和战友相提并论的是同乡,共同的人文地理背景,使老乡有一种天然的亲近感。

第二是职业资源。对创业者来说,效用最明显首推职业资源。所谓职业资源, 即创业者在创业之前,为他人工作时所建立的各种资源,主要包括项目资源和人际资源。充分利用职业资源,从职业资源入手创业,符合创业活动不熟不做的原则。尤其是在国内目前还没有像美国或欧洲国家一样,普遍认同和执行竞业避止法则的情况下,选择从职业资源入手进行创业,已经成为许多人创业成功的捷径和法宝。

第三是朋友资源。朋友应该是一个总称。同学是朋友,战友也是朋友,老乡是朋友,同事一样是朋友。朋友犹如资本金,对创业者来说是多多益善。在家靠父母,出门靠朋友,多一个朋友多一条路是至理名言。一个创业者如果不能交朋友,没有几个朋友,肯定只有死路一条。创业专家认为,人际交往能力应列在创业者素质的第一位。

7. 谋略

创业斗体力更斗心力。创业者的智谋,将在很大程度上决定其创业成败。尤其是在目前产品日益同质化,市场有限,竞争激烈的情况下,创业者不但要能够守正,更要有能力出奇。谋略或者说智慧,时时贯穿于创业者的每一个创业行动中。谋略说白了就是一种思维的方式,一种处理问题和解决问题的方法。对于创业者来说,智慧是不分等级的,它没有好坏、高明不高明的区别,只有好用不好用,适用不适用的问题。当年谢圣明在农村的猪圈、厕所上大刷广告时,遭到了多少人的嘲笑。但是,如今在猪圈上刷广告的谢圣明已经成为亿万富翁,而当年那些笑他的人,当年怎样贫穷,如今依然怎样贫穷。我们归结创业者的智慧为:不拘一格,出奇制胜。

8. 胆量

创业本身就是一项冒险活动。科学研究发现,创业者的心理承受能力远远强过普通人,而创业正是最需要强大心理承受能力的一项活动。创业专家在研究中发现,大凡成功人士都有某种程度的赌性,企业界人士尤然。很多创业者在创业的道路上,都有过惊险一跳的经历。创业需要胆量,需要冒险。冒险精神是创业家精神的一个重要组成部分,但创业毕竟不是赌博。创业家的冒险,迥异于冒进。

有一个故事:一个人问一个哲学家,什么叫冒险,什么叫冒进?哲学家说,比如有一个山洞,山洞里有一桶金子,需进去把金子拿出来。假如那山洞是一个狼洞,就是冒险;假如那山洞是一个老虎洞,这就是冒进。这个人表示懂了。哲学家又说,假如那山洞里的只是一捆劈柴,那么,即使那是一个狗洞,也是冒进。这个故事什么意思?冒险是这样一种东西,经过努力有可能得到,而且那东西值得得到,否则,只是冒进。创业者一定要分清冒险与冒进的关系,要区分清楚什么是勇敢,什么是无知。无知的冒进只会使事情变得更糟,行为将变得毫无意义并且惹人耻笑。

9. 与他人分享的愿望

作为创业者,一定要懂得与他人分享,一个不懂得与他人分享的创业者,不可能将事业做大。美国心理学家马斯洛的需要层次理论,一共有五种需要,第一是生存需要,第二是安全需要,第三是社交需要,第四是尊重需要,第五是自我实现需要。这五种需要具体到企业环境里,具体到公司员工身上,就是需要老板与员工共同分享。当老板舍得付出,舍得与员工分享,员工的生存需要、安全需要、尊重需要就从老板这里都得到了满足。员工出于感激,同时也因为害怕失去眼前所获得的一切,就会产生自我实现的需要,通过自我实现,为老板做更多的事,赚更多的钱,做更大的贡献,回报老板。这样就构成了一个企业的正向循环、良性循环。这应该是马斯洛理论在企业层面的恰当解释。做生意的人都会算账,只不过有些人算得是大账,有些人算得是小账。商业法则:算大账的人做大生意,做大生意人;算小账的人永远只能做小生意,做小生意人。分享不仅仅限于企业或团队内部,对创业者来说,对外部的分享有时候同样重要。分享不是慷慨,对创业者来说,分享是明智。

10. 自我反省的能力

反省其实是一种学习能力。创业既然是一个不断摸索的过程,创业者就难免在此过程中不断地犯错误。反省,正是认识错误、改正错误的前提。对创业者来说,反省的过程,就是学习的过程。有没有自我反省的能力,具不具备自我反省的精神,决定了创业者能不能认识到自己所犯的错误,能不能改正所犯的错误,是否能够不断地学到新东西。

3.4.2 高职学生创业者的基本素质和能力

创业成功需掌握的“五力”:

学习力——唯有不断学习,才会使自己强大;

说服力——成就一番事业,先要让自己的想法得到充分认同;

行动力——行胜于言,站着没机会,只有动起来才有机会;

领导力——创业不是一个人的事,需要团队参与;

人脉力——将人脉变成财脉,要学会付出。

在人生的所有的实践活动当中,自我创业是最珍贵、最富有挑战意义的,因而也最值得尝试。然而,如何创建自己的企业并把它做大,让自己成为先富起来的那部分人,并不是轻而易举的事,创业者应该具备的以下基本素质和能力。

1. 良好的身体素质

作为企业的创办者和经营管理者，必须有一个健康的身体，因为创业道路不可能一帆风顺，各种挫折会对精神产生压力。作为一个企业的创办者，从事高强度的工作和延长工作时间都是很常见的事。要能够适应这种工作和生活，就必须有一个健康的身体，以保证在任何情况下都有充沛的精力来完成工作任务。

2. 必备的基础知识

作为一个企业的创办者，必须具有基本的文化知识，能够进行必要的读、写、算、说。当今科学和管理知识日新月异地发展，作为一个企业的经营管理者要有求知好学的精神，通过阅读不断学习和吸收新知识的信息，使自己眼界开阔，思考面广，决断正确；写是指能够进行一定的文字表达，因为企业创办时有些文字报告要写，而且平时与其他企业和个人也会有书面往来；算，企业的创办和经营管理都需要大量的计算；说，在一个企业的日常工作中，人与人沟通的主要表达方式是说，语言的基本能力就是把信息准确地表达出来。

3. 健康的人格

所谓健康的人格，是指对于一个人的成长非常有用的非智力因素，就创业者而言则是指必须具有积极向上、勇于开拓的精神；要有不屈不挠、坚韧顽强的毅力；要能够融入社会，善于与人协作。

4. 多方位的思考谋略决策能力

对准备进行创业的领域，创业者必须进行多方位的思考，从而发现自己的创业切入点，具备独特的眼光和嗅觉；对创业的社会环境变化必须敏感，从而能够把握住属于自己的机会；通过思考来发现可以利用的创业资源。谋略决策能力使创业者能在复杂环境下洞察到事物的内在本质和发展趋势，并不失时机地做出科学合理的决策。

5. 闯荡江湖的冒险精神

商场如战场，创办企业需要领导者具备胆识，敢于冒险，敢于拍板。

6. 一定范围的组织能力

能把各种生产要素结合在一起，产生高效率的组合能力，这无疑是独立创业的关键所在。创业者所具有的组织指挥能力能使企业各要素与环节准确无误地高效运转。

7. 创新创造能力

作为企业的带头人，要有强烈的时代感和责任感，敢于开拓进取、不断创新，开发出新的产品和新的服务。

8. 选人用人能力

作为企业的负责人，必须做到知人善任，能充分调动合作者和雇员的聪明才智和积极主动精神。

9. 社交活动沟通协调能力

应该善于妥善处理与协调内部的人际关系，并应通过各种社会交往活动，加强企业与各方面的联系，扩大影响，提高企业的经济效益。

10. 语言文字表达能力

语言文字表达能力表现为创业者的讨论、谈判、介绍、书面文字表达等能力。这在开会等场合能发挥巨大的鼓励作用。

【测试】

你适合创业吗?

1. 你在哪一种条件下,会决定创业:(　　)

a. 等有了一定工作经验以后　　b. 等有了一定经济实力以后

c. 等找到投资方以后　　d. 现在就创业,尽管自己口袋里没有多少钱

e. 一边工作一边琢磨,等想法成熟了就创业

2. 你认为创业成功的关键是(　　)。

a. 资金实力　　b. 创新思想　　c. 优秀团队　　d. 政府资源和社会关系

e. 专利技术

3. 以下哪项是创业公司生存的必要因素?(　　)

a. 高度的灵活性　　b. 严格的成本控制　　c. 可复制性　　d. 可扩展性

e. 健康的现金流

4. 开始创业后你立刻做的第一件事情是(　　)。

a. 找投资方　　b. 撰写商业计划书　　c. 物色创业伙伴　　d. 着手研发产品

e. 选择办公地点

5. 创业公司应该如何发展?(　　)

a. 低调埋头苦干　　b. 到处自我宣传　　c. 看情况顺其自然

d. 借别人的势进行联合推广

6. 招聘员工时最重要的是(　　)。

a. 学历高低　　b. 朋友推荐　　c. 成本高低　　d. 工作经验

7. 产品进入市场的最佳策略是:

a. 价格低廉　　b. 广告投入　　c. 口碑营销　　d. 品质过硬

8. 和投资人交流最有效的方式是(　　)。

a. 出色的现场 PPT 演示　　b. 详细的商业计划书和财务预测

c. 样品当场测试　　d. 有朋友的介绍和引荐　　e. 通过财务顾问的代理

9. 选择投资人的关键因素是(　　)。

a. 对方是一个知名投资机构　　b. 投资方和团队不设对赌条款

c. 谁估值高就拿谁的钱　　d. 谁出钱快就拿谁的钱

e. 只要能得到钱,谁都一样

10. 你认为以下哪一项是投资决策中最重要的因素?(　　)

a. 商业模式　　b. 定位　　c. 团队　　d. 现金流　　e. 销售合约

11. 从哪句话里可以知道投资者其实对你的公司并没有实际兴趣(　　)。

a. “我们有兴趣,但是最近太忙,做不了此项目”

b. “你们的项目还偏早一些,我们还要观察一段时间”

c. “你们如果找到领投的投资者,我们可以考虑跟投一些”

d. “我们这个行业不熟悉,不敢投”

e. 上面任何一句话

12. 创业团队拥有51%的股份就绝对控制了公司吗?(　　)

a. 正确　　b. 错误

13. 创业公司的CEO，首要的工作责任是(　　)。

a. 制订公司的远景规划　　b. 销售

c. 人性化的管理　　d. 领导研发团队

e. 吸引投资人的钱

14. 凝聚创业团队的最好办法是(　　)。

a. 期权　　b. 公司文化　　c. CEO的魅力　　d. 工资和福利　　e. 团队的激情

15. 创业公司的财务预测中最重要的是(　　)。

a. 销售增长　　b. 毛利率　　c. 成本分析　　d. 资产负债表

16. 创业公司的日常运营中，以下工作是最重要的(　　)。

a. 会议记录的及时存档　　b. 业绩指标的合理安排和及时跟踪

c. 团队的经常性培训　　d. 奖惩制度

e. 管理流程的ISO 9000认证

17. 创业公司的日常运营中，最棘手的问题是(　　)。

a. 人的管理　　b. 销售增长　　c. 研发的速度　　d. 资金到位情况　　e. 扩张力度

18. 创业公司产品市场推广效果的衡量标准是(　　)。

a. 广告投入量和覆盖面　　b. 营销推广的精准程度

c. 产品出色的品质保证　　d. 广告投入和产出比例

e. 产品价格的打折力度　　f. 品牌的市场渗透率

19. 防止竞争的最有效手段是(　　)。

a. 专利　　b. 产品包装　　c. 质量检查　　d. 不断研发新产品

e. 比竞争对手更快地占领市场

20. 创业公司的第一个大客户竟然是个土财主，你会(　　)。

a. 一视同仁地对他提供你公司的标准服务　　b. 指导他如何来积极配合你的工作

c. 修理他，给他些颜色看看是为了他的提高　　d. 提供全面服务+免费成长辅导

21. 你认为创业公司中的最大风险是(　　)。

a. 市场的变化　b. 融资的成败　　c. 产品研发的速度　　d. CEO的个人能力和素质

e. 决策机制的合理性

22. 当创业公司账上的现金很低时候，应该采取哪项措施？(　　)

a. 立刻启动股权融资　　b. 通知现有公司股东追加投资

c. 立刻大幅削减运营成本，包括裁员　　d. 打电话给银行请求贷款

e. 把自己的存折和密码交给公司会计

23. 创始人之间发生矛盾时，你会(　　)。

a. 坚持原则，据理力争　　b. 决定离开，另起炉灶

c. 委曲求全，弃异求同　　d. 引入新人，控制局势

24. 投资创业公司的理想退出方式是(　　)。

a. 上市　　b. 被收购　　c. 团队回购　　d. 高额分红　　e. 以上都是

【试卷答案】

每答对一题得一分。

1. d　2. c　3. e　4. d　5. b　6. d　7. d　8. c　9. e　10. c　11. e　12. b　13. b　14. b　15. a　16. b　17. a　18. d　19. e　20. d　21. d　22. c　23. c　24. e

(1)如果你的得分是1～8分:还不具备创业的基本知识,不要贸然创业。

(2)如果你的得分是9～16分:游走在创业的梦想和现实之间,继续打磨打磨。

(3)如果你的得分是17～24分:已经做好了创业的基本准备,大胆往前走。

【实训与习题】

1. 知识点练习

(1)创新思维与模仿思维有什么不同?

(2)高职学生如何提升创业能力?

2. 实训实践题

自己选择一项内容绘制思维导图。

项目4　准备创新创业知识

【创新创业格言】

决断了就不去改变，犯错了也不后悔。

——戴志康

【创新创业家小传】

戴志康，1981 年出生，黑龙江人，2000 年考入哈尔滨工程大学，开发设计了自动生成社区的软件“Discuz”，并成立康盛创想公司，以“个人免费 + 企业收费”的模式在互联网上流传，后被腾讯公司以超过 6 000 万美元（约 4.68 亿元）收购，康盛创想成为腾讯的全资子公司。2012 年 5 月 3 日，《财富》（中文版）公布 2012 年“中国 40 位 40 岁以下的商界精英”榜单，31 岁的康盛创想（北京）科技有限公司 CEO 戴志康榜上有名，排名第 28。2014 年，戴志康放弃 7 000 万腾讯股票离职，专心做天使投资。

【学习目标】

通过对本项目的学习，使高职学生了解一个成功的创业者必须具备两种知识：专业知识和非专业知识，构建自身合理的创新创业知识结构。

【引导案例】

戴志康口述：我是如何创业成功的

我是一个非专业不知名投资人，投资只是我业余爱好的很小一部分，正常的身份应该是一个创业者，我想给大家聊聊关于创业的事情。

之前，我经常想一个问题，人一生下来，从哪里来？到哪里去？——其实所有人都是一样；从娘胎里来，到棺材里死掉，人生最重要的两个开始和结果，中间的只是过程。我明白这个问题之后，创业就变成人生最重要的事情，最精彩的一场游戏。为什么说是一个游戏呢，因为只有一个过程，没有一个结果。我们往往创业的时候，把结果看得很重要，觉得一定要三年之内上市，或者是三年之内拿到融资，五年之内能够上市，人们也经常用这样的方式去看自己的目标。

我坦率地告诉大家，我创业从来就没有这个目标。

投资人来找我，要给我的企业投资，或者是我投资的企业要上市，其实我都没有做什么事情，我也没有求着他哪一天要上市或者是卖掉。这个世界上的结果是自然发生的，只要我们做出过程就可以了。

我在创业的时候，每天都在想，我真的把它当作打游戏一样。当年，我自己背着一个书包到北京，大学二年级的时候，要开创一个什么样的公司我也不知道，招什么人也不知道，租房子也要找半天，没有基本的生活能力。但是，我当时很开心，因为我觉得我自由了，我可以在一条路上自由地奔向前程，而不是受限于学校所设定的条条框框和对所有人都一样的教育体系里。

从那个时候开始，我就知道我其实是在一个什么都没有的状态下去进行创业的，一想到这个我就很轻松，我觉得没有什么可输的，这种感觉非常棒。如果你是第一次创业，你能找到一种没什么可输的感觉，恭喜你，这个感觉就是最棒的创业状态。因为世界上伟大的创新就是在你不惧怕，没有畏惧，没有担心，没有顾虑，没有纠结的状态之下去完成的。

那个时候，我很穷，真的没有什么可输的，两三年就把 Discuz 的基本原形和商业化的步骤都做好了。

如果打一个游戏，从第一关打到第三关，输了会怎么办？旁边有一个红色的按钮，点一下重新玩就可以了。我发现人生就是这样一个态度，人生就是这样的过程，只要自己不放弃玩这个游戏，没有人让你去放弃，没有人宣判你的死亡。但是，创业的时候就不这么想，要是失败的话，就倾家荡产了，要是遇到什么竞争，我的人生就会因此受到挫败，创业者普遍有对失败的恐惧。其实，这都是非常愚蠢的想法。

当年，我为了做好 Discuz 的产品，每天写程序，回答客户的问题。学校的通知一遍一遍发给我，说我今天考试不及格，明天的考试挂科了，后天给我一个警告之类的处分，因为我很忙，没有空去考试。现在想起来，真的是没有任何惧怕的感觉，一个大学生毕不了业好像是很大的问题，这是人生的一大败笔。如果你有愿望和事业的话，你旁边的所有事情都已经听不见、看不见了，这种状态我在很多创业者身上都看见了，几乎每个创业者都会有过一段时间的这个状态。

真正进入这个状态，就是真正投入去玩这场游戏的状态，这个时候恭喜你，你的创业很靠谱了。每当我见到对自己的愿望和事业非常执着的、忘我的、投入的创业者的时候，我就非常非常兴奋，中国又有一个非常好的创业者要诞生了。

我创业的时候不要命。公司卖给了腾讯，我觉得快得心理疾病了，连续在床上躺了一个月，觉得人生失去目标了，失去愿景了，不知道该追求什么了。我对自己的现状不满意，对别人的成功又很羡慕，我真正成为内心世界的失败者，虽然拿了钱，失败的感觉使我非常难过。那段时间，我自己思考了很多，当一个人有所成就的时候，该用什么方式对待未来的生活，就像一个游戏已经打到第六关了，这个时候突然结束了，该怎么办？

每当我遇到挫折和失败的时候，我就觉得可以重来，如果不重来就永远停留在这里，如果重来，也许有机会进入到下一关。对于创业者来说，需要无惧和无畏的精神，公司卖给腾讯之后，我在想以后要怎么做。我做创业也不是很成功，但是我有很多经历，有了这样的经历，就可以用来帮助现在还在创业的人。

我做天使，因为我理解创业者。从 2011 年开始，我做了更多的早期投资，做天使投资的项目。当时真的没有想做投资，因为有点闲钱，也不知道干什么，放在银行利息也不多，本身的出发点就是这样，如果碰到几个合适的创业项目就投了，但是很幸运，我在这个过程中，又找到了几个具有忘我状态的创业者。我就去支持他们成长。

我发现，其实所有人在成长过程之中都是在打一场游戏，要么真正沉迷在里面，去奔向自己的目标和愿景，要么就患得患失，怕这个怕那个。走向创业的道路可能就会成功，可能就会失败，我们到底是为了一个功利的目标，还是为了一个自己内心所想要的东西。

当我看到这些创业者的时候，其实我也没有什么目标，我也没有学过到底怎么投资，我也不知道什么样的创业者能够成为好的创业者，只知道具有当年创业者的状态的人，就可能是非常好的创业者，这是我觉得非常重要的。我又重新找到自己的人生理想，我觉得我的使命就是去帮助更多的创业者去实现他们自己的人生价值。

关于学习的问题，有一点很幸运，我中学也没怎么学习，大学也没有怎么学习，我非常确定学的知识都是死的。书本上的东西，在某一个特定的时空，特定的历史背景下，特定的机遇下才是成立的。真正在做的时候，我们的时空、时间、背景、环境、人物都不一样，拿到这里生搬硬套，就死在这里了。我特别不愿意投资原来做过很多年游戏的人，因为有太多经验了，就导致在做手机游戏和移动互联网的时候生搬硬套这些经验，结果弄得游戏没有新意。

当需要用知识的时候，只需要去学就可以了。我所有的东西都是在创业过程和投资过程中的体验，因为是自己亲身经历的，包括挫败、成功、郁闷、迷茫。

当遇到这些东西的时候，如果学会从体验中去学习，会学习到很多关于智慧方面的东西，从书本上面学到的永远只是知识。

我的父母是非常开放的，他们是大学教授，也知道大学教授是什么样的生活和状态。在我很小的时候，当我不太想要学习和上学的时候，他们没有太反对。这个世界是不断变化的，只会用过去的经验去应对现在的竞争和现场的话，永远是过时的。不如做一个活在当下的人，看当下的市场有什么机会，当下有什么新的变化，能够从中学习到东西就够了。

我不太会投资，也不太会创业，但是这些事情都是想复杂了，其实应该是很简单的。最近我在看一本书，我想把这个故事和大家分享：

我们往往都有一个伟大的梦想，去改造世界，去改善人类的生活，去改造我们自己的生活，我们往往创业的时候都会有这样的想法。但当这种想法出现的时候，其实我们就已经成为一个离客观规律越来越远的人。我看到这个故事的时候，才有了真正的人生目标和方向。在一个威斯敏斯特大教堂地下室的无名墓碑，上面写了一句话，“当我年轻的时候，我的想象力从没受到过限制，我梦想改变这个世界。当我成熟以后，我发现我不能改变这个世界，我将目光缩短了一些，决定只改变我的国家。当我进入暮年以后，我发现我不能改变我的国家，我最后的愿望仅仅是改变一下我的家庭，但是这也不可能。当我躺在床上行将暮就的时候，我突然意识到，如果一开始我仅仅是改变我自己，然后作为一个榜样，我可能改变我的家庭，在家人的帮助和鼓励下，我可能为国家做一些事情，然后谁知道呢，我甚至可能改变这个世界”。

这是我非常非常喜欢的一段话。这个世界上，最难改变的是别人、社会和环境，最容易改变的是我们自己。创业是一个非常精彩的人生游戏，游戏的目标就是如何改变我们自己。

【案例分析】

1. 戴志康的创业成功故事给了我们什么样的启发？

2. 你如何改变自己？

3. 创业需要什么样的知识？

任务 4.1　自主创业证申领流程

高校毕业生自主创业证的发放对象是毕业年度内在校期间创业的高校毕业生。其中，高校毕业生是指实施高等学历教育的普通高等学校、成人高等学校毕业的学生；毕业年度是指毕业所在自然年，即 1 月 1 日至 12 月 31 日。

毕业年度内，高校毕业生在校期间创业的，可持高校毕业生自主创业证，向创业地县以上人力资源和社会保障部门提出认定申请，由创业地人力资源和社会保障部门核发就业失业登记证，一并作为当年及后续年度享受创业税收扶持政策的管理凭证。毕业年度内，高校毕业生离校后创业的，可凭毕业证书，直接向创业地县以上人力资源社会保障部门提出认定申请。县以上人力资源社会保障部门在对有关情况审核认定后，对符合条件毕业生核发就业失业登记证，并注明“自主创业税收政策”。

对持就业失业登记证（注明“自主创业税收政策”或附着高校毕业生自主创业证）毕业生从事个体经营（除建筑业、娱乐业以及销售不动产、转让土地使用权、广告业、房屋中介、桑拿、按摩、网吧、氧吧外）的，在 3 年内，按每户每年 8 000 元为限额，依次扣减其当年实际应缴纳的营业税、城市维护建设税、教育费附加和个人所得税。

4.1.1　申领程序

毕业年度内，高校毕业生在校期间创业的，注册登录教育部大学生创业服务网（http://cy.ncss.org.cn），按照要求在网上提交高校毕业生自主创业证申请，如图 4－1 所示。

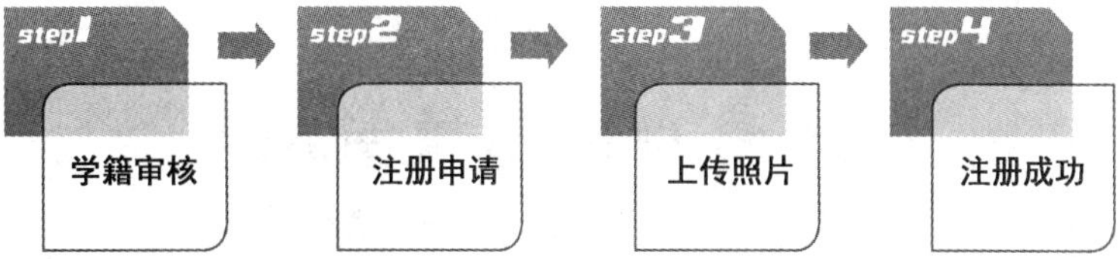

图 4－1　申请流程

所在高校对毕业生提交的相关信息进行审核，通过后，注明已审核，并在网上提交学校所在地省级教育行政部门审核。

高校所在地省级教育行政部门依据学生学籍学历电子注册数据库，对高校毕业生的身份、学籍学历、是否是应届高校毕业生等信息进行复核并予以确认。税务部门、人力资源社会保障部门、高校和学生本人都可随时查询。

4.1.2　工作流程

应届毕业生在网上提交申请后，所在高校应在3～5个工作日之内完成网上审核。省级教育行政部门在接到高校提交的申请后3～5个工作日内完成审核，由高校自行打印并发放。原则上，应在高校毕业生提交申请后10个工作日之内办结。高校毕业生自主创业证样式如图4－2所示。

<table>
<tr><td rowspan="8">高校毕业生自主创业证

（省级教育行政部门
高校毕业生就业工作专用章）
编号：XXXXXXXXX</td><td>姓名</td><td></td><td rowspan="3">照
片</td></tr>
<tr><td>性别</td><td></td></tr>
<tr><td>出生年月</td><td></td></tr>
<tr><td>身份证号</td><td colspan="2"></td></tr>
<tr><td>所在高校</td><td colspan="2"></td></tr>
<tr><td>学历层次</td><td colspan="2"></td></tr>
<tr><td>毕业时间</td><td colspan="2">年　　月</td></tr>
<tr><td>发证时间</td><td colspan="2">年　　月</td></tr>
</table>

图4－2　高校毕业生自主创业证样式

4.1.3　规范管理

高校毕业生自主创业证由国家教育行政部门统一样式并印制（带防伪标志），按毕业生比例下发至各省级教育行政部门。省级教育行政部门负责分发到高校并在网上审核确认。高校毕业生自主创业证采用实名制，限本人使用。若遗失或损毁，高等学校应依申请及时补发、换发。

任务4.2　创业之前需要做什么

“凡事预则立，不预则废”，创业前要做好准备，这是创业成功者的一条重要经验。创业者除了必须具备优良的品质和能力外，还要了解组建公司的相关要求，看看有什么不同的需求。学习一些将来必备的技术或知识，决定自己想要做什么，考虑各种办法增加自己的人生目标，发展新技能，让自己成为有经验的专家，制订生涯计划，逐步迈向自己的人生目标。

4.2.1　创业之前的准备

1. 让能力得到别人的肯定

在平时应该主动采取行动，让别人知道自己拥有的能力，常做的方法是把认识的人列一张清单:公司老板、同事、其他公司的老板、咨询专家、专业组织、慈善机构会员、校友、朋友、邻居、同学、媒体人士、银行家、顾客、俱乐部会员、承包厂商,甚至是竞争对手等。善用各种“出名”渠道,建立人际网络,参与各类组织、大小型会议、社交场合等。学习各种专业性的“出名”方式,写些让自己受到注意的文章或信函,参加演习会,担任义务咨询等。建立自己的公关网络,让每个网络成员都能成为可利用资源。

2. 养成节约积累的好习惯

任何一个创业者都必须经历一个原始资本积累的过程,节约一笔消费,就意味增加了一笔财富积累。在美国,富翁积累财富的方式虽然各不相同,但他们的故事表明,不一定需要一个好的家庭背景或一个高学位,他们的共同经验是“精打细算”。他们认为大手大脚的消费是积累财富的大敌,应把节约看作一项运动。尽管生活在“提前消费未来”的文化氛围中,他们仍清醒地意识到,每支付一元的利息就少了一元的投资。于是,谨慎借贷,宁愿买廉价房屋住,也不硬撑着去买豪宅。一些人甚至一直遵循这样的原则:“我就是不愿意被人挣我的钱,我只想赚别人的钱。”不鼓励每一个创业者都成为守财奴。但在创业之前,财富不仅由节约积累而来,而且由“勤奋”而生。阻碍个人创业成功的因素十之八九是懒惰,如果有好的天赋却不积极上进的话,那就表示根本没有运用个人的天赋。能看见小事的人,将来自然能看到大事,一个只能看到大事的人,会忽略很多小事,是不会成功的。创业者由节约积累财富,由勤奋创造财富,并由恒心促成创业成功。

4.2.2 创业之初的实务工作

1. 咨询创业顾问

在创业之前,应该先咨询教育专业的创业咨询机构或顾问。当然坊间的创业企管顾问师也不少;如果不想花这个钱,也可以选择一些免费的咨询机构,如协会及政府机构,多利用这些免费资源。

2. 撰写创业企划书

对整个创业过程而言,企划书的撰写工作是非常重要的。这是因为通过企划书的撰写,不仅可以更清楚地知道企划书是否完整周密,同时还可以找人投资入股。如果要申请青年创业贷款,也必须附上企划书。

3. 筹措资金

一位成功的创业者总是知道如何用各种渠道去募集充足的资金,以作为创业者的坚强后盾,千万不可只用单一的渠道取得资金。如果资金不够,想创业就会很难。当创业者的资金筹备不足时,可以设法寻求政府的相关贷款,包括青年创业贷款、下岗贷款、微型企业创业贷款,以及须具备特定身份的身心障碍创业贷款,特殊境遇妇女创业贷款,还有部分银行推出的加盟创业贷款。创业者必须明白,公司在草创期的第一年内,可能无法赚到一分钱,因而要有所警悟并做好充分的准备,以渡过难关。在筹措资金时,必须以能支付公司第一年内所有的运营开销为目标。创业者必须有充足的流动资金,并且要能与实际经营运营时所需的开销相平衡,因而草拟一份年度预算表是必要且马虎不得的。要草拟一份年度预算并不容易,即使是一位最有经验的大师来编列预算表,还会有低估预算的可能,或者会遗漏一些细节;另外,有时公司成长太快也会出现一些小问题。总之,在开始编列预算时必须注意的是,公司草创第一年的年度预算应该包括公司首次运营费用及运营的每月开销。不管公司状况如何,一份理想的预算报告最好在编列预算时稍微调高所需预算比例,直到公司可以负担运算成本,多听听同业的意见,并在编列具体的预算评估时,把最好的、最坏的案例折中,也可以与会计事务所多沟通,从而熟悉了解公司的开销运营及流动成本运营计划。

4. 选定行业和产品

各行业的总投资有高有低,先衡量所拥有的资金能够做哪些行业,再来做进一步的规划。依据准备的资金,先初步筛选可以投入的行业,然后,再依据行业发展的前景、自己的兴趣和专长、过去相关的工作资历、行业竞争性等进行选择。在选择行业时,一定要先考虑行业的竞争状况,有多少实力做多少事,千万不要以卵击石。

5. 合法组织与法律架构

在开始计划运营前,必须选择一种法定组织构架以配合创业大计。首先,必须决定是单独创业还是合伙创业,如果选择合伙创业,公司的起始资本额要如何分配?必须先了解各种公司组织形态的利弊及运筹方式,再选择最合适的模式配合创业计划。最需要注意的是:一旦公司运营出现状况,公司内部将由谁负起法律上的财务责任?举例来说,以独资或合伙人形态创业,公司组织要求个人自行负担公司的债务归属问题。也就是说,一旦公司因牵连上财务官司且败诉,则个人名下所属财产及不动产等都会受到法院扣押,将其拍卖以偿还债务。无论一开始选择哪一种经营模式,都不会代表公司的经营体制已经定型不变,还可以依据公司的发展与未来潜力做实际的变更。

6. 学习经营技术

如果是选择连锁加盟店,有总部成熟的技术当然好办。如果是自行创业,必须自己想办法学习经营技术。就学习途径而言,可以参加各种各样的技艺补习班,获得经营技术;另外,一些职业训练中心也开办各种职业训练课程。当然,创业者最好自身有该行业的实战经验。因此,在创业之前,最好先到企业上班工作,一是学习经营技术及实战经验,二是衡量自己适不适合从事这个行业工作。

7. 店面商圈评估

以开店为例,地点的选择对日后店面的运营好坏影响很大,所以一定要找一个商圈位置好的店面。一般而言,做商圈评估包括评估商圈属性、店面大小、楼层、周边设施、附近的竞争店、租金、合法证件取得难易度、附近是否有大型商场车站、营业时间、人口、消费水平及消费动机、马路宽度、发展前景等因素。评估时,需在不同的时段分别去评估,例如在白天、晚上、平常工作及节假日等不同时段,分别考察该地点的商圈情况,还应该做成商圈评估记录表,详细记载评估店面的各项条件,以作为日后评估的参考。

8. 选对地址

决定自主创业并且选好了项目之后,接下来最重要的是地址。选址对于办企业到底有多重要?专家的看法是:不论创立任何企业,地点的选择都是决定成败的一大要素,尤其是对以门市为主的零售、餐饮等服务业而言,店面的选择往往是其经营成败的关键。可以说,地址正确等于成功了一半。尽管在选择经营场地时,各行业的考虑重点不尽相同,但是有两项因素是绝对不可忽略的,即租金给付的能力和租约的条件。首先,经营场地租金是最固定的运营成本之一,即使休息不营业,这项租金都照样得支出,尤其在房价狂涨后,这项租金往往是经营者的一大负担,不能不好好计算。有些货品流通迅速、体积小的行业,如精品店、高级时装店、餐厅的部分,负担得起高房租则可以设于高租金区;而家具店、旧货店等,因为货物需要占用较大的空间,最好设置在低租金区。租期可以分为不同的时限,对于初次创业者来说,最划算的方式是订一年或两年的租期,以方便更新的选择。其次,与房东签约。以开店铺为例,在找好店面之后,接下来就要与房东签约。这一步的行动不能太早,必须待前面的步骤完成后才能进行,因为一旦与房东签约,就要开始支付房租,自然会有时间压力。与房东签约时,租期最好不要太短,如果只签一年,可能一年后资金才开始回收,而店面被房东收回去,因此租期订三到四年最为理想。当然,如果是选择连锁加盟店,则租期不能短于加盟期限。另外,签约时通常还须支付房东押金,押金的数额一般是月租金的两到三倍,与第一个月的租金一起支付。店面承租下来,需要一段时间进行装潢,最好与房主协商扣掉装潢期后再起算租金,以降低租金支出。

9. 申请执照

一种是申请公司执照,由工商局核发;另一种是资本较小的,只需办理登记,由当地县市工商管理局核发。除了营业证照的申请办理外,如果想要所挂招牌为自己所专用,就必须向工商局申请服务标章注册。招牌名称除了名称文字或图样,可能有自己特殊的设计,这种属于非商品类的文字及图像,称之为服务标章,这与自己所申请的公司货商号是两码事。无论是申请公司、行号,或注册服务标章,皆可委托代办公司办理。在营业之前,还必须完成公司登记及了解各种法律相关条文。在开始营业之前,必须了解所有与商业法律相关的条文规定、执照或许可证申请的细节与表格。切记一点,各县市政府对营利事业单位的规定可能有所差异。别忘了询问工作室或办公室所在县市区域内,有哪些该特别注意的法律规范条文,通常可以在各地的中小企业协会或商会取得这些信息。同时,别忘了留意营业执照相关申请规定及办法。

10. 店面装潢

店面装潢关系到经营风格及顾客对其外观的第一印象,找的装潢公司必须要有相关店面的装潢经验,否则,装潢出来的店面在实务操作上,未必能完全符合要求。如果届时再打掉重做,当然费钱费时。在装潢前要请他们先画图,包括平面图、立体图、侧面图,确定所要用的材料及尺寸大小等。为便于向装潢公司描述清楚自己所想要装潢的模样,最好先带装潢公司到同类型的店去实地观摩,说清楚自己想要的感觉,这样装潢出来的店面才会比较贴近自己的想法。

11. 准备开店

以开店铺为例,店面开始装潢之后,接下来就要准备购买店内的各种设备财器具,为免遗漏,必须要制作一份开店器材和设备一览表。从大的设备如空调、计算机、冷冻柜、收款机,到音响、刷卡机,乃至笔、名片、店章等小物件,还有第一次的物料进货等,各项明细均应全部列出来,注明每样设备和器具的品名、数量级单价,再将各项设备和器具的金额加起来,就知道需要多少资金。当然,最重要的还是要掌握货品的采购来源,而且最好是货比三家。如果要降低开店成本,用的东西可以买二手货,设备尽量租用。

12. 建立管理制度

任何企业要想成长,都必须得有制度作为基础,一个企业如何才能够建立起自己的管理制度体系呢?作为创业企业,不需要太繁杂的制度,过于复杂的制度会让人摸不着头脑,也会让制度流于形式。制度要针对性极强,方针明确;简单易懂,所有需要执行的人都能够领会;具体并有约束力,这能够加强执行性,使制度有用。创业企业千头万绪,但核心是谋求事业的成长。在事业成长过程中,人会不断聚集,管理层次会越来越多,这时制度就需要不断加强,用制度去管理人,而不再是人管人,或者自己管自己。可以采取两种办法进行制度建设:一是用别人的制度,创业者主持或起草一些能够想到的制度,公之于众,共同遵守,但这大多不管用;二是根据自己的实际情况,建立基本的制度,然后将具体的制度不断完善。制度建设还是一个导向问题。一个以节约或低成本竞争战略为原则的创业者,建立企业制度的原则是节约,那么基本制度应该是对花钱的控制;而一个以创新和拓展战略为原则的创业者,原则是激励创造,而不在乎花钱多少,甚至还要鼓励花钱;一个以市场信誉为核心战略的创业者,建立的基础制度应是维护自己的品牌声望等。创业者制定的制度是为了约束包括自己在内的所有人的,如果自己例外,那么这种制度会大打折扣,如果表面包括自己,而实际上自己却经常例外,这种制度也缺少足够的示范作用。也就是说,制度只有严格遵守才有效。

任务 4.3 工商注册、银行登记、税务登记的流程

创业项目选择后,就要着手注册新公司了。

4.3.1 新公司注册流程——注册步骤

具体流程如图 4-3 所示。

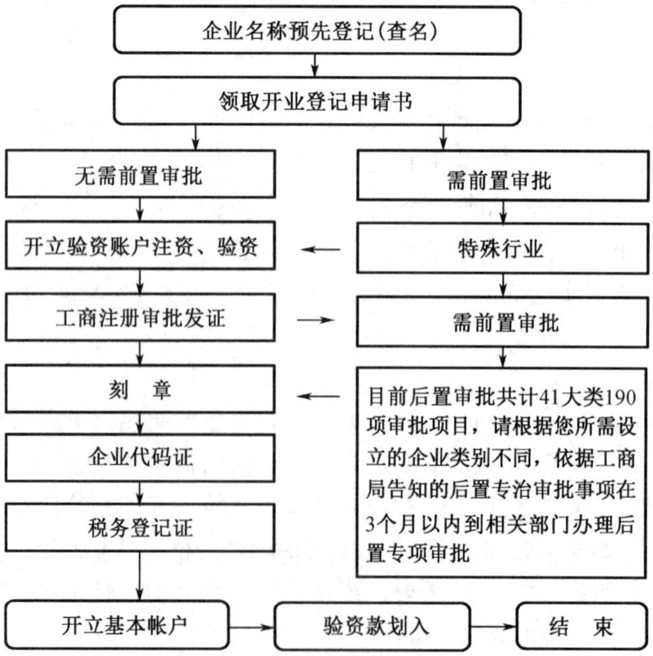

图 4-3 新公司注册流程

1. 办理企业名称核准

第一步，咨询后领取并填写名称（变更）预先核准申请书投资人授权委托意见，同时准备相关材料；第二步，递交名称（变更）预先核准申请书、投资人身份证、备用名称若干及相关材料，等待名称核准结果；第三步，领取企业名称预先核准通知书。

2. 确定公司住所

租房后要签订租房合同，并且一般要求必须用工商局的统一制式租房协议，并让房东提供房产证的复印件、房东身份证复印件。房屋提供者应根据房屋权属情况。房屋提供者如有房产证，应另附房产证复印件，并在复印件上加盖产权单位公章或由产权人签字。

无产权证的由产权单位的上级或房产证发放单位在“需要证明情况”栏内说明情况并盖章确认，地处农村地区的也可由当地政府在“需要证明情况”栏内签署同意在该地点从事经营的意见，并加盖公章。

产权为军队房产，应提交加盖中国人民解放军房地产管理局专用章的“军队房地产租赁许可证”复印件。

房屋为新购置的商品房又未办理产权登记的，应提交由购房人签字或购房单位盖章的购房合同复印件，及加盖房地产开发商公章的预售房许可证、房屋竣工验收证明的复印件。房屋提供者为经工商行政管理机关核准具有出租经营权的企业，可直接在“房屋提供者证明”栏内加盖公章。同时，应出具加盖本企业公章的营业执照复印件，不再要求提供产权证。

将住宅改变为经营性用房的，属城镇房屋的，还应提交《住所（经营场所）登记表》及所在地居民委员会（或业主委员会）出具的有利害关系的业主同意将住宅改变为经营性用房的证明文件；属非城镇房屋的，提交当地政府规定的相关证明。

3. 形成公司章程

可以在工商局网站下载“公司章程”的样本，根据实际情况进行修改。章程的最后由所有股东签名，并签字日期。

4. 刻私章

刻法人代表和其他股东的私章。

5. 办理验资

凭会计师事务所出具的“银行询征函”选择银行开立公司验资户。所有股东携带出资比例等额资金、工商核名通知书、法人代表和其他股东的私章、身份证、空白询征函表格，到银行去开立公司验资账户。银行会发给每个股东缴款单，并在询征函上盖银行的章。

注意：根据《中华人民共和国公司法》规定，注册公司时，投资人（股东）必须缴纳足额的资本，可以以货币形式（也就是人民币）出资，也可以以实物（如汽车）、房产、知识产权等出资。到银行办的只是货币出资这一部分，如果有实物、房产等作为出资的，需要到资产评估机构鉴定其价值后出具评估报告再以其实际价值出资，比较麻烦，因此建议直接用货币出资。

6. 办理验资报告

银行出具的股东投资的现金缴款单（或进账单）、银行对账单、银行盖章后的询征函由银行寄至会计师事务所，携带公司章程、名称预先核准通知书、房租合同、房产证复印件送到会计师事务所办理验资报告。

4.3.2 申请公司营业执照

申请营业执照受理后5个工作日可领取执照。有限责任公司设立登记应提交的文件、证件包括"企业设立登记申请书""单位投资者(单位股东、发起人)名录""自然人股东(发起人)、个人独资企业投资人、合伙企业合伙人名录""投资者注册资本(注册资金、出资额)缴付情况""法定代表人登记表""董事会成员、经理、监事任职证明""企业住所证明"等表格;公司章程(提交打印件一份,请全体股东亲笔签字,有法人股东的,要加盖该法人单位公章);法定验资机构出具的验资报告;"企业名称预先核准通知书"及"预核准名称投资人名录表";股东资格证明;"指定(委托)书";经营范围涉及前置许可项目的,应提交有关审批部门的批准文件。

凭营业执照,到公安局指定的刻章社,去刻公章、合同章、财务章,后面步骤中均需要用到公章或财务章。受理后4个工作日,企业法人代码登记办事机构在质量技术监督局窗口办理(代码证),需要提供营业执照副本原件及复印件、单位公章、法人代表身份证原件及复印件(非法人单位提交负责人身份证原件及复印件),集体、全民所有制单位和非法人单位提交上级主管部门代码证书复印件、单位邮编、电话、正式职工人数、经办人身份证原件及复印件。

4.3.3 办理税务登记证书

办理事项:税务登记自领取营业执照之日起30日内办理。

办理地点:税务登记机关窗口。

提供材料:"个体经济"可不报送以下的2,4,5项材料。

1. 营业执照副本原件及复印件;
2. 企业法人组织机构代码证书原件及复印件;
3. 法人代表身份证原件及复印件;
4. 财务人员身份证复印件;
5. 公司或企业章程原件及复印件;
6. 房产证明或租赁协议复印件;
7. 印章;
8. 从外区转入的企业,必须提供原登记机关完税证明(纳税清算表);
9. 税务机关要求提供的其他有关材料。

开设企业基本账户:凭营业执照正本、税务登记证正本、组织机构代码证正本及法人身份证、公章、财务专用章、法人章,去银行开立基本账户。开好基本账户去原验资银行办理验资户销户。

任务4.4 创业法律扶助与优惠政策

创业者最缺少的是资金,在创业之初若能够得到国家政策扶助和法律保护,对于任何创业者来说都再好不过了。其实我国各级政府已经对学生创业出台了相关政策,对此,每一个志在创业的学生都必须充分利用一切可以利用的资源来实现自己的梦想。

4.4.1 扣减营业税、个人所得税等和免收有关行政事业性收费

国税总局有关负责人介绍,近年来,为了鼓励创业和扩大就业,国家实行了一系列税收优惠政策。如对下岗失业人员创业,以每户每年8 000元为限额扣减营业税、城市维护建设税、教育费附加和个人所得税等。根据《关于促进以创业带动就业工作的指导意见》(以下简称《意见》)的要求,今后还将进一步加大税收优惠力度、扩大税收优惠范围。

在收费优惠政策方面,为了鼓励失业人员自谋职业和自主创业,规定对登记失业人员、残疾人、退役士兵以及毕业2年以内的普通高校毕业生,凡从事个体经营的,自其在工商部门首次注册登记之日起3年内,免收管理类、登记类和证照类等有关行政事业性费用。免收费的具体项目既包括国务院以及财政部、发改委批准设立的涉及个体经营的管理类、登记类和证照类等有关行政实业型收费项目,又包括各省、自治区、直辖市人民政府及其财政、价格主管部门按照管理权限批准设立的涉及个体经营的管理类、登记类和证照类等有关行政事业性收费项目。

4.4.2 扩大小额担保贷款范围和提高额度,加大贴息力度

《意见》提出,积极探索抵押担保方式创新,对于符合国家政策规定、有利于促进创业和带动就业的项目,鼓励金融机构积极提供融资支持。为了帮助劳动者多渠道筹集创业资金,2008年,财政部会同有关部门调整和完善了小额担保贷款政策。在个人小额担保贷款方面的政策有以下几方面。

1. 扩大借款人员范围

将小额担保贷款借款人范围扩大到所有符合规定条件的城镇登记失业人员和就业困难人员。

2. 提高贷款额度

小额担保贷款经办金融机构对个人新发放的小额担保贷款的最高额度由2万元提高至5万元。对符合条件的人员合伙经营和组织起来就业的,经办金融机构可适当扩大贷款规模。

3. 加大财政贴息力度

对个人新发放的小额担保贷款,其贷款利率可在人民银行公布的贷款基准利率基础上上浮3个百分点。其中,微利项目贷款由中央财政据实全额贴息,并通过建立小额担保贷款奖补制度,进一步调动经办银行、担保机构和信用社区等小额担保贷款经办单位的工作积极性。为充分发挥劳动密集型小型企业对促进就业的辐射带动作用,规定对于当年新招用人员达到企业现在职职工总数30%(超过100人的企业达到15%)以上,并与其签订1年以上期限劳动合同的劳动密集小型企业,经办金融机构根据企业实际招用人数,合理确定小额担保贷款额度,最高不超过人民币200万元,财政部门按人民银行公布的贷款基准利率的50%给予贴息。

4.4.3 提供免费公共就业服务和补贴职业培训技能鉴定

创业能力是劳动者创业成功的关键因素,为了提高劳动者的职业技能和创业能力,国家制定了免费公共就业服务,职业培训补贴和职业技能鉴定补贴等政策。

《意见》要求建立健全面向全体劳动者的免费公共就业服务制度，对劳动者免费提供政策咨询、职业指导、职业介绍等服务。有关部门已提出，对失业人员、符合条件的进城务工农村劳动者参加职业培训的，按规定给予职业培训补贴。对就业困难人员、进城务工者通过初次职业技能鉴定（限国家规定实行就业准入制度的特殊工种），取得执业资格证书的，给予一次性执业技能鉴定补贴。同时，各类培训机构要规范培训标准、提高师资水平、完善培训模式，不断提高培训质量和创业成功率。

4.4.4 政府提供优惠政策

近年来，为支持学生创业，国家和各级政府出台了许多详细、可操作的优惠政策，涉及融资、开业、税收、创业培训、创业指导等诸多方面。对打算创业的学生来说，了解这些政策才能做好创业的第一步。具体来说，主要有以下几个方面：

在毕业后两年内自主创业，到创业实体所在地的工商部门办理营业执照，注册资金（本）在50万元以下的，允许分期到位，首期到位资金不低于注册资本的10%（出资额不低于3万元），一年内实缴注册资本追加到50%以上，余款可在三年内分期到位。

新办咨询业、信息业、技术服务业的企业或经营单位，经税务部门批准，免征企业所得税两年；新办交通运输业、邮电通信业的企业或经营单位，经税务部门批准，第一年免征企业所得税，第二年减半征收企业所得税；新办公用事业、商业、对外贸易业、旅游业、物流业、仓储业、居民服务业、饮食业、教育文化业、卫生事业的企业或经营单位，经税务部门批准，免征企业所得税一年。

各国有商业银行、股份制银行、城市商业银行和有条件的城市信用社，要为自主创业的毕业生提供小额贷款，并简化程序，提供开户和结算便利，贷款额度在2万元左右，贷款期限最长为两年，到期确定需延长的，可申请延期一次。贷款利息按照中国人民银行公布的贷款利息率确定，担保最高限额为担保基金的5倍，期限与贷款期限相同。

1. 金融贷款的优惠

具体表现为以下几个方面。

（1）优先贷款支持、适当发放信用贷款

加大高校毕业生自主创业贷款支持力度，对于能提供有效产抵（质）押或优质客户担保的，金融机构优先给予信贷支付。面向高校毕业生的创业贷款可由高校毕业生为借款主体，并可由其家庭或直系亲属家庭成员的稳定收入或有效资产提供相应的联合担保。对资信良好、还款有保障的，在风险可控的基础上适当发放信用贷款。

（2）简化贷款手续

通过简化贷款手续，能够合理确定授信贷款额度，公贷款可在一定期限内周转使用。

（3）利率优化

对创业贷款给予一定的优惠利率扶持，视贷款风险不同，在法定贷款利率基础上，可适当下浮或上浮。目前，已有多家银行开办了针对其有城镇常住户口或有效居留身份、年满18周岁自然人的个人创业贷款，此类创业贷款要求个人采用存单质押贷款，或者房产抵押贷款以及担保贷款。政府人事行政部门所属的人才中介服务机构，免费为自主创业毕业生保管人事档案两年：提供免费查询人才、劳动力供求信息，免费发布招聘广告等服务；优惠为创办企业的员工提供一次培训、测评服务。

2. 企业注册登记

(1)程序更简化

凡高校毕业生(毕业后两年内,下同)申请从事个体经营或申办私营企业的,可通过各级工商部门注册大厅绿色通道优先登记注册。其经营范围除国家明令禁止的行业和商品外,一律放开核准经营。对限制性、专项性经营项目,允许其边申请边补办专项审批手续。对在科技校园、高新技术园区、经济技术开发区等经济特区申请设立个私企业的,除了必须前置审批的项目外,还要试行"承诺登记表"。申请人提交登记申请书、验资报告等主要登记材料的,可先预颁发营业执照,让其在3个月内按规定补齐相关材料。凡申请设立有限责任公司,以高校毕业生的人力资本、智力成果、工业产权、非专利技术等无形资产作为投资的,允许抵充40%的注册资本。

(2)减免各类费用

除国家限制的行业外,工商部门自批准其经营之日起一年内免收其个体工商户登记费(包括注册登记变更登记补照费)、个体工商户管理费和各种证书费。对参加个私协会的,免收其一年会员费。高校毕业生申办高新技术企业(含有限责任公司)的,其注册资本最低限额为10万元,如资金确有困难,允许其分期到位;申请时可以以"高新技术""新技术""高科技"作为行业名称予以批准。高校毕业生从事社区服务等活动的,经居委会报所在工商行政管理机关备案后,一年内免于办理工商注册登记,免收各项工商管理费用。

(3)各类收费项目

各类收费项目包括以下法律规定的、国务院以及财政部、国家发展改革委批准的收费项目。

①工商部门收取的个体商户注册登记费(包括开业登记、变更登记、补换营业执照及营业执照副本)、个体工商户管理费、集贸商场管理费、经济合同鉴定费、经济合同示范文本工本费。

②税务部门收取的税务登记证工本费。

③卫生部门收取的民办医疗机构管理费、卫生检测费、预防性体检费、预防接种劳务费、卫生许可证工本费。

④民政部门收取的民办非企业单位登记费(含证书费)。

⑤劳动保障部门收取的劳动签证费、职业资格证书费。

⑥公安部门收取的特种行业许可证工本费。

⑦烟草部门收取的烟草专卖零售许可证费(含临时零售许可证费)。

⑧国务院以及财政部、国家发展改革委批准的涉及个体经营的其他登记类和管理类收费项目。

值得提醒的是:据省工商局个体处的工作人员介绍,目前有关政策已经执行,大学毕业生在办理自主创业的有关手续时,除带齐规定的材料,提出有关申请外,还要带上大学毕业生就业推荐表、毕业证书等有关资料。

3. 企业运营

(1)员工聘请和培训享受减免优惠

对大学毕业生自主创办的企业,自工商部门批准其经营之日起一年内,可在政府人事、劳动保障行政部门所属的人才中介服务机构,企业介绍机构的网站免费查询人才、劳动力供求信息,免费发布招聘广告等;参加劳动保障行政部门所属的人才中介服务机构和公共职业介绍机构举办的人才、劳务交流活动，给予适当减免缴费；政府人事部门所属的人才中介服务机构，人事档案管理免两年费用。

(2)社会保险参保单位渠道

高校毕业生从事自主创业的，可在各级社会保险经办机构的个人缴费窗口办理社会保险参保手续。从事个体经营的高校毕业生，应当向工商、税务、卫生、民政、劳动保障、公安等部门的相关收费单位出具本人身份证、高校毕业证以及工商部门批准从事个体经营的有效证件，经收费单位核实无误后，按规定免交有关费用。同时，自谋职业、自主创业的高校毕业生，可将人事关系存放在政府人事部门所属人才服务机构、劳动或人事部门人才服务机构，这些服务机构将其办理人事关系转接、人事档案管理、转正定级、转党团关系、专业技术职务任职资格申报评审、社会保险金缴纳等服务，实行全方位的人事代理服务，以解除自主创业、灵活就业的高校毕业生的后顾之忧。

以上优惠政策是国家针对所有自主创业的大学生所制定的，各地政府为了支持当地大学生创业，也出台了相关政策法规，而且更加细化，更贴近实际。了解这些优惠政策，会让大学毕业生感受到国家和政府的支持力度，更加坚定创业的决心。

任务4.5　把握营销真谛

市场营销其实是一项活动。现代市场营销活动包括市场环境分析、营销研究、市场需求预测、新产品开发、定价、分销、物流、广告、人员推销、销售促进、售后服务等。将市场营销理解为与市场有关的人类活动，是以满足人类各种需要和欲望为目的，通过市场把潜在交换变为现实交换的活动。

4.5.1　正确认识市场营销

对创业者来说，掌握市场营销学的知识，把握市场营销的真谛极为重要。市场具有消费人口、购买欲望、购买力三要素。也就是说，市场 = 消费人口 × 购买欲望 × 购买力。这三个因素相互制约，缺一不可，他们共同决定了市场的规模和容量。市场可以概括为两个大的方面，即有形产品市场和服务市场，而产品市场和服务市场又有众多细分市场。

1. 认识市场功能

(1)产品交换功能。市场能实现商品所有权与货币所有权的相互交换转移，使买卖双方都得到自己想要的东西。

(2)价值实现功能。商品只有到消费者手中消费，才能实现它的价值功能。

(3)调节功能。市场通过价值规律、供求规律来调节商品的供求、价格等。

(4)信息反馈功能。生产者只有生产出顾客所需要的商品才能实现商品交换，而顾客需要什么，需要从市场上去获取信息。

(5)服务功能。为了保证商品的转化和价值实现，需要提供各种服务手段，如市场情报收集、风险承担等。

现在有些创业企业将市场营销仅仅理解为销售和促销，在销售上采取的策略局限于降价、广告大战、促销，除此之外别无他法。这都是对市场营销的错误理解。

市场营销的任务是为促进企业目标的实现而调节需求水平、时机和性质。市场营销管理的实质是需求管理。

在现代市场经济条件下，创业企业必须十分重视市场的营销管理，管理层必须根据自己在行业中的地位以及企业的目标、机会和资源确定一个最有意义的战略，以使企业在动荡不安的环境中生存、发展。为此，企业的每个业务单位都要为实现战略计划提供支持和服务。所以，为了充分发挥企业各种资源、各个部门的作用，就要对市场营销进行管理。

市场营销是一个过程。在当代市场经济中，企业在市场竞争中能否取得成功，取决于其是否能与商场环境的发展变化相适应，随着环境的变化去调整其营销战略，从而规避市场的变化所带来的风险，而把市场变化带来的机会作为有利可图的企业机会。

具体而言，市场营销管理过程包括以下步骤：

1. 分析市场，发现和评估市场的机会

企业必须随时关注宏观环境和微观环境的变化。

2. 细分市场，选择目标市场

企业可以根据顾客不同的消费特征将市场细分，然后根据自己的组员优势选择自己的目标市场，采取不同的目标市场战略。

3. 制订营销计划，规划营销策略

在自己选定的目标市场上，为实现自己的营销目标，企业需要制订一系列的营销计划，然后规划营销策略。

4. 营销活动的实施

所有的营销计划及营销战略都只是纸上谈兵，只有将这些策略很好地加以实施和控制，才能使其转化为竞争优势，实现企业目标。

正确的市场营销观念应该是：

第一，把满足消费者需求作为经营的出发点。

第二，营销活动处于企业营销活动的全过程。要满足顾客需要并实现企业的营销目标，就必须综合运用各种营销手段，使企业的营销活动形成一个有机的整体，市场的调研、产品实际生产、财务分析与物流、广告促销等一切活动都应贯穿于企业营销活动的全过程，形成一个完整的体系，以便发挥营销的整体效果。

第三，追求长远利益和公司的长久发展。企业应该有远见卓识，积极加强消费者对自己产品的品牌的忠诚，追求长远的战略利益。

第四，树立社会营销观念。企业提供的产品和服务，不仅要满足消费者的市场需求或短期欲望，而且要符合消费者的长远利益和社会的长远发展，改善社会福利，这是我国创业企业当前最为缺乏的，有些创业企业的经营往往是一种投机行为，他们将自己的利益建立在社会损失的基础上。

4.5.2 创业企业营销的基本思路

在日益激烈的市场竞争中，创业企业要想发展，实现创业目标，应该从以下几个方面思考。

1. 关注产品开发，走出过度营销

创业企业在目前以及很长一段时间内，要解决的最主要的营销问题是产品问题，而不是其他，要专注于消费者需求，最主要的原则就是设身处地为消费者着想并了解消费者的需求。这一简单的方法能够有效地促进对营销概念的了解。因为它所强调的就是消费者的需求和利益。不论企业所生产的产品为何物，如果能设身处地地为消费者的需求和利益着想,一定也能为企业本身带来许多意想不到的收获。当企业在为消费者的需求和利益着想时,至少应考虑以下问题:第一,他们究竟想购买什么?第二,她们想要获得那些利益?第三,企业对于竞争对手在满足消费者需求和利益的工作成效上了解多少?第四,竞争对手在回答上述问题时是否回答得较好?当知道顾客需求是什么以后,要做的就是问自己,有没有能力满足这种需求,以及能在多大程度满足这种需求。

2. 关注品牌建设,走出单纯的市场份额争夺

经过努力,许多创业企业已经能够生产很好的产品,甚至与国际知名企业的产品相比也毫不逊色,但却无法获取国际知名企业所能够获取的价值。其中最根本原因是中国企业在品牌建设方面水平较低。

3. 对顾客精耕细作,走出“粗放的顾客管理”

创业企业在顾客管理方面过粗,拥有的顾客资料根本不足以达到销售服务的水准,这既是创业企业没有走向细分市场的结果,也是无法走向细分市场的原因。

4. 关注销售管理,走出“简单的经营”

在营销管理方面,以下三个方面应该是最重要的、最应该首先进行的:一是关注顾客价值,企业经营以顾客为导向,认真建立和管理市场信息系统,研究并获取顾客的价值取向,为企业产品开发提供依据;二是合理分配企业资源,为顾客研究和产品设计进行投入;三是建立与供应商和分销商的战略伙伴关系。

5. 关注营销人员职业发展,提供员工教育培训

关注员工的企业职业发展,创业企业必须从根本上转变用人观念,要为自己的员工创造价值,而不是仅仅从他们身上获取价值。

6. 关注全球企业业务扩展,真正放眼国际市场

中国许多行业处境相当尴尬,一方面自己的产品卖不出去,货卖不上价,另一方面却用自己的一流设备、一流工人为国际品牌加工工艺,让国际知名品牌大发其财,这种情况被嘲弄为“中国有能力为世界生产产品,却没有能力向世界销售产品”。因此,关注全球业务扩展,真正放眼国际市场,才是中国企业目前的工作之重。

4.5.3 创业企业的市场机会与机会营销

创业企业要关注环境的变化,通过对外部环境的观察和分析捕捉市场机会,市场机会来源于人们未满足或未充分满足的需求。人们的需求每天都有变化,这也就意味每天都有新市场的孕育。创业企业如果想要得到很好的发展,必须及时发现并牢牢把握市场机会。而这些最基本的需求,如衣食住行等方面的需求都可以孕育一个新的市场。一般来讲,需求产生的原因有:需求与供应在数量上的不平衡,需求与供应在结构上的不平衡,需求与供应在发展上的不平衡。总之,只要企业将注意力集中在顾客的需求变化上,总是能够发现新的市场机会。

市场机会通常具有以下特征:一是隐藏性,市场机会总是处于一种潜在的状态,不是明摆在企业面前的,需要企业通过观察分析判断;二是时效性,没有把握的机会就会被竞争对手抓住;三是相关性,市场机会是一个相互关联的系统,一个机会的开发成功会带来更多的后续市场机会。

创业企业的一个突出特点就是经营灵活,也就是所谓的船小好调头。机会一旦出现,企业就要做出迅速的反应。这种反应在开始的时候是一种简单的判断,即分析这个机会的

运作风险以及是否具有可能性。然后，再具体地分析机会对于企业的利润增长，资源利用是否可行。可以首先考虑两个因素——机会的多少和威胁的大小，来简单判断把握市场机会的可能性。根据这两个因素，可以将市场机会和企业可能开展的业务类型联系起来。机会多、威胁小的属于成熟业务。创业企业最好选择机会多、威胁小的理想业务。创业企业发现了市场机会，还要对这个市场机会进行经营，经营市场机会的这个过程就是机会营销。

市场机会为创业企业进入新的行业，谋求新的发展，拓展新型业务，开发新的市场提供了可能。对于创业企业而言，市场机会的把握远远胜于其他企业的后续竞争。先天性的缺陷会使创业企业在很多领域受到很大的限制。因此，创业企业感到最为困难的一个问题就是很难进入到一个让各个企业争相追逐的行业中去。

一个新政策的出台、一部新法律的颁发也许都意味着新的机会的诞生，创业企业必须抓住这些机会迅速进入到这些行业中去，成为其中的竞争一员，站稳脚跟，再与其他企业进行竞争。

机会营销不同于传统的营销，这种营销将消费者的需求与企业的生产经营活动有机地结合到一起，以需求引导生产，以发现新的需求为发展战略，这样创业企业就可以集中有限的资源进行有目的的生产和的经营。

机会经营具有以下三个特点：机会经营满足的是即将在市场上出现但尚未得到满足的需求；机会营销满足的是新生的需求，因此，它以新产品、新服务的开发为主；机会营销以抢占市场、站稳脚跟为主要目标。

4.5.4 创业企业的市场机会与发掘

创业企业的自身特点，使得企业能够对来自外部的信息做出快速的反应，果断决策，抓住稍纵即逝的机会。

发现市场机会需要做到以下两点：第一，把握信息，这是指在把握数据或者信息的基础上，对环境进行客观分析，从中发现新的市场机会；第二，具有商业直觉，这是一种下意识的反应，是一种毫无根据的行为，但与所谓拍板决定有一定的区别。它是企业家或者管理人员凭借多年的商业经历以及对其进行分析总结而形成的一个系统。这种反应捕捉商业机会的敏锐反应，有很重要的借鉴价值。

分析创业企业销售环境通常有两种方法：一是分析机会的成功概率和业务的吸引力，从中做出选择；二是 SWOT 分析方法，通过分析企业的优劣势以及考察企业自身的资源和能力状况，确定企业在市场中的地位，寻找出适合发展的机会。SWOT 分析方法是企业在制定战略时评估企业地位的一种重要的工具，是创业企业用来评估市场营销环境和市场机会的主要工具。SWOT 分别是指企业的优势（Strength）、劣势（Weakness）、机会（Opportunities）、威胁（Threats）。优势和劣势都是指比较优势和比较劣势，因此，通常用它们来分析创业企业的内部营销环境。

市场机会可以分成以下四种类型：一是显在性机会，市场已经开始有这种商品，但是远不能满足顾客的需求；二是前兆性机会，顾客的需求是有规律的；三是突发性机会，突然的需求，如洪水的爆发产生对编织袋的需求；四是诱导性机会，一种新的消费理念。

显在、前兆、突发和诱导这四种市场机会所表现出来的特征各不相同，因此，对不同的市场机会进行营销也应各具特色，各有侧重。灵活地进行营销是企业创业的最佳选择。四种市场机会产生于不同的营销环境中，因此，照本宣科、纸上谈兵是不可行的，应针对具体的市场机会制定相应的营销策略。在制定营销策略的过程中,企业需要注意一些原则。这些原则大多来自于成功企业的经验,他们的经验可以给后来的创业企业很多借鉴。

4.5.5　创业企业的市场定位

市场定位就是使企业及其产品在顾客的心目中占有一个独特的、有价值的位置,树立企业及其产品的特定形象。

1. 市场定位的内容

(1)产品定位。产品定位是指针对顾客的心理为产品创造、培养一定的特色,形成一定的市场形象。产品定位有可能涉及产品特性、性能质量、一致性、耐用性、可靠性、可维修性、风格等。

(2)企业形象定位。企业形象定位是指确定企业整体形象在顾客心目中的位置。企业可以通过在信息传媒上反复宣传名称、象征物、符号颜色来强化这些特征,也可以通过建筑物的设计和室内装修来突出其所创造的形象,还可以通过赞助公益活动、捐赠来提高自己的形象。

2. 市场定位的类型

(1)避强定位。避强定位是指避开强大的竞争对手,不搞"硬碰硬"对抗,和平相处,共谋利益的市场定位策略。这种策略能使企业迅速地在市场上站稳脚跟,并能在顾客心目中留下特别的印象。

(2)冲突定位。冲突定位就是与市场上最强的竞争对手"对着干"。这种定位可以使企业一开始就与强大对手站在同一高度上,更能激发自己奋发上进,一旦成功,就会获得巨大的市场优势。例如,可口可乐与百事可乐之争就是众人皆知的"对着干"的案例。

(3)再定位。再定位通常是指对销路差、形象不够有力度的产品进行定位。这种定位旨在摆脱困境,重新获得市场优势与活力。

3. 创业企业定位策略

(1)市场领导者定位策略。市场领导者定位策略是指企业把自己定位于市场的领导者,做行业老大。实施该策略的企业一般都是实力非常雄厚的大企业。

(2)市场追随者定位策略。市场追随者定位策略是指将企业的产品定位于目标市场上现有的竞争对手的产品旁边,创造性地进行模仿和改进。一些实力不太雄厚的企业大都适于采用此策略。

(3)市场寻位者定位策略。市场寻位者定位策略是指将企业的产品定位在目标市场的空缺处。它不仅使企业避开了市场竞争,不与目标市场上的竞争对手直接对抗,而且在目标市场的空隙和空缺领域开拓新的市场,生产营销目标市场上尚没有的某种特色产品,以便更好地发挥企业的竞争优势,获取较好的经济效益。

4. 市场营销定位靠什么制胜

(1)卓越的产品质量。产品质量是指产品适合一定用途、满足消费者需求所具备的特征,即产品的使用价值。质量是消费者最关心的内容,也是产品在竞争中能否取胜的首当其冲的关键因素。质量是企业产品的生命。

(2)合理的定价。现在,国内有些人对价格竞争持不同的看法,认为价格竞争已退居其次,我国市场竞争已进入非价格竞争,或认为已跨入服务竞争。其实,尽管服务竞争确有逐渐升级的现象,但价格竞争作为一种最直接、最有效的手段,从来没有退出竞争的行列。

(3)满意的服务。优质的服务有一个明显的好处,就是可以培养顾客对企业的忠诚度,稳定老顾客。企业在进行市场定位时,除了可以采用质量和价格差异化战略外,还可以采用服务差异化战略。尤其是当产品的质量和价格难以体现出差异时,竞争成功的关键往往取决于服务的项目多少和服务水平的高低。

(4)新潮的行销观念。企业在进行市场定位时,可以采用一种创新的观念策略。如果在消费者满意的领域里,已经找不到一个可钻的空子,而企业的产品在质量、价格和服务方面又缺乏优势,则可以试试一种创新的观念,这或许是一条捷径。例如七喜饮料既不是以质量取胜,也不是以服务和价格取胜,而是以“非可乐”的观念取胜;娃哈哈推出的“非常可乐”是以“尝尝中国人自己的可乐”这一情怀来定位并赢得市场的。

企业不但要制定明确的定位策略,还必须有效地向社会、向其目标受众传递这种策略所包含的信息。没有沟通,定位永远只是一种想法或者压在办公桌抽屉里的计划书。

创业企业在定位过程中要避免出现以下几种错误:第一,不充分定位。这会使购买者对品牌只有一个模糊的概念,并没有真正意识到品牌的独特之处。这时是定位不清或沟通不够好的结果。第二,过分定位。这是企业或产品的营销表现使购买者对品牌的形象认识过于狭窄。如中国的丝绸,在西方的消费者中是一种上流社会消费的高价商品,但是由于国内争相出口丝绸产品,不断压价,使其在国外市场上成为一种便宜货,许多人反而不买了。第三,混淆定位。这是品牌特征过多或品牌的定位改变太过频繁,使顾客对品牌形象感到困惑。第四,可疑定位。这是指购买者难以相信广告中对产品特征宣传。

4.5.6 市场营销组合

市场营销组合指的是企业在选定的目标市场上,综合考虑环境、能力、竞争状况等企业自身可以控制的因素,并对其加以最佳组合运用,以完成企业的目标任务。

市场营销组合是企业市场营销战略的一个重要组成部分,是指将企业可控的基本营销措施组成一个整体性活动。市场营销的主要目的是满足消费者的需求,而消费者的需求很多,要满足消费者需求所应采取的措施也很多。因此,企业在开展市场营销活动时,就必须掌握基本措施,合理组合,并充分发挥整体优势和效果。

1960年,麦卡锡提出了著名的4P组合,麦卡锡认为,企业从事市场营销活动,一方面要考虑企业的各种外部环境,另一方面要制定市场营销组合策略,通过市场营销组合策略的实施,使企业适应环境,满足目标市场的需要,实现企业的目标。麦卡锡绘制了一幅市场营销组合模式图,图的中心是某个消费群,即目标市场,中间一圈是四个可控要素:产品(Product)、地点(Place)、价格(Price)、促销(Promotion)。产品意味着为目标市场开发的产品选择产品线、品牌和包装等;价格意味着制定适当的价格;地点意味着通过适当的渠道把产品送到目标市场;促销意味着将适当的产品,按适当的价格,在适当的地点通知目标市场。麦卡锡指出,4P组合的各要素将受到这些外部环境的影响和制约。

市场营销组合作为一个企业非常重要的营销管理方法,具有以下特点:

(1)市场营销组合是一个变量组合。构成市场营销组合的“4P”的各个自变量,是最终影响和决定市场营销效益的决定性要素,而市场营销组合的最终结果就是这些变量的函数,即因变量,从这个关系看,这些组合会产生不同的营销效果。

(2)市场营销组合由许多层次组成。就整体而言,“4P”是一个大组合,其中每一个P又包括若干层次的要素,这样,企业所确定的市场营销组合不仅更为具体和实用,而且相当灵活;不但可以选择四个要素之间的最佳组合,而且可以恰当安排每个要素内部的组合。

企业必须在准确地分析、判断特定的市场营销环境、企业资源及目标市场需求特点的基础上,才能制定出最佳的市场营销组合。所以,最佳的市场营销组合的作用,绝不是产品、价格、渠道促销四个营销要素的简单相加,而是使它们产生一种整体协同作用。市场营销组合又是一种经营的艺术和技巧。

市场营销组合必须具有充分的应变能力。市场营销组合作为企业营销管理的可控要素,一般来说,企业具有充分的决策权。例如,企业可以根据市场需求来选择确定产品结构,制定具有竞争力的价格,选择最恰当的销售渠道和促销媒体。但是,企业随着市场竞争和顾客需求特点及外界环境的变化,必须对营销组合随时纠正、调整,使其保持竞争力。总之市场营销组合对外界环境必须具有充分的适应力和灵敏的应变能力。

影响企业营销有两类因素,一类是企业外部环境给企业带来的机会和威胁,这些是企业很难改变的;另一类则是企业本身可以通过决策加以控制的。企业本身可以控制的因素归纳起来主要有以下四方面:

(1)产品策略。产品策略包括产品发展、产品计划、产品设计、交货期等决策的内容。其影响因素包括产品的特性、质量、外观、附件、品牌、商标、包装、担保、服务等。

(2)价格策略。价格策略包括确定定价目标、制定产品价格原则与技巧等内容。其影响因素包括分销渠道、区域分布、中间商类型、运输方式、存储条件等。

(3)促销策略。促销策略是指主要研究如何促使顾客购买商品以实现扩大销售的策略。其影响因素包括广告、人员推销、宣传、营业推广、公共关系等。

(4)分销策略。分销策略主要研究使商品顺利到达消费者手中的途径和方式等方面的策略。其影响因素包括付款方式、信用条件、基本价格、折扣、批发价、零售价等。

上述四个方面的策略组合起来总称为市场营销组合策略。市场营销组合策略的基本思想在于:从制定产品策略入手,同时制定价格、促销及分销渠道策略,组合成策略总体,以便达到以合适的商品、合适的价格、合适的促销方式,把产品送到合适地点的目的。企业经营的成败,在很大程度上取决于这些组合策略的选择和它们的综合运用效果。

市场营销组合在企业实际工作中的实践意义表现在以下几个方面:

(1)企业制定营销战略的基础。营销战略本质上就是企业经营管理的战略,而营销战略主要是由企业目标和营销因素协调组成的。由于市场营销战略的出发点是完成企业的任务与目标,因而以投资收益率、市场占有率或其他目标来进行市场营销组合是比较符合实际的。作为企业营销的战略基础,市场营销组合既可以是四个因素综合运用,也可以是根据市场的特点分别重点使用其中某一个或某两个因素,设计成相应的营销策略,这是细致而复杂的工作。

(2)企业应付竞争的有力手段。企业在运用市场营销组合时,必须分析自己的优势和劣势,以便扬长避短,在使用时长营销组合作为竞争对手时,要特别注意两个问题:不同行业不同产品,侧重使用的营销因素应当不同;企业在重点使用某一营销因素时要重视其他因素的配合才能取得理想的效果。

(3)为企业提供系统的管理思路。如果以市场营销组合为核心进行企业的战略计划和工作安排,可以形成一种比较系统的从点到面,简明扼要的经营管理思路,许多企业根据市场营销组合的各个策略方向去设置职能部门和经理岗位,明确部门间的分工关系,划分市场调研的重点项目,确定企业内部和外部的信息流程等。企业的财务部门也会在完成财务报表的同时,按照4P数据列表,为企业分析资金运用、固定成本与变动成本等情况提供信息,运用市场营销组合,可以较好地协调各部门的工作。

市场营销的组合作用。企业营销管理者正确安排市场营销组合对企业营销的成败有重要作用:可扬长避短,充分发挥企业的优势,实现企业战略决策的要求;可加强企业的竞争能力和应变能力,使企业立于不败之地;可使企业内部各部门紧密配合,分工协作,成为协调的营销系统(整体营销),使企业灵活、有效地适应营销环境的变化。

为更好地发挥市场营销组合的上述作用,在具体运用时须遵循下列原则:

(1)目标性。营销组合首先要有目标性,即制定市场营销组合时,要有明确的目标市场,同时要求市场营销组合中的各个因素都围绕着这个目标市场进行最优组合。

(2)协调性。协调性是指协调市场营销中各个因素,使其有机地联系起来,同步配套地组合起来,以最佳的匹配状态,为实现整体营销目标服务。可根据要素的相关联系作用,将各要素组合,使它们保持和谐一致。在进行市场营销组合时也可以重点选择几个因素进行组合搭配,如产品质量和价格的关系直接影响到市场营销组合整体策略的优势,将两者进行组合,可以组成不同的组合策略方案,企业可据此进行知己知彼的分析,包括竞争对手组合策略分析,本企业资源、技术、设备等情况分析,切实推行价值工程,进而达到预期的营销目标。

(3)经济性。经济性是营销组合的杠杆作用原则,主要考虑组合的要素对营销的促进作用,这是优化组合的特点。

(4)反馈性。从营销环境的变化到企业营销组合的变化,要依靠市场信息的及时反馈。信息反馈及时,反馈效应好,就可随营销环境变化,重新对原市场营销组合进行反思调整,进而确定新的适应市场和消费者需求的营销组合模式。

市场营销组合应用中需处理好几个相应关系:

(1)营销组合策略与营销战略。在市场营销组合的执行过程中,非常明显地体现出营销组合策略与营销战略相辅相成,有机结合的关系。市场营销组合不仅是市场营销战略的组成部分,而且是市场营销战略的基础和核心,处理好两者的关系,关系到企业营销的成败。因此,市场营销组合在具体执行过程中,不仅要遵循目标性、协调性、经济性、反馈性原则,还要经常修订短期策略目标,以加强和完善最基本的营销战略。只要市场营销组合策略保持在营销战略目标的限度内,则都可以认为是可行的,但若未达到预期效果,企业就必须重新评价这一营销组合策略是否恰当,甚至营销战略制定的是否正确,而不能只停留在个别策略的调整上。

(2)市场营销组合与市场营销环境。在选择市场营销组合时,必须把市场营销环境看作一个重要因素,为此,只有进一步明确市场营销环境与市场营销组合的关系,才能在两者的动态协调中,把握住企业生存和发展的主动权。市场营销组合与市场营销环境均为企业营销的可变因素,共同对企业的市场营销活动发生作用和影响。企业作为一个开放的组织系统,与外部市场营销环境发生着各种各样的错综复杂的联系。其市场营销活动必然受到市场营销环境的影响和制约,并表现为多种形式。具体表现在对企业营销目标、营销战略、营销策略等方面的影响。

由于市场营销组合的可控性和市场营销环境的不可控性,且二者均处在动态变化之中,特别是在变化的速度上,后者的变化大大快于前者,这就决定了企业必须随市场营销环境的变化及时调整市场营销组合,以求得与市场营销环境的适应和协调。由此可见,企业的营销活动过程实质上是企业适应环境变化,并对变化着的环境不断做出新的反应的动态过程。

(3)市场营销组合与市场细分、目标市场及市场定位。市场营销组合在其发展过程中,是与市场细分、目标市场及市场定位等重要概念相适应而产生的。市场营销组合与市场细分构成制定营销策略组合的最基本方法。市场细分是对营销客观条件的分析,市场营销组合则是对营销工作如何发挥主观能动性的研究。市场营销组合与目标市场共同构成企业营销战略的主体,其中目标市场是中心。这就是说,以目标市场为中心,满足其需求,为其服务是企业一切市场营销活动的出发点和归宿,市场营销组合当然也如此。市场营销组合受企业的市场定位所制约。

由此可见,上述因素之间的关系为,市场细分→目标市场→市场定位→市场营销组合。由于目标市场始终处于中心位置,故有必要深入分析目标市场对市场营销组合的影响。一个适当的市场营销组合的性质,实质上是由目标市场的需要所决定的。因此,企业有必要精辟地分析和充分了解目标顾客的需要,态度及其他方面的条件,以便在外部营销环境的制约下,迅速地规划合理的市场营销组合。

首先,消费顾客的所在地和人口方面的特点影响目标市场的潜力大小,影响地点策略,即确定产品在什么地方可以买到,影响促销策略,即确定在什么地方对谁进行促销。其次,消费模式和购买行为特点影响产品因素,具体是指产品设计、包装、产品线等方面影响促销策略,即确定如何迎合潜在顾客的物质需要和心理需要,投其所好。最后,潜在顾客需要的迫切程度及比较、选购商品的意愿影响渠道策略,即渠道的长短、宽窄、直接或间接、服务标准及方便购买与否。

(4)市场营销组合与产品生命周期。由于产品生命周期不同阶段的特征不同,所采取的市场营销组合策略也不同,二者的对应关系见表4-1。

表4-1　市场营销组合与产品生命周期的对应关系

市场营销组合因素	生命周期阶段			
	引入期	成长期	成熟期	衰退期
产品	取得用户对产品的了解	保证质量 加强服务	改进质量 扩大用途 力创名牌	改造产品或淘汰产品
价格	按新产品定价	适当调价	充分考虑竞争价格	削价
渠道	寻找合适中间商	逐步扩大销售渠道	充分利用各种渠道	充分利用中间商
促销	介绍产品	宣传产品、品牌	宣传用户好评	保持用户对产品的信誉

4.5.7 创业企业的目标营销

1. 进行目标营销的原因

首先，因为自己的能力是有限的。能始终意识到自己能力有限，是企业家理智的体现，也是企业本身走向成熟的表现。如何用自己有限的资源去达到最好的市场效果，获取最大的利润，是企业需要思考的永恒主题。在企业规模较小、实力较弱的时期，这一点极为重要。然而，当企业进一步发展，实力增强、影响力扩大的时候，企业的经营者往往会被眼前的光环罩住而忘记了这一点，开始幻想要打倒所有的竞争对手，成就一番霸业。这是人性的弱点之一。一个蒸蒸日上的企业，往往就是在这个时候被市场抛弃而走向衰败的。

其次，顾客的购买需求差异。随着生活水平的提高，人们对消费品的要求品味也提高了，需求的个性化日益突出。加之生活水平的提高并不是人人同步，市场需求的构成就更为复杂。创业企业要注意市场发展的动向，整体的、大型的市场正在日益向小型化发展，市场被逐渐分解为许多微型市场。其特征是不同的买方通过不同的分销渠道，采取不同的沟通方式来购买不同的产品。企图用一套标准化的产品、服务、价格、销售渠道、促销方法及沟通方式讨所有顾客的欢心，难免会弄错对象，吃力不讨好。

第三，要避开强力竞争对手。竞争在市场经济中在所难免，企业唯有勇敢面对。而“避其锋芒，攻其不备”是亘古不变的战术，换个角度理解就是扬长避短。需求市场的分解和小型化为企业实践这一战术创造了大量的机会。市场是广阔的，生产、销售同类产品的企业之间的竞争不一定必然是你死我活，而是可以双赢的，其中的关键在于各自攻占的主要市场区域。例如，百事可乐当年之所以能从可口可乐公司几乎独霸的饮料市场，夺取近半的市场份额，主要得力于它紧紧抓住了美国“新生代”这一可口可乐没有意识到的市场区域，成为“新一代的可口可乐”。

2. 开展目标营销的基本步骤

创业企业开展目标营销的基本步骤是，市场细分→目标市场选择→市场定位。

(1)创业企业如何进行市场细分

在市场上，由于受许多因素影响，不同的消费者通常有不同的欲望和需要，因而，不同的消费者有不同的购买习惯和购买行为。正因为如此，企业营销人员可以按照这些因素把整个市场细分为若干个不同的子市场，每一个子市场都是一个有相似需要的消费者群。企业按照细分变数，即影响市场上购买者的欲望和需要、购买习惯和行为的诸因素，把整个市场细分为若干需要不同的产品和市场营销组合的市场部分或亚市场，其中任何一个市场部分或亚市场都是一个有相似的欲望和需要的购买者群。在如今的市场上，大企业总是非常重视销售量大的细分市场，而忽视销售量小的细分市场，认为不值得为之服务；小企业也会避免进入大的细分市场，因为这需要太多的资源投入，超过了企业的能力。适当规模是相对的，而且也是在变化的。细分市场的发展性也是值得注意的。缺乏增长潜力的细分市场，很快就会达到饱和状态，这会影响企业产品销售量的扩大和利润的增加，也可能在较短的时间内加剧企业间的竞争力度。而在具有增长潜力的细分市场，企业可以利用不断增长的市场需求扩大产品销量和增加赢利。但具有增长潜力的细分市场会吸引潜在的竞争者进入，导致企业产品的销售量和利润受到影响。

(2)创业企业如何选择目标市场

即使某一细分市场具有适当规模和发展潜力，它也有可能不被当作企业的目标市场，因为它很可能缺乏吸引力。对于市场的吸引力，我们可以用波特的五力模型来分析，即分析供应商能力、顾客的潜在购买力，替代品的威胁、新的竞争者的威胁和行业竞争者的威胁。

即使一个细分市场具有适当的规模和发展潜力，也具有吸引力，企业也还需要结合自身的目标和资源条件加以考虑。一个细分市场即使具有吸引力，但如果它不符合企业目标，企业也必须加以放弃。即使一个细分市场符合企业的目标，但若企业缺乏进入该细分市场进行经营活动并取得成功所必需的资源，这个细分市场也是不能利用的。结合企业目标和资源来选择目标市场，就是为了在选定的细分市场上创造企业的相对竞争优势。如果不能创造出这种优势，企业就不宜进入该细分市场。

(3)创业企业如何进行市场定位

当企业选择了自己的目标市场后，接下来所应做的就是针对目标市场来决定企业要采取的营销策略了，即进行市场定位。可以将企业的目标市场营销策略分为三类，即集中营销、无差异营销和差异营销。

①集中营销。集中营销即企业以一个或少数几个细分市场作为目标市场，集中一切力量为这些市场部分服务。例如，有人开设专门提供左撇子用品的商店。这种目标市场营销策略特别适合于小企业。

②无差异营销。无差异营销是指企业不考虑各个细分市场之间的差异，只推出一种产品，设计一套市场营销组合方案去满足整个市场的需求。企业注意力之所在是生产购买者普遍需要的产品，而不是生产他们所需要的不同的产品。企业设计一种产品，制订一个市场营销计划，目的是要引起最广泛的顾客的兴趣。它采用大规模配销和大规模广告的办法，目的是产品在人们心中树立最佳形象。例如，可口可乐公司早期曾用不同规格的瓶装不同口味的饮料，以满足各种顾客的需求。

③差异营销。差异营销是指企业准备为各个细分市场或为许多细分市场服务，并按照各个细分市场的需求差异，分别提供不同的产品，设计不同的市场营销组合方案去满足目标市场的需求。例如，通用汽车公司宣称该公司将为每个“财富、目标和个性”不同的人生产汽车，就是采用了这种市场营销策略。差异市场营销往往比无差异市场营销能赢得更大的总销售额。扩大产品经营范围和多方开发销售渠道，便可以增加总销售额。然而，这样也会增加经营成本。特别是以下几项成本可能会增加：一是产品改进成本。为了满足各个细分市场的不同需要而改进产品，通常需要增加研究与开发工程或特殊模具的成本。二是生产成本。例如，将 10 种产品各制造 10 件要比生产 100 件单一产品需要更高的成本。每种产品准备生产的时间越长，每种产品的销售量越小，它的成本就越高。但是，如果每种产品的销售量很大，准备时间的高额成本分摊到每件产品上，单位成本就相当低了。三是管理成本。企业必须为每个细分市场制订不同的市场营销计划，这就需要额外的市场营销研究、预测、销售分析、促销、规划和销售渠道管理等项费用。四是存货成本。一般来说，管理多种产品的储存费用比只管理一种货物的存货费用高些，因为记录和审计的工作量增加了，从而就额外增加了成本。另外，每种产品的储存量必须保持在能反映基本需求的水平上，还要加上预防需求突变的安全存量。五是促销成本。差异市场营销需要采用不同的广告形式到达不同的细分市场，这样就降低了每个媒体的使用率，因而丧失了数量折扣。而且由于每个细分市场可能要求有不同的独创性的广告计划，这样也增加了促销成本。

4.5.8　创业企业的竞争策略

竞争策略是指商品生产者为了在市场竞争中争取有利的地位而采取的各种策略和手段。常用的竞争策略大致涉及如下方面：

(1)品种与数量方面的竞争。以新取胜，以多取胜，即谁能先试制出新产品、新品种并能生产出市场所需要产品的数量，谁就能占领市场。企业要以品种求发展。

(2)质量方面的竞争。以优取胜，即产品与服务质量好的企业能吸引用户，并占领市场。企业要以质量求生存。

(3)价格方面的竞争。以廉取胜，薄利多销策略常常是企业争取用户的手段。

(4)销售服务与配套方面的竞争。以好取胜，即能及时为消费者提供优良服务的企业，往往能在市场树立良好的信誉，并吸引更多的用户。

(5)交货期方面的竞争。以快取胜，即能按时交货的企业，能抓住国内外市场的有利机会与时空条件，赢得顾客与市场。

(6)广告与宣传上的竞争。以名取胜，即利用国内外重大事件的机会以及各种有效的广告手段进行竞争性宣传，提高本企业的知名度。

(7)联合策略。以和取胜，即对势均力敌的竞争对手可以联合，共同得益。

(8)出奇制胜的策略。以新奇的营销与竞争手段来争取新的用户与市场。

(9)推陈出新的策略。你无我有，你有我专，不断更新产品，方能争取市场中的领先地位。

(10)走为上策的策略。以退为进，东山再起，即竞争中处于不利地位的产品与市场应立即撤退，回收资金，转移方向，争取东山再起。

竞争策略带有一定的独创性与艺术性，企业可参照上述各点加以创新与发展。必须指出的是，有一种利用政治权力的超经济竞争手段，它并不是依靠企业在技术、质量、价格、新产品、新款式等方面的优势来进行公平竞争，而是凭借权力优势进行投机垄断，这不符合竞争原理和价值规律，会扰乱市场经济的发展。创业企业市场营销是一个复杂的过程，是一门发展的学问。我们这里所讲的只是创业企业市场营销的基本原理。

【实训与习题】

1. 知识点练习

(1)自主创业证如何申领？

(2)创业前需要做哪些准备？

(3)创业企业营销的基本思路是什么？

(4)国家和各级政府出台的支持学生创业的优惠政策有哪些？

2. 实训实践题

注册一个一元的公司。

项目5　辨识创新创业机会

【创新创业格言】

当一个新的品牌出现，只有5%的人在做时，赶紧做，这就是机会，早做就是先机。当有50%的人在做时，你做个消费者就行了。当超过50%时，你看都不用去看了。

——长江和记实业有限公司主席　李嘉诚

【创新创业家小传】

李嘉诚（1928年7月29日—），加拿大华裔商人，出生于广东潮州潮安，祖籍福建莆田，现任长江和记实业有限公司及长江实业地产有限公司主席。

1939年6月，刚读初中的李嘉诚与家人辗转到香港，一家人寄居在舅父庄静庵的家里。1958年开始投资地产，1979年购入老牌英资商行“和记黄埔”，成为首位收购英资商行的华人。李嘉诚自从1999年被福布斯评为全球华人首富以来，连续15年蝉联华人首富宝座。2015年3月下旬，李嘉诚旗下公司和记黄埔与西班牙电信公司Telefonica达成最终协议，和记黄埔有限公司将斥资约102.5亿英镑（约合956亿元人民币）收购英国第二大移动电信运营商O2。李氏商业帝国在英国的总资产高达3 900亿港元，包括3个港口、3家连锁店、1家移动运营商、1家铁路集团、1家区域电网公司、2家区域煤气公司、1家水务公司。

【学习目标】

通过对本项目的学习，了解创业机会及其特征，明确创业机会的来源和类型。在掌握识别创业机会的一般步骤与影响因素的基础上，提升高职学生识别创业机会的能力和技巧。了解创业环境，分析基本内容，掌握创业环境分析的方法，能够对创业环境进行各方面的分析，从而找到创业的机会。

【引导案例】

李嘉诚1928年7月出生于广东潮州市一个贫穷家庭，童年过着艰苦的生活。他12岁那年，正逢中国战乱，随父母逃难来到香港，投靠家境富裕的舅父庄静庵，不久，父亲因病去世。李嘉诚是家中的长子，对母亲非常孝顺，16岁决定辍学在茶馆里当烫茶的跑堂，开始顽强拼搏的人生旅程。

南方人起得早，睡得晚，天不亮茶楼就要开门，到午夜还不能休息。每天“披星戴月上班去，万家灯火回家来”，要工作十几个小时，对一个未成年的少年来说，这实在是太难熬了。茶楼是三教九流聚会的地方，各种各样的人，各种各样的事，都能看到听到。久而久之，就使他练出了一种眼光。一个人是从事什么职业的，他的性格特征、生活习惯、为人处事，李嘉诚一见面就能猜出个八九不离十，也知道该怎样与这样的人相处。他读书不多，但是学会了利用环境观察别人，这时练出的本领，对他一生的事业都起到了很大的作用。

来往茶楼的客人里，最让李嘉诚羡慕的是实业家。他发奋向上的欲望越来越强烈，发誓也要做一个实业家。可是，像他这样没有后台、没有本钱的人，该怎样才能投身实业呢？李嘉诚17岁那年，大胆地迈出了新的一步。他找到一份为塑胶厂当推销员的工作，便辞掉了茶楼里的活。

推销员，被很多人称作“成为富豪的必由之路”，但也被认为是“天下最复杂的职业”。做推销员要有特殊的本领。首先是要能跑，这一点，李嘉诚不在乎，在茶楼里跑堂，他能连续12小时不落座，也不感到腰酸腿痛。为了节省路费，他上下班从不乘车，十来里路，总是走来走去。出外联系业务，一个上午能在香港大街上打个来回！做推销员的另一件本事是脸皮厚，能磨会缠，使客户不得不买自己的商品。不过李嘉诚从不愿意死皮赖脸地缠人家，他总是事前想好几套方案，使人家自然而然地接受他的商品。有一次他推销一种塑料洒水器，走了几家办公室都没有人要，他灵机一动，对办公室的人说，洒水器可能出了点问题，想借人家的水管试一下，于是乘机在办公室里表演起洒水来，结果引起了人们的兴趣，一次就卖掉了十几个。

有人认为，推销员一定要能说会道，李嘉诚却不以为然。他不喜欢高谈阔论，讲话也是不快不慢，没有那种所谓外交家的口才。但是他非常注意市场和消费者使用这类商品的情况，别人不需要或者已经有了的东西，去推销当然是白费劲！当时他把香港划分成很多区域，把每个区域的居民生活情况和市场情况都记下来，这样就知道什么产品该到什么地方去推销。短短一年，李嘉诚推销商品的数量就超过了厂里那些老推销员。

由于推销有术，别人做不成的生意他能做成，他所在的那家塑胶厂的效益也就越来越好。生产同类产品的厂家，发现竞争胜负的关键竟在这小小的推销员身上，便想花大代价把李嘉诚挖过去。李嘉诚的老板得到了消息，担心李嘉诚真的成了别人手中的工具，于是抢先下手，把李嘉诚提拔为业务经理，并破例给了李嘉诚20%的红股。李嘉诚通过报刊了解国外市场的变化，通过茶馆和娱乐场所掌握本地的行情，心中有数，指挥有方，他手下的推销员都能根据他的指导完成任务。而李嘉诚也因此熟悉了塑胶行业生产经营的全过程，开阔了视野，增加了交往，提高了管理能力。正如他自己所说，“吃透了这一方云雨”。

3年以后，正当厂里准备重用李嘉诚的时候，他却坚决地辞职了。20岁的李嘉诚认为自己已看清了形势，做好了准备，他要放手大干一番了。

白手起家的李嘉诚，用自己几年来积存的7 000港元，又向朋友借了些钱，在维多利亚港附近的一条小溪旁，租下了一间灰暗的小厂房，买下了一台老掉牙的压塑机，办起了“长江塑胶厂”。选择“长江”作厂名是有深刻用意的。他说：“如果不广泛吸纳细小的支流，就不能成为大河。一个干实业的人，就必须有广阔的胸襟与别人一起工作！”充分显示出一个实业家的眼界。

厂子刚创办，缺乏资金，更缺乏人才，采购、设计、生产、推销，都得李嘉诚亲自过问。每天一大早，他出门去联系业务，这时他是采购员兼推销员；回厂后，厂里一天的生产才能开始，这时他是师傅、老板；晚上搞设计，以便工人们第二天能照图施工，他又成了工程师……那时他几乎每天都要工作16个小时！

年轻的李嘉诚希望事业发达，急于扩大再生产，缺少资金，就向朋友去借。但是也碰到了所有初涉市场的企业家常碰上的问题：产品出现积压，资金周转不灵。他没有阔亲戚、富朋友，人家借给他的钱，都是准备自己办事用的，所以一定要如期归还。可是，李嘉诚借来的钱已经变成了产品，而产品还没能变成钱，他拿不出钱还人家，一度面临破产的危机。据说他有一天晚上围着工厂转了大半夜，几次向河边走去，但终于又走了回来，他没有自杀。第二天，他又找来一个经销商，希望这个人能支持他渡过难关，可是那个经销商边看边摇头，围着厂子转了一圈，走了。

朋友们都劝李嘉诚，算了，干脆把厂子卖掉，还了债，自己到别人的厂里去做工。凭他的能力，一定能得到老板的赏识，待遇不会差的。李嘉诚不愿意这样做。

只有在困境中不屈服的人，才有成功的可能。

他冷静地总结自己失败的原因，主要是操之过急，生产与销售配合得不好。他果断地收缩生产，把得力的工人派出去搞推销。自己也背着产品跑遍了香港，拜访了上百个代理商。长江厂的产品毕竟质量好，很快就得到了几个代理商的支持，他们预付了一笔定金给李嘉诚，使他终于渡过了这个难关。

李嘉诚又发现，各大商店几乎都没有塑胶花卖。香港人是喜欢摆设的，应该会喜欢逼真、漂亮又便宜的塑胶花，而塑胶花的生产技术要求并不高。他毅然决定，大量生产各种各样的塑胶花。果然，塑胶花很快进入了千家万户，也为李嘉诚带来了可观的收入。

长江塑胶厂的兴旺，不久就引起了同行的嫉妒。有人专门跑来拍了长江厂那间破厂房的照片，登在报纸上，宣传说，长江厂就是这么个破烂样，怎么可能生产出好东西来呢？然而那帮人却没想到，这反而使长江塑胶厂引起了人们的关注。不少本来并不经销长江厂产品的代理商，跑来考察过以后，都认为这个小厂厂房虽旧，但组织得力，生产合乎规范，产品质量信得过，可以同他们做生意。结果长江厂的订货单大大增加。更让李嘉诚惊喜的是，有一些外国商人也跑来了。李嘉诚从这些商人口中，得到了一个黄金般的信息，就是欧洲人最喜欢塑胶花，苏联人扫墓不用纸花，用塑胶花，表示生命虽已结束，但留下的思想、品质、精神是长青的；北欧人喜欢用塑胶花装饰庭院、房间；美洲人连汽车上和工作场所也会挂一些塑胶花。于是从20世纪50年代中期开始，李嘉诚大量生产塑胶花，销往欧美市场，工厂的年利润也猛升到上千万港币。

李嘉诚把从意大利偷师学艺回来的塑料花生产技术应用到实际中，一时间生意火爆。由于产品供不应求，出现了降低产品质量来应付订单的情况。结果许多客户对低质量的产品要求退货，银行追债，客户追款，塑胶厂顿时陷入困境，濒临破产。

这天，母亲庄碧琴叫李嘉诚："儿啊，给妈妈泡一道工夫茶。"李嘉诚用地道的凤凰茶给妈妈泡上一道潮州工夫茶。庄碧琴吩咐李嘉诚坐下来，品了几口茶后，问："你认识老家开元寺法号叫元寂的那个住持么？"未等李嘉诚回答，庄碧琴继续说道："元寂年事已高，希望找个合适的接班人。候选人是他的两个徒弟，一个法号一寂，另一个法号二寂。"李嘉诚静静地听着母亲说，并不插话，只是给母亲满上一杯工夫茶。庄碧琴呷了一口工夫茶，又接着说："元寂把这两个徒弟都叫到跟前，说：'我给你俩每人一袋稻谷，第二年秋天以谷为答卷，谁收获的谷子多，谁就是我的接班人。'第二年秋天到了，一寂挑来满满的一担谷子，二寂则两手空空。元寂却当众宣布二寂担当接班人。元寂微微一笑，高声地对众人说：'我给一寂和二寂的谷子，都是用滚水煮熟的。显然，二寂是诚实的，理应由他来当住持。'于是，众人悦服。"庄碧琴忽然话锋一转，"经商如同做人，诚信当头，则无危而不克了。"李嘉诚听完母亲的话，深有感悟。不久，李嘉诚的诚信打动了银行、供货商和员工，形势因此好转，危机成就了商机。李嘉诚从此在商界站稳了脚跟。

古人说"三十而立"，30岁的李嘉诚，已经成了老少皆知的"塑胶花大王"。他从一个茶楼跑堂成为千万富翁,只不过用了10年多的时间。长江塑胶厂的牌子换成了长江实业有限公司,昔日的破厂房也变成了窗明几净的高大厂房,工人们都穿上了制服。正在塑胶花畅销全球的大好局面下,李嘉诚却敏锐地意识到,由于塑胶行业高利润的吸引,越来越多的人涌入塑胶行业,这就势必导致激烈的竞争,"好日子很快会过去",于是,他开始寻找下一个机会了。

这一次他找到的是房地产业。

1965年2月,香港发生了严重的银行信用危机,人心惶惶,投资者及市民纷纷抛售房产,离港远走。香港房地产价格暴跌,地产公司纷纷倒闭。1967年,香港发生反英暴动,房地产市场进一步陷于死寂。他反行其道,在人们抛售房产的时候,大量购入地皮和旧楼。不出3年,风暴平息,香港社会恢复正常,经济复苏,大批离港的商家纷纷回流,房产价格随即暴涨。李嘉诚趁机将廉价收购来的房产高价抛售获利,并转购具有发展潜力的楼宇及地皮。20世纪70年代初,他已拥有楼宇面积共630万平方英尺(1平方英尺约等于0.09平方米)。1971年6月,李嘉诚正式创办长江置业有限公司,翌年改组为长江实业(集团)有限公司,在地产事业上大展拳脚。在后来多次石油危机和经济萧条时期,他趁楼价下滑,运用人退我进、人弃我取的战略,在楼市大升时获得巨利。

经过仔细研究,李嘉诚决定运用长江实业的雄厚资金收购香港某些具有实力的上市公司,第一个目标便直指怡和集团旗舰"九龙仓"。他采取不动声色、出其不意的战术,派人分散大量暗购九龙仓股票,使九龙仓的股价在短短几个月内由原来的13.4元狂升至56元。九龙仓集团感到大事不妙,立即部署反收购行动,在市面上大量购入散户持有的九龙仓股票。无奈资金有限,最后不得不向汇丰银行求助,而汇丰银行与李嘉诚合作多年,双方关系良好,这使李嘉诚有点为难。其时,资金雄厚的华资财团主席包玉刚,亦正在争夺九龙仓。李嘉诚见好就收,主动将持有的1 000万九龙仓转让给他,从中获利。李嘉诚这一仗可谓一箭双雕,既避免了与关系密切的汇丰银行正面冲突,又使包玉刚领导的华资财团顺利取得九龙仓控制权。包玉刚识英雄、重英雄,把手中持有的另一老牌英资洋行和记黄埔的股票,转让给李嘉诚,为李嘉诚后来入主"和黄"留下伏笔。

1978年,李嘉诚再次以出其不意的战术收购了另一个老牌英资公司青洲英泥,成为该公司董事局主席。不过,最令李嘉诚难忘的胜利,是成功地控制了老牌英资财团和记黄埔。李嘉诚这次采用的战术不单是攻其不备,还有迂回包围。他指挥手下以极快的速度暗中低价收购"和黄"的股票。当"和黄"董事局主席祁德豪发觉李嘉诚的举动时,虽然急忙组织英籍大股东进行反攻,但为时已晚,李嘉诚已占得先机,加上汇丰银行的帮助,终于在股市上成功地大量吸纳"和黄"。至1980年,李嘉诚已拥有"和黄"超过40%的股权,手到擒来般地顺利登上和记黄埔董事局主席的宝座。

李嘉诚的长江实业以6.93亿港元的资产控制了价值超过50亿港元的老牌英资财团和记黄埔,实为"小蛇吞大象"的奇迹,李嘉诚更因此成为入住英资财团的首位华人。

20世纪80年代以后,李嘉诚的版图又进行了一系列的扩张。除了房地产外,还经营航运服务、电力供应、货柜码头以及零售等,形成了一个坚不可摧、在香港举足轻重的大型综合性财团。另外,自20世纪70年代起,李嘉诚开始进行海外投资,20世纪80年代,他有目的地逐步扩大有关的投资比重,分别在加拿大、美国、英国、新加坡设立根据地。由于业绩一年比一年好,还未到20世纪90年代,李嘉诚已成为香港首富,并且一直保持着这个地位。1990年后,李嘉诚开始在英国发展电信业,组建了Orange电讯公司,并在英国上市,总投资

84 亿港元。到 2000 年 4 月，他把持有的 Orange 四成多的股份出售给德国电讯集团，作价 1 130 亿港元，创下香港有史以来获利最高的交易记录。进入 2 000 年以后，李嘉诚以个人资产 126 亿美元（即 983 亿港元）两度登上世界十大富豪排行榜，也是第一位连续两年榜上有名的华人。李嘉诚多次荣获世界各地颁发的杰出企业家称号，还 5 次获得国际级著名大学颁授的荣誉博士学位。

【案例分析】

1. 李嘉诚如何把握创业机会的？

2. 识别机会的慧眼是怎么炼成的？

任务 5.1　寻找创业机会

创业是发现市场需求，寻找市场机会，通过投资经营企业满足这种需求的活动。机会从来都是垂青有心人的，做一个有心人，会发现处处有市场，遍地是黄金。如何识别与把握创业机会并成功创业，是创业者亟待解决的问题。

5.1.1　创业机会及特征和来源

1. 关于创业机会的几种定义

（1）创业机会是可以为购买者或使用者创造或增加价值的产品或服务，它具有吸引力、持久性和适时性。

（2）创业机会是可以引入新产品、新服务、新原材料和新组织方式，并能以高于成本价出售的情况。

（3）创业机会是一种新的“目的—手段”关系，它能为经济活动引入新产品、新服务、新原材料、新市场或新组织方式。

（4）创业机会主要是指具有较强吸引力的、较为持久的有利于创业的商业机会，创业者据此可以为客户提供有价值的产品或服务，并同时使创业者自身获益。

2. 创业机会的四大特征

《21 世纪创业》的作者杰夫里·A. 第莫斯教授提出，好的商业机会有以下四个特征：第一，很能吸引顾客；第二，能在商业环境中行得通；第三，必须在机会之窗存在的期间被实施（机会之窗是指将商业想法推广到市场上所花的时间，若竞争者已经有了同样的思想，并把产品已推向市场，那么机会之窗也就关闭了）。第四，必须有资源（人、财、物、信息、时间）和技能才能创立业务。

3. 创业机会的五大来源

（1）顾客需求。创业的根本目的是满足顾客需求，而顾客需求在没有满足前就是问题。寻找创业机会的一个重要途径是善于去发现和体会自己和他人在需求方面的问题或生活中的难处。比如，上海有一位大学毕业生发现远在郊区的本校师生往返市区交通十分不便，创办了一家客运公司，就是把问题转化为创业机会的成功案例。

（2）变化。创业的机会大都产生于不断变化的市场环境，环境变化了，市场需求、市场结构必然发生变化。著名管理大师彼得·德鲁克将创业者定义为那些能“寻找变化，并积极反应，把它当作机会充分利用起来的人”。这种变化主要来自于产业结构的变动、消费结构升级、城市化加速、人口思想观念的变化、政府改革的变化、人口结构的变化、居民收入水平提高、全球化趋势等诸多方面。比如居民收入水平提高，私人轿车的拥有量将不断增加，这就会派生出汽车销售、修理、配件、清洁、装潢、二手车交易、陪驾等诸多创业机会。

(3)创造发明。创造发明提供了新产品、新服务，更好地满足了顾客需求，同时也带来了创业机会。比如随着电脑的诞生，电脑维修、软件开发、电脑操作的培训、图文制作、信息服务、网上开店等创业机会随之而来，即使不发明新的东西，也能成为销售和推广新产品的人，从而带来商机。

(4)竞争。如果能弥补竞争对手的缺陷和不足，这也将成为创业机会。看看周围的公司，能比他们更快、更可靠、更便宜地提供产品或服务吗？能做得更好吗？若能就找到了机会。

(5)新知识、新技术的产生。例如随着健康知识的普及和技术的进步，围绕“水”就带来了许多创业机会，上海就有不少创业者加盟“都市清泉”而走上了创业之路。

5.1.2 先有创意 再谈机会

创业因机会而存在，而机会是具有时间性的有利情况。纽约大学柯兹纳教授认为，机会就是未明确的市场需求或未充分使用的资源或能力。机会具有很强的时效性，甚至瞬间即逝，一旦被别人把握住也就不存在了。而机会又总是一直存在的，一种需求被得到满足，另一种需求又会产生；一类机会消失了，另一类机会又会产生。大多数机会都不是显而易见的，需要去发现和挖掘。如果显而易见，总会有人开发，有利因素很快就不存在了。

对机会的识别源自创意的产生，而创意是具有创业指向同时具有创新性的想法。在创意没有产生之前，机会的存在与否意义并不大。有价值潜力的创意一般会具有以下基本特征：

(1) 独特、新颖，难于模仿。创业的本质是创新，创意的新颖性可以是新的技术和新的解决方案，可以是差异化的解决办法，也可以是更好的措施。另外，新颖性还意味着一定程度的领先性。不少创业者在选择创业机会时，关注国家政策优先支持的领域就是在寻找领先性的项目。不具有新颖性的想法不仅将来不会吸引投资者和消费者，对创业者本人都不会有激励作用。新颖性还可以加大模仿的难度。

(2)客观、真实，可以操作。有价值的创意绝对不会是空想，而要有现实意义，具有实用价值，简单的判断标准是能够开发出可以把握机会的产品或服务，而且市场上存在对产品或服务的真实需求，或可以找到让潜在消费者接受产品或服务的方法。另外，有潜力的创意还必须具备对用户的价值与对创业者的价值。创意的价值特征是根本，好的创意要能给消费者带来真正的价值。创意的价值要靠市场检验，好的创意需要进行市场测试。同时，好的创意必须给创业者带来价值，这是创业动机产生的前提。

需要注意的是，创意与点子不同，区别在于创意具有创业指向，进行创业的人在产生创意后，会很快甚至同时就会把创意发展为可以在市场上进行检验的商业概念。商业概念既体现了顾客正在经历的，也是创业者试图解决的种种问题，还体现了解决问题所带来的顾客利益和获取利益所采取的手段。例如，帮助球手把打丢的球找回来是一个创意，容易把球打丢是实际存在的问题。而有人试图要解决这个问题，在高尔夫球内安置一个电子小标签，开发手持装置搜索打丢的球是解决问题的手段。

看到机会、产生创意并发展成清晰的商业概念，意味着创业者识别到机会，至于发展出的商业概念是否值得投入资源开发，是否能成为有价值的创业机会，还需要认真的论证。“一个好的商业想法未必是一个好的商业机会”，创意仅仅是一个想法，而机会才是可以让人创建企业并带来成功的创意。因此说，可能会有很想法，其中也不乏很好的创意，但是，值得去实体创业的仅仅是这些创意中的那些被称为“机会”的创意。

哈佛大学 MBA 毕业生兰迪·怀斯是一位养鸡场主的儿子，他亲眼目睹了父亲的拥有 7 万只鸡的养鸡场如何从兴旺走向了衰败，而鸡群之间的啄斗是他父亲一直很头疼的问题。因此，在兰迪·怀斯毕业那年，他写了一份创业计划书，他要生产一种鸡用隐形眼镜，给养鸡场的鸡戴上来避免鸡群间的啄斗，因为他从动物心理学家那里了解到：“鸡在红色的环境下不会啄斗”，这个计划本身确实是一个富有创新的创意。但是，蛋农们置疑，谁来给鸡戴眼镜？要不要给鸡点眼药水？鸡的隐形眼镜掉了怎么发现？这些会增加人力成本的问题，导致了蛋农们都表示不会购买。“鸡用红色隐形眼镜”就不是一个可以产生利润的机会。经过改良之后的，可以戴在鸡鼻子上的红色固定的眼镜，完全可以达到兰迪·怀斯所说的效果，而且蛋农们也接受并且购买了，这时，戴红色固定眼镜，才成为了一个商业机会。那么如何识别呢？

本质上，创业者创业前需要具备的第一种能力，就是在创意中识别出机会，并将其转化为成功的企业。不管创业者以哪种方式创建新企业，机会都很难识别。因为创业者在机会识别或服务改进中最常犯的错误是：挑选自己喜欢或对其有激情的创意，并痴迷于为之建立一个企业。其实这是非常不明智的。机会识别的关键在于识别出人们需要而且愿意购买的产品和服务，并非是创业者想生产和销售的产品和服务。这里有一个重要的观点，许多企业失败不是因为创业者没有努力，而是因为没有找到真正的机会。

一个创意是否可以满足人们的某种需要，应该从四个维度来考量：一是是否对某些人群有吸引力？如可以制止鸡群间的啄斗，对蛋农们无疑是有吸引力的，因为啄斗带来损失。二是是否会是一个持久的需求？如只要有养鸡场，就会有制止鸡群间互相啄斗的需求。三是是否具有时效性？是否是眼前人们现在刚好需要的？从另一个角度来思考，“机会窗口”是不是开启的？如兰迪·怀斯的提出这个创意时，市面上还没有可以满足蛋农们这个需求的产品，可以说机会窗口还未关闭。四是创意带来的产品或服务，是否给用户创造或者增加了价值？产品或服务给客户带来什么好处了？如兰迪·怀斯的鸡用红色隐形眼镜，不仅不能给蛋农们带来价值，而且还会给蛋农带来诸如给鸡戴眼镜、检查疏漏等麻烦和人工成本，同时还未必可以真正解决问题。因此调研和分析的结论说明蛋农们不会买，因为并不能给他们带来价值或好处。

通过用这四个维度来衡量兰迪·怀斯的创意时，发现这个创意仅仅符合前三条，最后一条不符合，就是没有蛋农(他的目标客户)会来购买这种鸡用红色隐形眼镜。以上四条中只要有一条不符合时，就说明这个创意还不是一个机会，还不值得去实体创业，一旦去尝试了，也仅仅会带来前期资金投入的损失，而不能带来任何利润，也就注定是一个失败的尝试了。

如此简单的一个识别工具，竟然好多创业者不懂，因此一些创业者经常是在企业运行了两三年之后才明白：“原来我一直以为会大受市场欢迎的产品，竟然是没有人肯花钱购买的！”这时，一个失败的企业或者说失败的创业者就产生了。

5.1.3 创业机会的识别

在成功创业的路上,如何识别创业机会是创业者首先要解决的问题。好的创业机会,必然具有特定的市场定位,专注于满足顾客需求,同时能为顾客带来增值的效果,创业需要机会,机会要靠发现。创业者应识别以下创业机会:

(1)现有市场机会和潜在市场机会。现有市场机会是市场机会中那些明显未被满足的市场需求,往往发现者多,进入者也多,竞争势必激烈。潜在市场机会是那些隐藏在现有需求背后的、未被满足的市场需求,不易被发现,识别难度大,往往蕴藏着极大的商机。

(2)行业市场机会与边缘市场机会。行业市场机会是指在某一个行业内的市场机会,发现和识别的难度系数较小,但竞争激烈成功的概率低。边缘市场机会是在不同行业之间的交叉结合部分出现的市场机会,处于行业与行业之间出现“夹缝”的真空地带,难以发现,需要有丰富的想象力和大胆的开拓精神,一旦开发,成功的概率也较高。

(3)目前市场机会与未来市场机会。目前市场机会是那些在目前环境变化中出现的机会,未来市场机会是通过市场研究和预测分析它将在未来某一时期内实现的市场机会。若创业者提前预测到某种机会出现,就可以在机会到来前早做准备,从而获得领先优势。

(4)全面市场机会与局部市场机会。全面市场机会是指在大范围市场出现未满足的需求,在大市场中寻找和发掘局部或细分市场机会。创业者可以集中优势资源投入目标市场,有利于增强主动性,减少盲目性,增加成功的可能。局部市场机会则是在一个局部范围或细分市场出现的未满足的需求。

创业机会识别的一般过程:

(1)形成创意。一个企业创业成功开始的关键,可能来源于一个经适当评价的新产品或服务的较完美的创意,而创意往往来源于对市场机会、技术机会和政策机会的感觉和把握,具体来源于顾客、现有企业、企业的分销渠道、政府机构以及企业的研发活动等。

(2)创业机会信息的收集。创业机会信息的收集是使创意变为现实的创业机会的基础工作。

(3)创业环境分析。环境在创业过程中扮演着非常重要的角色,因此,创业者准备创业计划之前,首先有必要对其进行研究分析,主要包括技术环境分析、市场环境分析和政策环境分析。

(4)分析结果,形成创业机会。一般来说,有关市场特征、竞争者等的可获数据,常常反过来与一个创业机会中真正的潜力相联系,也就是说,如果市场数据已经可以获得,如果数据清晰显示出重要的潜力,那么大量的竞争者就会进入该市场,该市场中的创业机会就会随之减少。因此,对搜集的信息进行结果评价和分析,识别真正的创业机会是重要的一步。一般而言,单纯地对问题答案的总结,可以给出一些初步印象;接着对这些数据信息交叉制表进行分析,则可以获得更加有意义的结果。也就是说,对创业者来说,搜集必要的信息,发现可能性,将别人看来仅仅是一片混乱的事物联系起来以发现真正的创业机会,这是非常重要的。

【扩展阅读】

学生兴趣小组蜕变成创业公司

夏期(22 岁):自己网络电台(MineFM)创始人。

2015 年 5 月 14 日深夜,位于岳麓山脚的 MineFM 发布了一条微博,内容只有一句话:"坐标长沙,招募变成招聘,你是否愿意说走就走来一场疯狂的相逢。"这一天,是 MineFM 创立三周年纪念日。这家成立于岳麓山下、迄今一共制作了超过 200 期有声节目、拥有 20 家长期合作网络平台、总点播量超过 1 千万次的大学生电台,即将从一个兴趣小组,蜕变为一家创业公司。

三年前,仅仅是因为觉得"现在的调频广播里广告太多",他和一群志趣相投的同学,利用学校的录音教室,录了第一期有声节目,制成 mp3 文件放到了互联网上。他们没想到这么一件"简单好玩"的事情,引起了本地媒体的关注,接连几个报道之后,这家"大学生独立网络电台"就火了。

从创办起到 2014 年 5 月,MineFM 制作播出了 12 期节目,集结成"纯粹旅行"系列,在网络广播的圈子里也开始小有名气。有一个词在夏期口中出现的频率非常高:梦想。从一开始为了纯粹的广播情结、坚持非盈利、无广告,到后来拒绝第一轮找上门来的投资人,再到虽然接受了第一笔投资但那是因为"不排斥商业是因为我们知道自己要做什么"……在谈到辞职创业的时候,他说:反正我什么都没有,只有梦想。

第一次听说网络电台,有些人是持怀疑态度的,连传统的调频广播电台都没什么人听了,网络电台还得耗流量,烧钱啊!只有当朋友圈里的人都在分享喜马拉雅 FM、荔枝 FM 等网络电台 APP 的节目时,当几家网络电台因版权问题展开大战时,网络电台这类播客式的原创音频节目制作方,就成了市场中的香饽饽。

因为最初对于"非商业"的坚持,他们拒绝了一些找上门来的广告。但由于经济捉襟见肘,夏期和他的小伙伴们,时常有"明天也许就要停播"的惶恐。有人问他,第一次有投资人主动找上门时,你拒绝了,为什么?夏期说:因为我还没有想明白。我们做火了一个节目,但并不代表我们知道未来在哪里。投资人觉得我们是有商业方向的,但是我看不到。你给我钱,我不知道该用在哪里。这是很被动的一件事情。

然而,对于夏期来说,比没有钱更可怕的事情,是没有梦想。两年来,他一直很迷茫,反复地问自己:我做这件事情究竟是为了什么?可是一直没有答案,然后毕业的日子就来了。

2014 年 5 月,电台主创团队成员大学毕业了,各自奔赴他乡,MineFM 虽然没有宣布停播,却一直没有制作新的节目,处于停摆状态。2014 年 7 月,已经步入职场每天"从早到晚忙成狗"的夏期,发现 MineFM3 月份制作的一期节目突然在网上火了!这期名为《纯粹旅行·对话背包客小鹏》的节目,被中国首位职业旅行家、《背包十年》一书作者小鹏在微博上转发后,节目在荔枝 FM 网站上的收听率迅 速从原本的几千次飙升到 20 万次,网络排名一天之内从 300 多名飙升到第 1 名……

在芒果 TV 的一段工作经历让他想通了这件事情:一件事情本身不赚钱,并不意味着它没有商业价值,我们不仅仅是一个网络电台,更是一个品牌,有品牌的价值和力量。我现在有创意,有人愿意为它买单,有听众支持,还有团队,那我干嘛不去干?

然后,有投资人找上门来对夏期说:"我出 100 万,买你的电台,你反正自己不干了,不如卖给我。”这是第一次，有人对夏期提出了“买”这个概念，他和主创团队成员沟通之后，大家颇为不舍之余，觉得这件事情还是可以继续干的。于是，就有了那之后许多长沙网友颇为熟悉的“听见长沙”系列节目，在网络上播出以后意外爆红，引得投资人纷至沓来。有广电媒体、传媒公 司、连锁酒店、KTV，甚至还有建材家居食品企业……夏期作为 MineFM 创始团队的代言人，在接受媒体采访和见投资人中度过了整个 8 月。

2015 年 5 月，MineFM 三岁了，22 岁的夏期辞掉了旁人看来非常不错的工作，打算创业。他说：“乔布斯 21 岁创办了苹果公司，我已经晚了 1 年。”MineFM 官方网站的标签，悄然改成了“MineFM 工作室：不止是电台”，这也是夏期创业的方向。他开始招募新的工作伙伴，组建短片工作组，筹备一个互联网公益短视频项目；一个名为“故事交换沙发”的 O2O 创意，也已经找到了靠谱的合作伙伴；注册公司的事项已经准备就绪，新的公司将在这个月底诞生；新的办公场地也已经看好，很快就要从 18 平方米的小工作间搬到 100 多平方米的写字楼去；当初一起创办电台的小伙伴，也即将陆续回到长沙一起创业；最重要的是，他已谈妥第一笔风险投资，投资人打算出 20 万元，作为短视频项目的启动资金，一切，都在悄然变化。

夏期认为，当有一天流量特别便宜、1 毛钱可以买 1G 的时候，车联网真正到来的时候，网络电台、音频节目的春天就来了。现在不是流行互联网 + 吗？我们现在是互联网 + 电台，以后会是互联网 + 视频、互联网 + 咖啡馆、互联网 + 旅馆……不管是互联网加什么，我们都是在这里，做好我们的内容。有人问夏期，从一个兴趣小组变成一个创业公司，这一路走来，你觉得最重要的是什么？夏期答道：不要犹豫。很多事情只要敢想敢做，就是有可能的。

面对具有相同期望值的创业机会，并非所有潜在创业者都能把握。成功的机会识别是创业愿望、创业能力和创业环境等多因素综合作用的结果。对于是什么因素导致一些人更善于识别出有价值的创业机会，不少学者进行过研究，下面是取得共识的四类主要因素：

社会关系网络：社会关系网络能带来承载创业机会的有价值信息，个人社会关系网络的深度和广度影响着机会识别。研究已经发现，社会关系网络是个体识别创业机会的主要来源，与强关系相比，弱关系更有助于个体识别创业机会。

创造性：创造性是产生新奇或有用创意的过程。从某种程度上讲，机会识别是一个创造过程，是不断反复的创造性思维过程。在听到更多趣事的基础上，很容易看到创造性包含在许多产品、服务和业务的形成过程中。对个人来说，创造过程可分为 5 个阶段，分别是准备、孵化、洞察、评价和阐述。创业能力是机会识别的基础。识别创业机会在很大程度上取决于创业者的个人（团队）能力，这一点在《当代中国社会流动报告》中得到了部分佐证。报告通过对 1993 年以后私营企业主阶层变迁的分析发现，私营企业主的社会来源越来越以各领域精英为主，经济精英的转化尤为明显，而普通百姓转化为私营企业主的机会越来越少。国内外研究和调查显示，与创业机会识别相关的能力主要有：远见与洞察能力、信息获取能力、技术发展趋势预测能力、模仿与创新能力、建立各种关系的能力等。

先前经验：在特定产业中的先前经验有助于创业者识别出商业机会，这被称为走廊原理。它是指创业者一旦创建企业，他就开始了一段旅程，在这段旅程中，通向创业机会的“走廊”将变得清晰可见。这个原理提供的见解是，某个人一旦投身于某产业创业，这个人将比那些从产业外观察的人，更容易看到产业内的新机会。

认知因素：机会识别可能是一项先天技能或一种认知过程。有些人认为，创业者有“第六感”，使他们能看到别人错过的机会。多数创业者以这种观点看待自己，认为他们比别人更“警觉”。警觉很大程度上是一种习得性的技能，拥有某个领域更多知识的人，倾向于比其他人对该领域内的机会更警觉。

5.1.4 创业机会的发现

投资创业要善于抓住好的机会，把握住了每个稍纵即逝的投资创业机会，就等于成功了一半。发现创业的机会的方法，具体表现在以下几个方面：

变化就是机会。环境变化会给各行各业带来良机，透过这些变化就会发现新的前景。变化可以包括：产业结构的变化、科技进步、通信革新、政府放松管制、经济信息化、服务化、价值观与生活形态变化、人口结构变化。

从“低科技”中把握机会。随着科技的发展，开发高科技领域是时下热门的课题，但机会并不只属于高科技领域。在运输、金融、保健、饮食、流通这些低科技领域也有机会，关键在于开发。

集中盯住某些顾客的需要就会有机会。机会不能从全部顾客身上去找，因为共同需要容易认识，基本上已很难再找到突破口。例如胡润的富豪榜。胡润 1970 年出生在卢森堡。就读于英国杜伦大学，专业学的是中文。1990 年的时候到中国留学，后来就留在安达信会计师事务所上海分部工作，成为一名会计师。但是，胡润遇到了一件麻烦事，每次休假回到英国，大家都会很好奇地问他，中国什么样？这个问题看似简单，不过还真是难回答，关键是没有标准，偌大一个中国，五千年历史，十三亿人口，给你说什么呢？胡润为了这个事特别烦恼，一个在中国的留学的人，连这么个简单的问题都回答不了，这个学上到哪里去了。每次回国，胡润都要受到这种刺激。1999 年，当时正好是中华人民共和国成立 50 周年，介绍 50 个中国特别成功的人，不就可以让你知道新中国成立 50 年来的变化吗？基于这样的想法，胡润后来推出了富豪榜 。实际上，每个人的需求都是有差异的，如果时常关注某些人的日常生活和工作，就会从中发现某些机会。

追求“负面”就会找到机会。追求“负面”是着眼于那些大家“苦恼的事”和“困扰的事”。因为苦恼和困扰，人们总是迫切希望解决，如果能提供解决的办法，实际上就是找到了机会。

创业者的敏感是对外界变化的敏感，尤其是对商业机会的快速反应。潘石屹能够从别人的一句话里听出 8 亿元的商机。当时，潘石屹还在海南万通集团任财务部经理。1992 年，随着海南楼市泡沫的破灭，海南万通集团决定移师北京，派潘石屹打前锋。潘石屹奉冯仑的将令，带着 5 万元差旅费来到了北京。一天，潘石屹在怀柔区政府食堂吃饭，听旁边吃饭的人说，北京市给了怀柔四个定向募集资金的股份制公司指标，但没人愿意做。在深圳待过的潘石屹知道指标就是钱，他不动声色地跟怀柔区体改办主任边吃边聊：“我们来做一个行不行？”体改办主任说：“好哇，可是现在来不及了，要准备 6 份材料，下星期就得报上去。”潘石屹立即将这个消息告诉了冯仑，冯仑马上让他找北京市体改委的一位负责人，通过各种关系，潘石屹最后找到中国工程学会联合会和中国煤炭科学研究院作为发起单位，至此，万事俱备北京万通拿到了 8 个亿的现金融资。潘石屹能赚到这笔钱不是出资偶然，而是源于他的商业敏感。

陈索斌所学与蜡烛无关，在创业之前他亦从未与蜡烛有过任何接触。为什么他会选择时尚蜡烛作为自己的创业方向？原来，在 1993 年的一个晚上，陈索斌到了一位朋友家中谈事，突然遇到停电，朋友的妻子赶紧找出一截红蜡烛点上，烛光下地的蜡烛一股股地冒着黑烟，忽明忽暗，朋友的妻子抱怨说："如今的卫星都能上天了，蜡烛还是这个样子，谁要是能做出不冒烟的蜡烛，说不定还能获个诺贝尔奖什么的。"就是这样的一句话，感动了陈索斌，于是不久就有了"金王"。再不久，"金王"成了中国时尚蜡烛之王。随着金王的成功，陈索斌自然就成了亿万富翁。对蜡烛黑烟的抱怨，不只陈索斌一人听过，为什么就他抓住了这个机会？这只能说明陈索斌有比一般人更强烈的商业敏感。

如果说陈索斌最初的成功是用耳朵听来的，那么夏明宪最初的财富就是用眼睛看出来的。1989 年，在山城重庆开着一家小五金杂货店的夏明宪，忽然发现来买水管接头（一种钢管）的人多了起来。他觉得很奇怪，一问才知道是一些先富起来的山城人为了自身和家庭财产的安全，开始加固家里的门窗，买管是为了焊成铁门防盗。那时候换没有防盗门的概念，夏明宪发现了这个秘密后，马上租了个防空洞，买了相应的工具，抛、据、焊、磨地干了起来，一个多星期后，做了 20 多个"铁棍门"，随着这个思想的不断发展，就有了现在的"美心防盗门"与"盼盼防盗门"。成为我国防盗门行业响当当的品牌。原来的五金小老板变成了防盗门大老板。

有些人的商业感觉是天生的，如胡雪岩，更多人的商业感觉则是依靠后天培养。如果有心做一个商人，就应该像猎犬一样训练自己的商业感觉。良好的商业感觉，是创业者成功的最好保证。

创业是基于机会的市场驱动行为，是发现市场需求，寻找市场机会，通过投资经营满足这种需求的活动。创业商机的识别与把握，对于成功创业有着至关重要的作用。人人都可以创业，但是，却不是人人都可以创业成功的，其间有着许许多多成功创业的小秘诀，这些秘诀并非都来自创业成功的经验，很多是从失败的例子中反省领悟而来的。马云说，很多人看机遇的四个阶段：看不清，看不起，看不懂，来不及！

第一个阶段，称作看不见。什么叫看不见呢？举一个例子：在 20 世纪 90 年代初的时候，很多人手里有很多钱，然后准备找一个商机，找一个项目、找一个生意来做。就在这个时候，手机、电脑、BP 机已经问世，这些找项目的人，有多少人看到了这些伟大产品的出现呢？少之又少。

又过了一个阶段，广东人敢为天下先，首先开始卖手机、BP 机、电脑，但他们没有像今天一样去租一个很大的门面，搞一个大卖场。那时候，很多人只是租一个柜台，甚至有些人就在地摊上铺一个报纸卖 BP 机了。试问一下，这时候又有多少人在意过这个机会呢？这就是第二个阶段，叫看不起。

又过一个阶段，这些摆地摊、租柜台的人租了门面，并且一个个连成一片，形成了电子一条街，就有了像中关村一样的高科技市场。走进这些电子大厦或者是电子一条街，感觉到里面乱哄哄的，很多人都会疑问这个东西能做大吗？为什么这么乱？这也就是第三个阶段，叫看不懂。

又过一个阶段，人们终于意识到信息产业是 20 世纪末、21 世纪初最伟大的一个商业机会，同时也是一个最大的财富。这个时候想去卖手机、电脑，利润甚至比大白菜的利润还要低，这又进入第四个阶段，叫来不及。

机会：你看不懂，他看不懂，智者看得懂；事业：你不敢试，他不敢做，勇者去做。在潮流和趋势面前，谁先改变观念，谁能影响并帮别人改变观念，谁就拥有了市场，谁拥有了市场谁就拥有了财富！信息时代，商机时代，信息和机遇相随相伴，而机遇总是垂青于有思想、有准备和敢于尝试的人。机会在犹豫中丧失，财富在怀疑中流失。成功永远属于立即行动的人。

马云做电子商务的时候，最早在淘宝上宣布免费开店，竞争对手开店是要收费的。在易贝上的大卖家都觉得不开白不开，有没有用也愿意把店在淘宝上复制一家。所有卖家都到淘宝上去，有了卖家就有了买家。在最开始免费的时候，马云未必清楚怎么赚钱。由于各种原因，三年之后马云宣布说继续免费，永久免费。最后，中国所有的 B2C 商家都到淘宝上开店了。问题来了，仅搜索“卫生纸”一词就能出来 1 万多个结果。免费开店没问题，如果想搜索“卫生纸”并且排在前面，就要交增值服务费。淘宝自然而然地成为中国最挣钱的互联网公司之一，这就是免费建立的商业模式。经过大量的案例分析发现，每当一种新技术、新模式的出现，总是有些企业先知先觉，专注执行，快速形成竞争优势，在一场新的浪潮中确立领导地位。

在现实经济生活中，适于创业的机会并不是很多。创业者需要借助“机会选择漏斗”，经过一层又一层筛选，来在众多机会中筛选出真正适于自己的创业机会。首先要筛选出较好的创业机会。一般而言，较好的创业机会多有五个特点：一是在前景市场中，前 5 年中的市场需求会稳步快速增长；二是创业者能够获得利用该机会所需的关键资源；三是创业者不会被锁定在“刚性的创业路径”上，而是可以中途调整创业的“技术路径”；四是创业者有可能创造新的市场需求；五是特定机会的商业风险是明朗的，且至少有部分创业者能够承受相应风险。然后要筛选出利己的创业机会。面对较好的创业机会，特定的创业者需要回答四个问题：一是创业者能否获得自己缺少但他人控制的资源；二是遇到竞争时，自己是否有能力与之抗衡；三是是否存在创业者可能创造的新增市场；四是创业者是否有能力承受利用该机会的各种风险。

早在 20 世纪 20 年代末 80 年代初，有一部分人或停薪留职“下海”，或在街头巷尾“练摊”，若干年后，他们中很多人都把想做的事做成了，这就是历史上“十一届三中全会”前后最早的一批创业族，也是现在创业界的长辈和英雄。那时，绝大部分人守着“铁饭碗”错过了新中国最好的创业期。在 2014 年 9 月的夏季达沃斯论坛上，李克强总理首次提出“大众创业，万众创新”这一关键词，成为 2015 年政府工作报告中的一大亮点和新的风向标。无独有偶，在民间人士和人大代表的呼吁下，李克强总理在同年政府工作报告中，首次提出“互联网 +”行动计划，移动互联网、云计算、大数据、物联网等与互联网密切相关的新技术、新手段、新名词正式浮出水面，广为传播。又一个创业机会来临了，创业是“九死一生”的事情，凭胆大就可以创业的时代早已过去，更要考量创业者的睿智。总理高瞻远瞩开启民智，个人则更需要结合实际。

高中毕业后干起家电维修的小胡和小姜，每天都以修收录机、电视机为生。前者是一个经营上的“不安分者”，后者则是一个循规蹈矩的“老实人”。不久前，小胡又突发奇想，寻找到新的商机：他发现当地的农民用上了自来水后，将来就有可能使用洗衣机，有洗衣机便会有维修洗衣机的业务。于是，他买回本地市场上常见品牌的洗衣机供周围的人使用，目的之一是让人们尝尝洗衣机的甜头，目的之二是学习洗衣机的结构、保养和维修。果然，一年后，一台台洗衣机进入农村，维修业务几乎全被小胡包揽了，而小姜只能眼睁睁看着自己失去一次扩大维修范围的机会。一般人总是等着机会从天而降，而不是通过努力工作来创造机会。殊不知，人们遇到的问题和未满足的需要总是不断提供新的商机。优秀创业者的一个基本素质，就是善于从他人的问题中发现机会，主动把握机会。对照一下自己，又做何感想？

某校机械专业毕业的小王毕业后盲目创业，学着别人倒菜、倒水果、倒服装，几经波折，没有一件事干成功，正当小王垂头丧气时，恰好社区组织个体经营者进行自我创业资源分析。经过分析，小王发现自己最大的长处还是所学的专业。在这之后，小王开了一家汽车修理店，他感到一下子有了广阔的空间。创业并不是一件容易的事，除了付出艰辛和努力外，还需要对自己的优势和不足有一个正确的评价，只有这样，才能走向成功。小王的专业是机械，修理汽车是他的专长，在认识到自己的长处后，小王及时调整方向，最终获得了成功。

创业活动的显著特点是机会导向，创业往往是从发现、把握、利用某个或某些商业机会开始的；创业活动的机会导向表现为创造价值，创业意味着要向顾客提供有价值的产品和服务，透过产品和服务使消费者的需求得到实质性的满足；创业活动的机会导向决定了创业活动必须突出速度并做到超前行动；创业活动是在资源不足的情况下把握机会，创业者必须创造性地整合资源；创业的实质是创新和变革，没有创新的创业活动就难以生存和发展。

【扩展阅读】

中国指甲钳大王梁伯强是怎么识别创业机会的？

梁伯强，中山圣雅伦日用制品有限公司董事长，世界最大的指甲钳生产基地、全球最大的美甲用品生产基地、中国指甲钳研发制造发中心，年出口总额超过10亿元。1998年4月，梁伯强在随意翻阅一张旧报纸的时候了解到，1997年朱镕基曾经拿出一个指甲钳来举例，以此勉励轻工企业不断创新。梁伯强觉得里面可能蕴藏着不小的商机，开始考察了国内三十多家指甲钳企业，接着又到27个国家和地区考察指甲钳的行业状况。实地考察到的情况让梁伯强非常兴奋：小小一个指甲钳全球的产值高达60亿元人民币，其中1/3出自韩国，将近1/4出自中国，但中国的人工成本仅是韩国的1/10，生产同样指甲钳的成本只有韩国的60%。同时，整个指甲钳行业还没有一个全球性的品牌。因此，梁伯强得出结论：如果自己像吉列做剃须刀那样做指甲钳，一定能在指甲钳行业创造出世界性的自主品牌。

梁伯强一下子拿出1 000万元来介入指甲钳的生产经营。这种大投入，也让梁伯强得到了很大的回报：产值位居全国第一、世界第三。公司的指甲钳品牌"圣雅伦"已连续四年被中国五金协会评为中国指甲钳第一品牌。

任务5.2 把握创业机会

创业者不仅要善于发现机会，更需要正确把握机会并果敢行动，将机会变成现实的结果，这样才有可能在最恰当的时候出击，获得成功。

5.2.1 是不是机会先做市场测试

创业者对机会的评价来自于初始判断，而初始判断通常就是假设加简单计算。牛根生在谈到牛奶的市场潜力时说：民以食为天，食以奶为先。也许这就是他对乳制品机会价值的直观判断。这样的判断看起来绝对不可信，甚至会觉得有些幼稚，但却是有效的。机会瞬间即逝，如果都要进行周密的市场调查，经常会难以把握机会。假设加上简单计算只是创业者对机会的初始判断，进一步的创业行动还需依靠调查研究，对机会价值做进一步的评价。

创业者经常容易犯的错误是，自己认为好的，就一厢情愿地断定顾客也应该认为好。“己所不欲，勿施于人”，然而“己所欲，施于人”也不一定能奏效。如何确定顾客的偏好，通常可以采用市场测试的方法，将产品或服务拿到真实的市场中进行检验。市场测试可以说是一种比较特殊的市场调查，是创业者必须读的必修课程。市场测试与市场调查不完全相同，询问一个消费者是否想购买和这位消费者实际是否购买很多时候是两回事。雀巢咖啡为打开中国市场，选择一些城市向住户投递小袋包装咖啡就是一种市场测试。

此外，商业模式设计也是机会识别和论证工作的一部分，尽管创业者在机会识别阶段难以设计出完整的商业模式。商业模式是产品、服务和信息流的一个体系架构，包括说明各种不同的参与者以及他们的角色，各种参与者的潜在利益，以及企业收入的来源。

需要注意的是，不能把盈利模式简单等同于商业模式。例如：将福建的茶叶贩到俄罗斯再高价卖出是盈利模式，报纸通过低价和好的新闻扩大读者群，吸引企业在报纸上做广告，进而赚取企业的广告费也是盈利模式，这样的盈利模式显然容易被模仿。盈利模式仅仅是商业模式的一部分，商业模式往往包含了更长链条的赚钱逻辑。只有开发出有效的商业模式，才会激发足够多的顾客、供应商等参与合作，创建成功的新企业才更具有可行性。

创业是不拘泥于当前资源条件的限制下，对机会的追寻，将不同的资源组合以利用和开发机会并创造价值的过程。创业是在识别机会和开发机会，经历了产生创意、开发商业概念、市场测试、设计商业模式等环节后，创业者就可以确定创业机会并开始着手撰写创业计划书了。

5.2.2 创业机会的评估

所有的创业行为都来自于绝佳的创业机会，创业团队与投资者均对于创业前景寄予极高的期待，创业家更是对创业机会在未来所能带来的丰厚利润满怀信心。但是，时常有悲剧发生。为了尽可能地避免这样的情况，创业者应该先以比较客观的方式进行评估，评估的准则有两种。

一种是市场评估准则，包括六个方面：

(1)市场定位。评估创业机会的时候，可由市场定位是否明确、顾客需求分析是否清晰、顾客接触通道是否流畅、产品是否持续衍生等，来判断创业机会可能创造的市场价值，创业带给顾客的价值越高，创业成功的机会也越大。

(2)市场结构。对创业机会的市场结构进行五项分析：进入障碍，供货商，顾客，经销商的谈判力量，替代性产品的威胁和市场内部竞争的激烈程度，由此可知该企业在未来市场中的地位，及可能遭遇竞争对手反击的程度。

(3)市场规模。市场规模大者，进入障碍相对较低，市场竞争激烈程度也会略为下降。若要进入的是一个十分成熟的市场，那么利润空间会很小，不值得再进入；若是一个成长中的市场，只要时机正确，必然会有获利的空间。

(4)市场渗透力。对于一个具有巨大市场潜力的创业机会，市场渗透力评估是非常重要的。应该知道选择在最佳的时机进入市场，也就是市场需求正要大幅增长之际。

(5)市场占有率。一般而言,在成为市场的领导者,最少需要拥有百分之二十以上的市场占有率,若低于百分之五的市场占有率,则这个新企业的市场竞争力就不高,自然也会影响未来企业上市的价值。尤其是处在具有赢家通吃的高科技产业,新企业必须拥有成为市场前几个的能力,才比较有投资价值。

(6)产品的成本结构。从物料与人工成本所占比重之高低、变动成本与固定成本的比重,以及经济规模产量大小,可以判断企业创造附加价值的幅度以及未来可能的获利空间。

另一种是效益评估准则,包括四个方面:

(1)合理的税后净利。具有吸引力的创业机会至少需要能够创造百分之十五以上税后净利。如果创业预期的税后净利是在百分之五之下,那么这就不是个很好的投资机会。

(2)达到损益平衡所需的时间。合理的损益平衡时间应该在两年之内达到,如果三年还达不到,恐怕就不是个值得投入的创业机会了。当然,有的创业机会确实需要经过比较长的耕耘时间,通过前期投入,创造进入障碍,保证后期的持续获利,这种情况可将前期投入视为投资,才能容忍较长时间的损益平衡时间。

(3)投资回报率。考虑创业面临的各种风险,合理的投资回报率应该在百分之二十五以上,百分之十五以下的投资回报率是不值得考虑的创业机会。

(4)资本需求。资本需求量较低的创业机会,投资者一般会比较欢迎,资本额过高其实并不利于创业成功,甚至还会带来稀释投资回报率的负面效果。通常,知识越密集的创业机会,对资金的需求量越低,投资回报反而会越高。因此,在创业开始的时候,不要募集太多资金,最好通过盈余积累的方式来创造资金,而比较低的资本额将有利于提高每股盈余,并且还可以进一步提高未来上市的价格。

5.2.3 把握创业机会的技巧

1. 着眼于问题把握机会

机会并不意味着无须代价就能获得,许多成功的企业都是从解决问题起步的。所谓问题,就是现实与理想的差距。比如,顾客需求在没有满足之前就是问题,而设法满足这一需求,就抓住了市场机会。“牛仔大王”李维斯当年像很多年轻人一样,带着梦想前往美国西部追赶淘金高潮。一日,有一条大河挡住了他西去的路。苦等数日,被阻隔的行人越来越多,但都无法过河。于是陆续有人向上游、下游绕道而行,也有人打道回府,更多的则是怨声一片。而心情慢慢平静下来的李维斯想起了曾有人传授给他的一个“思考制胜”的法宝,那是一段话:“太棒了,这样的事情竟然发生在我的身上,又给了我一个成长的机会。凡事的发生必有其因果,必有助于我。”于是,他来到大河边,“非常兴奋”地不断重复着对自己说:“太棒了,大河居然挡住我的去路,又给我一次成长的机会,凡事发生必有其因果,必有助于我”。果然,他真的有了一个绝妙的创业主意——摆渡。没有人吝啬一点小钱坐他的渡船过河,迅速地,他人生的第一笔财富居然因大河挡道而获得。

一段时间后,摆渡的人多了起来,摆渡生意开始清淡。他决定放弃,并继续前往西部淘金。来到西部,到处是人,他找到一块合适的空地方,买了工具,便开始淘起金来。没过多久,有几个恶汉围住他叫他滚开,说是别侵犯他们的地盘。他刚理论几句,那伙人便失去耐心,对他一顿拳打脚踢。无奈之下,他只好灰溜溜地离开。好容易找到另一处合适地方,同样的悲剧再次重演,他又被人轰了出来。在他刚到西部的那段时间,多次被欺侮。终于,最后在一次被人打完之后,看着那些人扬长而去的背影,他又一次想起他的“制胜法宝”:“太棒了，这样在事情竟然发生在我的身上，又给了我一次成长的机会，凡事的发生必有其因果，必有助于我。”他真切地、兴奋地反复对自己说着，终于，他又想出了另一个绝妙的主意——卖水。

西部黄金不缺，但似乎自己无力与人争雄；西部缺水，可似乎没什么人能想它。不久他卖水的生意便红红火火。慢慢地，也有人参与了他的新行业，再后来，同行的人已越来越多。终于有一天，在他旁边卖水的一个壮汉对他发出警告：“小个子，以后你别来卖水了，从明天早上开始，这儿卖水的地盘归我了。”他以为那人是在开玩笑，第二天依然来了，没想到那家伙立即走上来，不由分说，便对他一顿暴打，最后还将他的水车也一起拆烂。在当时没有法律，只有武力的西部，李维斯不得不再次无奈地接受现实。然而当这家伙扬长而去时，他却立即开始调整自己的心态，再次强行让自己兴奋起来，不断对自己说着：“太棒了，这样的事情竟然发生在我的身上，又给我一次成长的机会，凡事的发生必有其因果，必有助于我。”他开始调整自己注意的焦点，发现来西部淘金的人，衣服极易被磨破，同时又发现西部到处都有废弃的帐篷，于是他又有了一个绝妙的好主意——把那些废弃的帐篷收集起来，洗干净，就这样，他缝成了世界上第一条牛仔裤！从此，他一发不可收拾，最终成为举世闻名的“牛仔大王”。牛仔裤就这样诞生了，这不但成就了李维斯的财富梦想，而且至今受到广大消费者的青睐。

2. 利用变化把握机会

变化中常常蕴藏着无限商机，许多创业机会产生于不断变化的市场环境中。环境变化将带来产业结构的调整、消费结构的升级、思想观念的转变、政府政策的变化、居民收入水平的提高等等，透过这些变化就会发现新的机会。在国营事业民营化的过程中，创业者可以在交通、电信、能源等产业中发掘创业机会。随着私人轿车拥有量的不断增加，将产生汽车销售、修理、配件、清洁、装潢、二手车交易和陪驾等诸多创业机会。任何变化都能激发新的创业机会，需要创业者凭着自己敏锐的嗅觉去发现和创造。许多很好的商业机会并不是突然出现的，而是对“先知先觉者”的一种回报。聪明的创业者往往选择在最佳时机进入市场，当市场需求爆发时，他已经做好准备等着接单。

3. 跟踪技术创新把握机会

世界产业发展的历史告诉我们，几乎每一个新兴产业的形成和发展，都是技术创新的结果。产业的变更或产品的替代，既满足了顾客需求，同时也带来了前所未有的创业机会。比如，电脑诞生后，软件开发、电脑维修、图文制作、信息服务和网上开店等创业机会随之而来。任何产品的市场都有其生命周期，产品会不断趋于饱和达到成熟直至走向衰退，最终被新产品所替代，创业者如果能够跟踪产业发展和产品替代的步伐，通过技术创新则能够不断寻求新的发展机会。

4. 在市场夹缝中把握机会

创业机会存在于为顾客创造价值的产品或服务中，而顾客的需求是有差异的。创业者要善于找出顾客的特殊需要，盯住顾客的个性需要并认真研究其需求特征，这样就可能发现和把握商机。创业机会并不只属于“高科技领域”，在金融、保健、饮食、流通这些所谓的“低科技领域”也有机会。随着打火机的普及，火柴慢慢退出了人们的视线，创业者沈子凯却在这个逐渐被人淡忘的老物件里找到了新商机，他创造的“纯真年代”艺术火柴红遍大江南北。还有为数不少的创业者追求向行业内的最佳企业看齐，试图通过模仿快速取得成功，结果使得产品和服务没有差异，众多企业为争夺现有的客户和资源展开激烈竞争，企业面临困境。所以,创业者要克服从众心理和传统习惯思维的束缚,寻找市场空白点或市场缝隙,从行业或市场在矛盾发展中形成的空白地带把握机会。

5. 捕捉政策变化把握机会

中国市场受政策影响很大,新政策出台往往引发新商机,如果创业者善于研究和利用政策,就能抓住商机站在潮头。

缺陷把握机会。很多创业机会是缘于竞争对手的失误而“意外”获得的,如果能及时抓住竞争对手策略中的漏洞而大做文章,或者能比竞争对手更快、更可靠、更便宜地提供产品或服务,也许就找到了机会。

5.2.4　创业者应该考虑的具体条件

不同的人有不同的条件。根据创业者自身的各种特性来分析是否应该踏上创业的路,以及选择的这个创业方向是否是适合自己的,主要要看以下几个方面:

1. 进入的产业

创业者进入的产业应当是已经处于上升期,但还没完全达到大规模发展阶段。

2. 优势领域

应当选择自己具有优势的领域进入。如有现成客户,拥有技术。

3. 资金

每个领域需要的资金投入都各自不同,如果是白手起家,又无任何足以打动风险投资人的项目的话,那么,最好不要选择创业。

4. 人力资源

创业者自己可能不具备所有资源,需要合作者来弥补。初创公司在员工的选择上其实与合作者是很相似的。

5. 投资人选择

别人给你钱都是有代价的,目的是赚到更多的钱。业者也该选择对自己最有利的投资人。投资人不仅要能投资,还要能够带来更大的品牌提升,更多的业务,更好的管理,这样才有利于创业。

6. 市场动向

能够自己去识别和选择创业机会,根据自己的具体情况找到适合的创业方向,明确了想做什么和能做什么以后,这还不够,还要研究市场。市场需求是客观的,能够做到的是主观的,主观只有和客观一致起来,才能变成现实,才能有效益。因此,要尽所能研究市场,捕捉信息,把握商机。

还应该做以下的工作,为更好的创业做铺垫:

首先研究大家都在做什么,做什么最挣钱。不妨先打工向做得好的人虚心学习,积累经验与资金。学习该行业的知识和技能,体会经营的不足之处,在自己做的时候力争改进。其次要研究自己家庭生活经常需要什么商品和服务。研究大众需求,从自己的家庭需要开始,研究家里每天什么东西消费的最多。普通老百姓衣食住行的日常需要是稳定而广阔的市场。再次研究当前及今后一段时间的社会热点,公众话题。对精明的商人来说,热点就是商机,就是挣钱的项目和题材。抓住热点,掌握题材,独居匠心就能挣钱。再次,注意潜在热点的预测和发现,在热点没有完全热起来之前,就有所发现,有所准备,在别人没有发现商机时发现商机,就更胜一筹。第四,研究社会难点,关注社会焦点。只要用心看就会发现身边有这样那样小的难点,看看我们能做什么来解决这些“麻烦”,这就是个商机。第五是研究市场的地区性差异。不同的地区需要不同的产品和市场,地理因素的限制会带来不同地区之间的市场差异。市场的地区性差异是永远存在的,关键在于能不能发现,发现差异并做缩小差异的工作,就是在满足市场需求,就是挣钱之道。第六是研究生活节奏变化而产生的市场需求。现代生活节奏越来越快,越来越多的人接受了“时间就是生命”“时间就是金钱”的价值观念。快节奏的生活方式必然会产生新的市场需求,用金钱购买时间,是现代都市人时髦的选择。精明的生意人就会看到这一点,做起各种各样适应人们快节奏生活需求的生意。

创业既可以解决就业难的尴尬,也能让一个人完成从“职业”到“事业”的转型,找到最适合自己的有市场的创业方向,并且用市场评估准则和效益评估准则来评估所选择的创业机会。发挥自身优势,才能在众多的创业者中脱颖而出,到达成功的彼岸。

5.2.5 良好创业机会的评价标准

识别创业商机的关键在于对创业商机评价的准确程度。只有科学地把握市场需求,才能对创业商机做出准确迅速的判断,进而识别创业商机。一个好的创业商机应当具备以下几个标准。

1. 能满足市场需求

这是创业商机的根本特征。因为只有市场需要,某种产品和服务才有实现价值的可能;如果市场处于饱和状态,这种产品和服务无论其本身价值有多大也无法实现。当然,市场需求多种多样,但需求的程度各不相同,所带来的商机的大小也各不相同。从辐射范围看,市场需求包括行业市场需求和边缘市场需求,它们所带来的是行业市场商机和边缘市场商机。行业市场商机就是某个行业内部的市场商机,边缘市场商机就是不同行业之间的交叉结合部分出现的市场商机。一般来说,人们对某个行业的商机往往非常重视,这种商机会很快达到饱和状态,因而其潜力并不大。相反,随着现代社会产业结构的调整升级,各行业之间的联系日益紧密,行业交叉带来诸多新的市场商机。创业者可以见缝插针,开辟全新的领域,谋求更大的发展空间。例如,近些年兴起的电子商务,实际上就是IT行业和商业交叉配合形成的新兴市场,百度、淘宝等知名网站之所以能取得成功,正在于准确地识别到这一发展潜力带来的巨大的创业商机。

2. 具有前瞻性和创造性

创业的本质在于创新,创新的第一步在于发现具有巨大市场潜力的商机,需要创业者具有敏锐的洞察力和预见性。创业商机不仅包括目前的创业商机,也包括未来的创业商机,即通过市场研究和预测分析将在未来某一时期内实现的市场商机,它往往具有更大的潜能。因为目前的创业商机往往很容易被大多数人所察觉,当大家都来抢占这个机会时,它所能创造的价值就会大打折扣。相反,未来的创业商机往往具有隐蔽性,它只对那些有远见、有胆识的人揭开神秘的面纱。比尔·盖茨之所以创造了举世瞩目的微软神话,正在于他敏锐地察觉到计算机将在未来改变世界。商场如战场,在信息科技高度发达的今天,商业竞争的核心在于速度和预见,谁能率先预见未来,并以迅捷地速度把握未来,谁就能始终站在时代潮头,创造最大价值。

3. 具有普及推广的可行性

任何商机并不是空穴来风,不仅要建立在市场需要的基础上,而且要在现有条件下具有化为现实的可能性。如果一种商业机会只是创业者头脑中的设想,并不具备推广流行的商业环境,那么,这个商机也只能是一种“观念上的商机”。电子计算机诞生于20世纪40年代,由于不具备先进技术,计算机体积庞大,操作极为复杂,根本不具备推广普及的条件,假设那个时代有人预见到了计算机这一行业的未来商机,也不可能在当时的条件下,将这一商机化为现实。因此,在识别商机时,必须考虑商机实现的现实条件,将商机真正化为现实,实现商机的价值。

总之,识别和把握创业商机的根本着眼点在于市场需求,只要准确地把握市场脉搏,洞察市场变化,深入开展具有针对性的创业实践,就一定能够识别和把握好商机,推动创业走向成功。

【扩展阅读】

卖梳子给和尚的故事带给我们什么启示?

和尚没有头发,怎么能买梳子?这个不可思议的市场,却被有创新思维的人打开。一家大公司为了招聘营销人员,出了一道把梳子卖给和尚的实践题。不少应聘者见了这个怪题很生气,说出家人怎么会买梳子?认为这是故意捉弄人,于是拂袖而去。可是有三个人却想试一试。第一个人拿着梳子到几家寺院简单推销,一整天也没卖出去,在下山时,见到一个小和尚一边晒太阳,一边挠着又脏又硬又痒的头皮,他见状忙送上一把梳子,小和尚用后很高兴,当即买下一把。第二个人去了一座较大的庙,卖了10把。是因为他见这座庙山高风大,前来烧香叩头者的头发被风吹得乱七八糟,对此他灵机一动,找到方丈说,你看进香朝拜者蓬头散发,这是对佛的不敬。寺院应该在香案上摆着梳子,供虔诚的人梳头,方丈一听觉得在理,于是为10个庙门的香案买了10把梳子。第三个人最有心计,他找到一座遐迩闻名香火旺盛的宝刹,对方丈说:“这么多心诚的朝拜者,又购票又买香还买纪念品,是寺院的财神。如果方丈对这些善男信女有所馈赠,定能温暖人心,招来更多的回头客。再说,方丈的书法超群,可以在梳子上题写‘积善梳’三个字,让人们带着题字梳将佛教广传天下。”方丈听后大喜,当即买下了1 000把,并同卖梳者一起举行了向香客赠梳仪式。宝刹向香客赠梳施善之事传开,吸引着香客纷至沓来,宝刹香火越来越旺,方丈乐开了怀,又找到第三个卖梳人续签了合同,让他保证今后源源不断地供梳。不用说,公司录取了第三个人为营销人员。

发现创业机会不是一件容易的事情,但也不是高不可攀的。创业者可以在日常生活中有意识地加强实践,培养和提高这种能力:

第一,要有良好的市场调研习惯,发现创业机会的最根本一点是深入市场进行调研。要了解市场供求状况、变化的趋势,顾客需求是否得到了满足,竞争对手的长处与不足。

第二,要多看、多听、多想,我们常说见多识广,识多路广。每个人的知识、经验、思维以及对市场的了解不可能做到面面俱到。多看,多听,多想能广泛获取信息,及时从别人的知识、经验、想法中汲取有益的东西,从而增强发现机会的可能性,平常的积累将是今后寻找创业机会和方向的基础。

第三,要有独特的思维,机会常常表现为仅被少数人抓住,要克服从众心理和传统的习惯思维的束缚,敢于相信自己,有独立见解,不能人云亦云,不为别人的评头论足和闲言碎语所左右,才能发现和抓住被别人忽视或遗忘的机会。

任务5.3 创业环境分析

高职学生创业所面临的宏观环境和微观环境都十分复杂。所谓创业环境，实际上就是创业活动的舞台，包括一般外部环境、社区环境、行业环境、政策环境、内部环境几个方面。创业环境是创业过程中多种因素的组合，包括政府政策、社会经济条件、创业和管理技能、创业资金和非资金支持等方面。一般来说，如果社会对创业失败比较宽容，就会有浓厚的创业氛围；国家对个人财富创造比较推崇，就会有各种渠道的金融支持和完善的创业服务体系；产业有公平、公正的竞争环境，那就会鼓励更多的人创业。

5.3.1 创业宏观环境分析

1. 金融政策支持

2015年，党中央、国务院制定出台了一系列推进“大众创业、万众创新”的政策措施，例如发展电子商务、高等学校开展创新创业教育、支持农民工等人员返乡创业等。我国创业已经不是零门槛，而是“负门槛”，因为有很多帮扶措施。以学生创业为例，我国加强了创业培训，在资金方面给予支持，同时出台税费减免政策，进行落户政策支持，提供创业服务等。“十三五”规划建议提出，完善创业扶持政策，鼓励以创业带就业，建立面向人人的创业服务平台。这是面对全球新一轮科技革命与产业变革、面对我国经济发展新常态下的趋势变化和长期存在的就业压力提出来的。对创业创新，国家还将大力支持。现在一些地方政府出台专项资金扶持和贴息贷款，在短期内扶持多数创业人。政府为学生自主创业提供各方面的保障，主要可以采用经济、行政以及法律的手段。如：简化不必要程序，建立创业教育培训中心，免费为学生提供项目风险评估和指导；落实国家相关针对学生创业的税收减免的优惠政策；学生创办的企业被认定为青年就业见习基地的，就可享受有关补贴等。

2. 创业培训

政府部门除在资金上支持学生创业外，还通过学校等教育机构对学生进行创业培训。培训内容包括申请贷款程序，创业者应具备的心理素质，基本的金融知识等。通过系列培训，使创业学生能坚持理想，贯彻计划，取得最终的成功。学校环境方面，如学校政策鼓励支持，形成创业的文化；在学校建立配套科技园，加强创业教育，通过创业实践或比赛等多种形式，培养高职学生创业能力。同时向高职学生适度开放校内市场，以利于学生创业实践，搭建创业服务平台。

3. 宽容失败

对于高职学生创业失败的，审查机构审查其非人为故意造成的，可以免除其所贷资金的利息，并可相应放长其还贷期限。对于希望重新创业并提交可行计划的，仍可在其未还清所欠贷款的情况下，再次提供其无担保贷款。以此营造宽容失败、鼓励创业的社会环境。高职学生毕竟很年轻，即使失败了，在心理上也能有一定的心理承受能力，家人也会理解和包容他们。

5.3.2 创业微观环境分析

高职学生创业的微观环境主要就是对自己的创业流程的一个详细的分析，具体如下：

1. 制订计划书

比如，要在市区开一个卖牛仔裤的店，开店之前要制订一份计划书。制订营销计划时，要将各个环节相互联系，构成一个完整的内部环境，各个环节的分工是否科学，协作是否和谐，目标是否一致，都会影响营销决策和营销方案的实施。

2. 顾客

顾客群的不同直接影响价格的定位。比如服装的主要的客户人群非常广泛，不论男女，60 岁以下的人群和青年都适合，目标是让每一个进来的顾客都可以找到自己喜欢的牛仔裤。

3. 店址

大多数学生选店址会选一些比较熟悉的环境。如将店址选在大学附近，或者是交通比较便利的地区。

4. 选货及进货

选货要掌握当地市场行情：出现哪些新品种，销售趋势如何，存量多少，价格涨势如何，购买力状况如何。进货时，首先到市场上转一转、看一看、比一比、问一问、算一算、想一想，以后再着手落实进货。少进试销，然后再适量进货。因为是新店开张，所以款式一定要多，给顾客的选择余地大。

5. 供应商

供应商是指为企业及其竞争者提供生产经营所需资源的企业或个人，包括提供原材料、设备、能源、劳务和其他用品等。因为大学生的资金比较匮乏，没有很大的进货量所以供应商的选择应当适合自己的店面大小。

6. 产品价格定位

学生的产品一开始没有经验也没有固定顾客，要吸引顾客就只有将产品的定价降低，比别人获得更多的竞争力。

7. 家庭条件

家庭是创业者早期接受启蒙教育和健康成长的摇篮。每个创业者的家庭条件都因人而异，无论家庭条件好还是家庭条件差一些，对创业者来说都是可以利用的有利因素。有的家庭条件相对好一些，如家庭主要成员在社会上具有一定的地位或影响，使创业者早期便能结识一些有利于创业者将来从事创业活动的关键人物。也有的家庭是继承并在不断从事或扩大家庭传统的创业项目，多年的经营，为创业者提供了大量的经营项目和经营经验，加之生产或经营技术的传统垄断性，使创业者在创业活动中往往容易成功。也有一些创业者家庭条件很一般，有的甚至较差，但这并没有影响创业者的自信心和其创业活动。自古至今仍有许多创业者，他们克服了重重困难，通过自身的艰苦努力而逐步实现了自己的理想和抱负。

8. 人际条件

人际关系条件对创业者来说也十分重要。尤其是在当前市场经济条件下，搞好人际关系，对创业者顺利完成创业活动将起到积极的促进作用。所谓的人际关系条件主要是指创业者在自己工作、学习以及生活的空间内，通过交往而逐步形成的相对稳定的联系，对创业者从事创业活动有促进和影响的各种有利条件。人具有社会属性和自然属性，其社会属性主要通过人的社会行为体现出来，具体表现在个体的人在衣食住行等方面都不可能脱离这个社会群体，总要直接或间接地与他人发生联系。这样，创业者总在自己的生活范围内逐步形成一个相对稳定的关系网络。这个网络对于创业者来说,是一笔不可多得的财富。同时,作为创业者还要学会充分利用和调动这些有利因素,使其能最大限度地为创业活动提供援助。可见,人际关系条件对创业者来说是十分重要的。

9. 自身素质条件

创业者的自身素质条件决定了创业者的创业活动性质和经营范围,也决定了创业者最终能否获得成功。创业者自身素质应包括其文化素质、身体素质和心理素质等智力因素和非智力因素。在当今社会,一个成功的创业者首先要有较高的文化素质。

5.3.3 不同创业环境的分析评价

创业者可以通过对某地区的创业发展程度做一个客观公正的评价,就可以大概了解到这个地区环境对创业的支持程度。

其一是对地区环境因素的分析评价。

创业者在对地区的环境因素进行评价时要考虑以下几个方面:对该地区的熟悉程度如何;在该地区有多大的影响力;新创企业在这个地区内将会有何影响;地区的人文和支持体系是否完善;地区的基础设施是否满足等等。

其二是对宏观环境因素的分析评价。

因素1:政治法律因素。一些政治因素对创业的行为有直接的影响,但一般来讲,政府主要是通过制定一些法律和法规来间接影响创业活动的。因此,作为创业者应具备一定的政治头脑与法律意识。

因素2:经济因素。一个企业经营成败与否,在很大程度上取决于整个经济运行情况,创业者要善于对经济因素进行分析。与企业经营有关的经济因素主要包括:整个国民经济的发展状况、产业结构的构成与发展、价格的升降和货币升贬值、银行利率的升降和信贷资金的松紧程度等。

因素3:社会因素。社会因素包括社会文化、社会习俗、社会道德观念、社会公众的价值观念、职工的工作态度以及人口统计特征等。变化中的社会因素影响社会对企业产品或劳务的需要,也能改变企业的战略选择。因此,创业者需要在创业前对有关的社会因素加以考虑。

因素4:技术因素。技术的进步可以减少或消除企业间的成本壁垒,缩短产品的生产周期,极大地影响到企业的产品、服务、市场及竞争地位,可以带来比现有竞争优势更为强大的新的竞争优势。对于创业者来说,能正确识别和评价关键的技术机会与威胁是至关重要的。

因素5:自然环境因素。自然环境主要指企业所在地的全部自然资源。对于创业者,应该基于资源从事创业,对于选定的创业项目,需要认真地分析一下是否有足够的资源来支持创业企业的生存与发展。

其三是对行业环境因素的分析评价。

因素1:新进入者的威胁。新进入者是行业的重要竞争力量,它会对本行业带来很大威胁,称之为进入威胁。进入威胁的大小取决于进入障碍和原有企业的反击程度。如果进入障碍高,原有企业激烈反击,进入者难以进入本行业,进入威胁就会小;反之,进入威胁就会增大。

因素2:其他利益相关者。这些利益相关者可能是股东、员工、政府、社区、借贷人、贸易组织以及一些特殊利益集团。它们各自对各个企业的影响大小不同。创业者从创业初始就应该适当考虑与利益相关者的价值均衡的问题及他们对创业的影响。

因素3:现有竞争者的抗衡。行业内企业之间存在着竞争,其竞争程度是由一些结构性因素制约的。每个行业的进入和退出障碍是不同的,理想的情况是进入屏障高而退出屏障低。这样,新进入者扩张会受到阻挡,而不成功的竞争者将退出该产业,企业就会获得稳定收益。

因素4:替代品的竞争压力。所谓替代品就是满足同一市场需求的不同性质的产品。例如,塑料替代钢材、空调替代电扇等等。科学技术的发展将导致替代品不断增多。创业者在制定战略时,必须识别替代品的威胁及程度,顺应时代潮流,尤其对于采用最新技术、最新材料的产品方面更需要高度注意。

5.3.4 创业环境分析的方法

1. PEST 分析法

PEST 是政治(Political)、经济(Economic)、社会(Social)和技术(Technological)英文单词的缩写,PEST 分析是指对影响一切行业和企业的各种宏观环境因素进行扫描分析。不同行业和企业根据自身特点和经营需要,分析的具体内容会有差异,但一般都应对上述四大类影响企业的主要外部环境因素进行分析。

2. SWOT 分析法

SWOT 分析法是指通过对企业内外部环境的分析,找出企业自身的优势(Strenth)、劣势(Weakness)以及所面临的机会(Opportunity)和威胁(Threats),寻求环境变化对企业战略发展路径的影响。它是将对企业内外部条件各方面内容进行综合和概括,进而分析组织的优劣势、面临的机会和威胁的一种方法。

【实训与习题】

一、知识点练习

1. 如何进行创业机会的识别?
2. 创业机会的评价标准是什么?
3. 如何分析创业环境?

二、实训实践题

根据下述案例,请你运用 SWOT 分析法帮助赵威做一个创业的环境和战略定位分析。

赵威大学毕业后,没有去政府分配的工作单位上班,而在省城里的一家肯德基快餐店当上了副理,原来他曾在大学四年级时,利用假期和社会实践的机会在肯德基快餐店里打工,这次是他第一次告诉家里,没有想到他的当乡镇企业经理的父亲,得知这个消息后非常支持他。一年后他很快升为经理,再后来又升为地区督导等职。他发现省城商业街有一店面要出售,这个地点位于商业闹市区附近的主要街道,交通流量大,写字楼也很多,赵威以为这是一个很难得的快餐店地点,于是他决心自己创业。这是他由来已久的事业生涯规划,并与父亲商量请求资金支持,并声明是借贷的,日后一定归还。家里表示支持他,但要求他认真规划,不要盲目蛮干,多准备几个方案才好,有备无患。赵威觉得自己创业的愿景,将是一个属于自己独立经营的快餐连锁机构,不愿成为肯德基、麦当劳或其他快餐店的加盟连锁店。他很顺利地办好注册,资金也很快到位,房子的产权也办理了过户。不久赵威很快地发现自己的店和他在肯德基看到的加盟连锁店有很大的不同。他必须自己动手,从无到有办理任何事情。比如,要亲自参与店面装潢设计,自己设计菜单与口味、寻找供应商、面试挑选员工、自己开发作业流程,以及操作系统管理。他觉得需要找来在商管专业学习的同学好友帮忙一起创业,假如赵威选择的就是你,运用 SWOT 分析法帮他做一个创业的分析。

项目6　整合创新创业资源

【创新创业格言】

一个企业90%的资源都是整合进来的。

——牛根生

【创新创业家小传】

牛根生，蒙牛集团创始人，老牛基金会创始人、名誉会长，内蒙古师范大学教授，“全球捐股第一人”，入选“影响中国生活方式十大人物”。牛根生于1958年1月25日生于呼和浩特，出生不久，为生活所迫，被生父母卖入养父母家。1978年参加工作，成为一名养牛工人。1983年进入乳业工厂，从基层干起，直至担任伊利集团生产经营副总裁（同时也是伊利创始团队成员），成为“中国冰淇淋大王”；1999年离开伊利，创立蒙牛，后用短短8年时间，使蒙牛成为全球液态奶冠军、中国乳业总冠军。牛根生的座右铭是“小胜凭智，大胜靠德”，信奉“财聚人散，财散人聚”的经营哲学。在1999年至2005年担任蒙牛总裁期间，他把自己80%的年薪散给了员工、产业链上的伙伴以及困难人群。牛根生的人生可以分为两个阶段，第一阶段是企业家，第二阶段是慈善家。他曾说：“我前半生的梦想是通过度己来实现度人，后半生的梦想是通过度人来实现度己。”

【学习目标】

了解创业过程中的资源需求和资源获取方法，特别是创造性整合资源的途径，认识创业资金筹募渠道和风险，掌握创业资源管理的技巧和策略。

【案例导入】

只要努力就有舞台

高忠强1991年5月出生在辽宁省绥中县的一个寻常家庭，却有着不寻常的经历。他从小就不安分，有着和别人不同的想法，在其他孩子还在满街嬉戏的时候，他已经像个小大人似的，在父母身边谈自己以后的梦想，对未来充满希望。他喜欢创新、勇于挑战、善于表达，生活中不断给人意想不到的惊喜。从高中毕业的那一刻起，高忠强暗暗下定决心，以后不会和父母伸手要一分钱，大男儿顶天立地，吃苦受累都是在为以后美好的生活打好坚实的基础。

高中时期的紧张学习生活并没有影响他奋斗的心。他试着去做摄影、推销婴幼儿用品，各种赚钱养家的行当都去研究、琢磨。高中毕业那年，高忠强到处找工作、到处碰壁，年少的心总是那么血热、知难而上。最后终于找了份在酒店做保安的工作，工作虽然不累，工资不高,但对于刚步入社会的孩子来说是个很大的挑战了。让人们都想不到的是,一个90后的高中毕业生,在劳碌了一天后,晚上要做第二份工,拖着疲惫不堪的身体在拉三轮车!

考入渤海船舶职业学院动力工程系汽车维修与管理专业后,高忠强新的生活开始了。大学是锻炼人的地方 ,他当然不会错过这个平台,一颗执着的心依然那么坚定,创业的想法也越来越清晰了。那时候他最喜欢的一句诗是:“路漫漫其修远兮,吾将上下而求索。”创业,把自己变得更优秀 。

大一刚开始,他从中介开始做起,在自己做好兼职事业的同时,还带领百余名同学一起卖手机,累计销售925台手机,创造了10万元销售的业绩。高忠强的生活变得格外充实,对创业、对生活满腔的热情!

大学毕业了,高忠强选择了做门业销售,在工作中的出色表现得到了老板及同事很大的认可,参加工作四个月就被任命为销售经理,屡次成为公司的销售冠军,成为公司的传奇人物。他心中一直有一个梦想,那就是自己做老板,自己给自己打工,带领大家一起实现梦想。工作了十个月后,他选择离开原来的公司,出去创办自己的企业——“盛凯隆门业有限公司”,带上自己的专利产品,携手他的朋友们开启了创业之“门”。

创办公司不是一件容易的事。他坚信,只要敢想、敢做、肯吃苦,就会有好结果。公司成立之初,他亲自跑市场,拉业务,跑完一天后,疲惫的身子摔在床上,很累,不过他依旧很幸福!公司创办两年的时间,工厂占地面积20亩,员工57人。盛凯隆商品覆盖整个东北,月销量达到百万以上,销售额达到1 200万元,盛凯隆已经成功成为生产及销售于一体的综合性企业,成为建材行业当中的佼佼者。

2015年10月,高忠强为扩大工厂规模,提高公司的整体素质,他回到母校招聘应届毕业生,为母校提供良好的就业平台。他给高职学生创业的建议:如果想创业,想想自己真的准备好了吗?无论选择什么行业,必须对自己的选择负责。让自己时刻保持饱满的精神状态,相信自己、敢想敢做。同时,也不能急于求成,一步一个脚印地走好,相信自己是这个社会的佼佼者。

【案例分析】

1. 高忠强的经历告诉我们什么?
2. 历数高忠强的创业资源。

任务6.1 盘点创业资源

创业不是引“无源之水”,栽“无本之木”。创业的本质是资源整合。每个成功的企业背后,都有一个资源整合能力强的掌舵人。高职学生创业必须要有凭依的条件,也就是拥有创业资源,掌握建立、整合和拓展资源的能力。

6.1.1 创业资源是什么

对于创业者来说,只要对其创业项目和创业企业发展有所帮助的要素,都可以纳入创业资源的范畴。创业资源是指新创企业在创造价值的过程中需要的特定的资产,包括有形与无形的资产,它是新创企业创立和运营的必要条件,主要表现形式为:创业人才、创业资本、创业机会、创业技术和创业管理等。创业者获取创业资源的最终目的是为了组织这些资源、追逐并实现创业机会、提高创业绩效和获得创业的成功。

创业开始到盈利阶段,足够的资本是关键一步,如果每天因资金四处奔跑可能会改变创业初衷。行业经验也比较重要,行业经验不足意味着要付出代价。

从归属权的角度来看,创业者的资源可分为外部资源和内部资源两种。

内部资源主要是创业者个人的能力,其所占有的生产资料及知识技能,也就是人们通常所说有形资产及无形资产,只不过这种有形资产和无形资产属于个人罢了。拥有一份良好的内部资源,对创业者个人来说无疑是重要的。正式开始创业之前,应对自己拥有的资源作一个盘点:

(1)现金资产:是指创业者本人及家庭可以随时支配的现金和银行存款,请注意是“可以支配”的,所以创业要取得全家的支持,也要为家庭的生活留有余地。当然,易于变现的国债、股票等可以视同现金资产。

(2)房产和交通工具:这种资源一方面可以作为创业的硬件资源,另一方面可以作为现金资产的补充,在需要的情况下,可以作为押品向银行或其他投资人申请融资。要弄清楚房产和交通工具是不是可以支配的,如果是按揭方式购置的,就要大打折扣了。

(3)技术专长:包括有形的如已申请成功的发明专利、实用新型专利和外观专利,或者是某一领域公认的专家,如注册会计师、律师、高级美工师、设计师、工程师、医生、心理咨询师,和无形的如专有技术、科研成果或者对某个特行业和领域的深入研究。

(4)信用资源:有没有信用污点,如果没有,估计一下能够通过长期积累的信用资源能干些什么事,或是有人根据个人信用愿意给你投资,或是有人愿意借钱,或是有人愿意为你铺货,至少有人愿意在没有付工资的情况下为创业企业工作。

(5)商业经验:即对市场经济和游戏规则的了解程度。

(6)家族资源:创业者的家族资源也可以看作创业者内部资源的一部分,包括经济支持、商业经验、学习机会、人脉关系甚至客户资源。

创业者的外部资源:

(1)职业资源。即创业者在创业之前,为他人工作时所建立的各种资源,主要包括项目资源和人际资源。例如,昆明的“云南汽车配件之王”何新源,在创办新晟源汽配公司之前,就在省供销社从事相同工作;有名的宝供物流,其创始人刘武原来也是汕头供销社的一名“社员”,被单位派到广州火车站从事货物转运工作,后来承包转运站,再后来利用工作中建立的各种关系,创立了宝供,通过为宝洁公司做物流配送商,一举成为国内物流业之翘楚。又如,中学数学教师、“好孩子”创始人、《福布斯》中国富豪宋郑还是通过一位学生的家长,得到了第一批童车订货,这才知道世界上原来还有童车这样一个赚钱玩意儿。同时,宋郑还做童车的第一笔资金,也是通过一位在银行做主任的学生家长获得的。如果没有学生家长的帮助,宋郑还可能会一事无成。

(2)充分利用职业资源,从职业资源入手创业,符合创业活动“不熟不做”的教条。尤其是在国内目前还没有像美国或欧洲国家那样,普遍认同和执行“竞业避止”法则的情况下,选择从职业资源入手进行创业,已经成为许多人创业成功的捷径和法宝。

(3)人脉资源。创业者外部资源最重要的一点是人脉资源的创业,即创业者构建其人际网络或社会网络的能力。万通的冯仑和王功权原来是同事,两人曾一起在南德工作过,后来两人离开南德,携手合作,才有了现在的兴旺发达。冯仑和王功权在事业上是一对绝配，仿佛《封神演义》里面的哼哈二将，一个弹，一个唱，配合得天衣无缝。据调查，国内离职下海创业的人员，90%以上利用了原先在工作中积累的资源和关系。一个创业者如果不能在最短时间之内建立自己最广泛的人际网络，那他的创业一定会非常艰难，即使其初期能够依靠领先技术或者自身素质，比如吃苦耐劳或精打细算，获得某种程度上的成功，但可以断言他的事业一定做不大。除非他像比尔·盖茨，能开发出一个 WINDOWS，前无古人，无可取代，只好由他独霸市场。

创业者的人际资源，按其重要性来看，第一是同学资源。现在社会上同学会很盛行，仅北京大学，各种各样的同学会有就几十个，据说其中有一个由金融投资家进修班学员组成的同学会，仅有 200 余人，控制的资金却高达 1 200 个亿，殊为惊人。据说是中国最好的工商管理学院之一的上海中欧工商管理学院，除了在上海本部有一个学友俱乐部外，在北京还有个学友俱乐部分部。人大、北大、清华等名牌大学在北京、上海、广州、深圳都有同学会或校友会分会，在这些地方，形形色色的同学会多如恒河沙数。周末的时候，到北大、清华、人大等校园走走，会发现有很多看上去不像学生的人在里面穿梭。其中有许多人是花了大价钱从全国各地来进修的。学知识是一方面的原因，交朋友是更重要的原因。对于那些成年人班如企业家班、金融家班、国际 MBA 班等班级的学生，交朋友可能比学知识更加重要，有些人唯一的目的就是交朋友。一些学校也看清了这一点，在招生简章上就会明白无误地告诉对方；拥有某某学校的同学资源，将是一生最宝贵的财富。

在创业专家研究的上千个创业者案例中，有许多成功者的身后都可以看到同学的身影，有少年时代的同学，有大学时代的同学，更有各种成人班级如进修班、研修班上的同学。赫赫有名的《福布斯》中国富豪南存辉和胡成中就是小学和中学时的同学，一个是班长，一个是体育委员，后来两人合伙创业，在企业做大以后才分了家，分别成立正泰集团和德力西集团。一位创业者在接受创业专家的采访时说，他到中关村创立公司前，曾经花了半年时间到北大企业家特训班上学、交朋友。他开始的十几单生意都是在同学之间做的，或是由同学帮着做的。同学的帮助在他创业的起步阶段起了很大的作用。实际上，同学之间本来就有守望相助的义务，在现今这个时代，带着商业或功利的目的走进学堂，也并没有什么不妥当。同学之间因为接触比较密切，彼此比较了解，同时，因为少年人不存在利害冲突，成年人则大多数从五湖四海走到一起，彼此也甚少存在利害冲突，所以友谊一般都较可靠，纯洁度更高。对于创业者来说，同学是值得珍惜的最重要的外部资源之一。

与同学相似的是战友，可以与同学和战友相提并论的是同乡。共同的人文地理背景，使老乡有一种天然的亲近感。曾国藩用兵只喜欢用湖南人，中国历史上最成功两大商帮，徽商和晋商不管走到哪里，都是老乡拉帮结派，成群结伙的。正是同乡之间互相支援，才成就了晋商和徽商历史上的辉煌。在很长一段时间内，中国几乎所有商业繁盛之地，其最惹眼、最气派的建筑不是徽商会馆，就是晋商会馆。会馆者，老乡交游约会之馆也。如今，一个人要外出创业，比如一个湖南人要到深圳创业，或者一个福建人要到纽约创业，老乡众多仍然是最有利条件之一。这是近年来各地同乡会风起云涌的原因。同学资源和同乡资源，可并称为创业者最重要的两大外部资源。

第二是朋友资源。朋友应该是一个总称。同学是朋友，战友也是朋友。老乡是朋友，同事一样是朋友。一个创业者，三教九流的朋友都要交，谈得来，交得上，就好像十八般兵刃，到时候没准就用上了哪般。朋友好像资本金，对创业者来说是多多益善。“在家靠父母，出门靠朋友”“多一个朋友多一条路”是至理名言。一个创业者如果不能交朋友，没有几个朋友,肯定只有死路一条。创业专家认为,人际交往能力应列在创业者素质的第一位。

创业的过程就是创业者整合各种资源的过程,一方面是从创业的角度对拥有的各种资源进行重新排列和评估,另一方面通过整合各种资源为创业的顺利进行创造必要的条件。当然也有一种可能性,在评估创业资源时,发现所能支配的资源还达不到可以支撑创业的条件,那么最好的选择是先缓缓,继续资源的积累。

6.1.2 为创业储备社会关系

在创业时,能拥有良好的社会关系基础,就会事半功倍,凭借良好的社会关系和人际关系,在创业的时候就会有很多人提供帮助,早日到达成功的彼岸。反过来说,假如在创业时没有储备良好的社会关系,那么在创业的时候就会比别人付出更多的劳动,甚至会有许多莫名其妙的社会势力在作对,阻碍创业步伐,无论干什么事都变得很艰难。

为什么储备了良好的社会关系和没有储备良好的社会关系会有如此大的差别呢?

生意场是一个没有硝烟的公关战场。在这个看不见硝烟的战场上,如果没有足够的人际关系网,可以说是寸步难行。因为在人际关系这张网上网织着很多关系,如人缘关系,业务关系,甚至还网织着办事的渠道、信息的来源等。它是一种很微妙的东西,它的存在可以说是无处不在、无时不在的。这种无形的东西已渗透到社会关系的每个角落,甚至已渗透到人的心灵深处。不但影响着个人的行为,而且也影响和决定着社会存在,自然也就影响和决定着生意的成败,决定着创业的成败。

明智的创业者,在创业之前已有意于从事某个行业,会尽所能去结识这个行业里的知名人士,虚心向这些知名人士或成功人士请教,聆听教诲,讨要名片,把这些作为重要的资源储备起来,以便在将来发挥作用,帮助自己解决许多实际问题。丰富的社会资源是众多成功人士走向成功,打开成功大门的敲门砖。

储备社会关系的方法各种各样,并且因人而异,基本的方法与原则是人人都适用的。

首先,与人为善不轻易树敌。在与人交往中,会碰到各种类型的人,在各种类型的人中,肯定有喜欢的人,也有不喜欢的人。对于喜欢的人,交往亲近起来非常容易,团结这些人并不难。要能和不喜欢的人建立良好关系则比较困难。如何与不喜欢的人建立良好的人际关系呢?尽量找优点,包容缺点,能做到这些,也许就能与不喜欢的人结为朋友。但也有可能有些人身上缺点和毛病太多,无论如何也找不出优点。这种人实在无法交往,就要做到喜怒不形于色,做到不当面指责或指出他的毛病,避免争吵,不发生正面冲突,这样做不至于使这些人成为敌人。一旦成为敌人,就会为将来的创业制造很多不必要的麻烦。

其次,多与社会名流建立关系。社会名流都是社会上有影响的人,若能与这些人建立良好的个人关系,无异于为创业插上了翅膀。交往前多了解有关名流的资讯,托人引荐,多参加社会公益活动,多出入名流常常出入的场所,这样就会有机会结交到这些社会名流。当然在结交这些社会名流时,还得注意给对方留下一个好的印象,千万不要死缠着不放,这样做只能得到相反的结果。与这些人交往,要想通过一次的交往就建立良好的关系也是比较难的,应多制造一些机会,通过多次的接触才能建立较为牢固的关系。

再次,多结交成功的人,远离失败者。近朱者赤,近墨者黑。之所以要多结交成功的人士,就是因为这些成功的人比我们优秀,可以从他们身上学到很多有益的东西,成为很好的学习榜样,不断地激励我们在创业中前行,如果和这些成功者关系非常好的话,这些人还会伸出友谊之手,在关键的时候教一招或者拉一把。总之,和这些人交往有利无弊。

最后,礼多不怪。不管和什么人交往都应注意礼节,这也是储备人际关系时必须掌握的一个原则。很多人在交往时往往步入一个误区,即熟不拘礼。认为和朋友讲礼节论客套就好像会伤害朋友的感情。这种认识是非常错误的,朋友关系也是一种人际关系,任何人际关系之所以能够存续下去的前提就是相互尊重,容不得半点的强求。礼节和客套虽然烦琐,但却是相互尊重的一种重要的形式。如果离开了这种形式,朋友之间的关系也就难以存续。要知道,即使是朋友,每个人也都希望拥有自己的一片小天地,不讲礼节客套就可能侵入到朋友的禁区,干扰到朋友的生活。这种情况出现,自然会伤害到朋友的情感,再好的关系也会因此而终结。从这个意义上讲,礼多不怪的确是前人总结出来的一个生活真理,可以有效地防止出现交往错误,影响创业。

【扩展阅读】

"大众创业,万众创新"背后的"六大核心资源"

创业的最高境界不是铤而走险,而是水到渠成。要做到这一点,必须满足客户资源(客户+人脉)、技术资源(自己懂行+专业人士)、伙伴资源(合伙人、股东)、团队资源(人才+人力)、资金资源(启动资金+流动资金)、项目资源(投资项目、方向)等至少六大资源。否则,风险将与资源漏洞是成正比的。

1. 项目资源(投资方向+项目)

项目资源至少包括投资方向和具体投资项目。创业的第一要务也应该是必须弄清楚自己的投资方向和具体操作项目。当前投资的大范畴无外乎农业、工业、商贸流通服务业和新兴产业等四大产业,投哪一大块,就代表了投资的方向;投资的小范畴则要细化到实质项目,即可以落地和量化的非常具体的小版块;投这个项目是否具有天时、地利、人和的优势和引擎发动?上述都具备了,也就具备了创业的第一步,即项目资源。这年代谁都不傻,光画个饼是没有用的,必须要拿出看得见、摸得着、具备可操作性强的东西。

2. 技术资源 (自己懂行+专业人士)

技术资源的前提就是自己必须"懂行",最好是专业人士,换句话说,创业从自己最熟悉的行业入手。纵观很多行业中的成功老板,当初都是在该行业沉淀五年以上,甚至"十年磨一剑",把自己淬炼成该行业的精英和专家,然后转型创业,一切变得"水到渠成",自然更容易获得成功。如果是半途出家或跨行操作,那么成功的概率就少得多。这个成功的因子就是技术资源,先要把自己磨炼成高手才能上战场出击,做到心中有数,有的放矢。这就好比叫一个从未受过专业训练的人上擂台打比赛,显然是行不通的。

3. 资金资源(启动资金+流动资金)

资金资源一是前期启动资金,二是后续流动资金。钱不是万能的,但没有钱是万万不能的,对创业而言,"一分钱难倒英雄汉"。解决了项目资源和技术资源,那么接下来就是要准备相对充裕的尽可能多的创业资金。在整体投入上,假如一个投资20万~30万的项目,那么最好能准备35万,至少留5万元作流动资金,如果只准备了30万,那么最多只能投入25万,这样就比较好地控制了风险。另外,在样板店没有完全打造成功之前,其他的连锁店就暂时不能动,否则,就会牵一发而动全身,顾此失彼。如果创业是船,那么钱在关键时刻就是水,水不充盈,船就无法前进,融资即是找钱。

4. 伙伴资源(投资者+合伙人、股东)

俗话说"一个好汉三个帮,一个篱笆三个桩。"放到商界而言,要创大业,最好能寻找到合适的伙伴,也就是现在说的股东或合伙人。一个人再厉害,充其量也就是一头狮子或一只老虎,若干人聚合在一起,则是战无不胜的狼群。寻找伙伴资源的前提,一是要有共同的人生价值观,志同道合;二是要有清晰的股权和合伙人制度,明确责权利。三是有吃亏和宽容的态度,"吃不了亏,扎不了堆",不为小利而斤斤计较。如此,方能形成合力,把创业的事情做好。物以类聚,人以群分,过去有"桃园三结义",今天有"中国合伙人",真正的伙伴是可以穿一条裤子的人,互耗互损是大忌。

5. 团队资源(人才+人力)

创业和经营,光有合伙人组成的核心决策团队还不够,还得有与之配套的执行团队。这就好比一个交响乐团,作指挥的作指挥、唱歌的唱歌、弹钢琴的弹钢琴、拉小提琴的拉小提琴,每个岗位都要有专人负责,这样才能把一台演出完美的演好。夯实团队资源,主要是抓好人才和人力两大块,人才需要挖掘和培养,人力需要巩固和提高。无论是人才还是人力,选择性招聘很重要,凡是人品好、能吃苦、有素养、肯合作、能坚持的人,才是团队真正需要的人。《西游记》虽然是神话,但也是团队优势互补、团队作战的样板。

6. 客户资源(人脉+客户)

客户资源的取得,首先是广积人脉和交际圈,然后再在人脉资源关系网中挖掘到客户;其次是通过口碑、广告宣传和品牌影响,让更多私人人脉圈之外的潜在目标消费群成为客户。不同行业不同产品不同属性,所需要的客户资源是有很大区别的,但也有道理相同的基本规律:即小生意靠有限的人脉圈来支撑消费,大生意则需要靠品牌辐射力来影响更多人脉圈外的人前来体验和消费。注重人脉与客户资源,不是倡导"做熟人生意",而是通过"熟人"吸引更多的"陌生人"。

创业资源是新创企业成长过程中必需的资源,按照资源对企业成长的作用分为要素资源和环境资源两大类。

直接参与企业日常生产、经营活动的资源称为要素资源。要素资源主要分以下几种:

场地资源。这包括场地内部的基础设施建设、便捷的计算机通信系统、良好的物业管理和商务中心以及周边方便的交通和生活配套设施等。

资金资源。这包括及时的银行贷款和风险投资、各种政策性的低息或无偿扶持基金以及写字楼或者孵化器所提供的便宜的租金等。

人才资源。人才是关系企业生死存亡的要素。对于人才资源的重要性,比尔·盖茨曾经说过,如果可以让我带走微软的研究团队,我可以重新创造另外一个微软。一个企业要做大做强,必须把人才资源置于极其重要的战略地位。人才资源指的是人力资源中素质层次较高的那一部分人,是指杰出的、优秀的人力资源,着重强调人力资源的质量。

管理资源。管理资源是一种无形的、动态的间接资源。管理资源又分为管理人才资源、管理组织资源、管理技术资源、管理信息资源。事情是靠人来做的,管理组织的改善、管理职能的实施、管理方法的采用、管理手段的运用都要靠人来实现。管理人员的素质决定着管理水平的高低,决定着管理资源的开发和利用的程度,决定着社会生产力的发展。比如,日本就把对管理人员的培养、使用当作"与日本未来命运相关的重大问题"。管理具有组织功能,有了组织,管理者才有用武之地,开发管理资源也就有了组织保证。而且组织本身也是一种资源,开发管理资源必须注意发挥组织的作用。

管理技术一般是指决策技术。决策是人们确定未来行动的目标，并从两个以上实现同一目标的可行方案中选择一个最优方案的分析判断过程，是为了实现系统和环境的适应能力，并取得动态平衡。决策方法必须科学，决策者必须根据客观实际的需要，用科学决策代替经验决策，必要时，还要有后备方案，进可攻、退可守，为实现预期目标要有多方面思考，从而为实现预期目标提供更大的回旋余地。

在现代化生产中，信息是作为生产要素之一参与生产的。企业为了求得自身的生存和发展，时刻也不能离开信息。企业从周围环境和本系统中不断取得各种信息，进行传递、交流、加工、储存与处理分析，从获得的不同信息中提炼出有用的信息，据以研究市场变化和物资供求

科技资源。科技资源是人类从事科技活动所利用的各种物质与精神财富的总称，是科技创新的物质基础，也是企业持续稳定发展的重要保障。它包括对口的研究所和高校科研力量的帮助，与企业产品相关的科技成果以及进行产品开发时所需要用到的专业化的科技试验平台等。对于新创企业来说，积极寻找并引进有商业价值的科技成果，将有助于加快产品研发速度，为企业在市场上的竞争提供必要的支持。

未直接参与企业生产，但其存在可以极大地提高企业运营的效率的资源称之为环境资源。环境资源主要分以下几种：

政策资源。这包括允许个人从事科技创业活动，允许技术入股，支持海外与国内的高科技合作，为留学生回国创业解决户口、子女入学等后顾之忧，简化政府的办事手续等。政策作为一种特殊资源已越来越被人们所重视。在确立社会主义市场经济体制的发展过程中，无论是国有企业还是民营企业，都把正确有效地开发和利用政策资源当作自身发展的重要的条件。实践证明，谁善于有效地、最大限度地开发和利用政策资源，谁就能在竞争激烈的市场中处于有利地位。

信息资源。信息资源是指人通过一系列的认识和创造过程，采用符号形式储存在一定载体（包括人的大脑）之上的、可供利用的全部信息。信息资源与企业的人力、财力、物力和自然资源一样，同为企业的重要资源，且为企业发展的战略资源。信息资源包括及时的展览会宣传和推介信息、丰富的中介合作信息、良好的采购和销售渠道信息等。

文化资源。这是由企业形象、企业声誉、企业凝聚力、组织士气、管理风格等一系列具有文化特征的无形因素构成的一项重要资源，是以一系列社会形象或文化形象的形式存在于评价者心中，并与其载体密不可分。文化资源的形成与发展是其他资源效力发挥的累积结果，可以迁移到被兼并或被控股的公司和新成立的企业中，企业形象、品牌信誉等还可以从原来产品转移到新产品中。

品牌资源。这是指企业品牌本身以及围绕品牌的创建、传播、培育、维护、创新等涉及的一切可利用资源，包括企业内部可利用资源和企业外部可利用资源。在某种意义上，市场经济就是品牌经济，创业的成功就是培育品牌的成功，创业者在挖掘自身可供利用的品牌资源时，可以借助大学或优秀企业，借助科技园或孵化器的品牌，以及借助社会上有影响力的人士对企业的认可等。

任务6.2　创业资源整合

6.2.1　人脉资源

在个人创业过程中，人脉资源是第一资源，有各种良好的人脉关系，可以方便地找到投资、找到技术与产品、找到渠道等各种创业机会。整合人脉资源是创业成功的基本条件。人脉资源有如下特性：

1. 长期投资性

平时要注意人脉资源的积累，不要事到临头才去找人帮忙。在公司做业务也一样，现在不是你的客户，明天就可能成为你的客户。因而，必须从现在开始建立联系。人脉资源的形成需要很多时间和精力，这也是一种投资。

2. 可维护性和可拓展性

人脉资源可以通过合作、交流、关心、帮助、友情、亲情等进行维护，并会不断巩固，当然如果不去维护就会变得疏远。所以，人脉资源需要经常性地维护，同时在维护中，可以不断地发展新的人脉关系。

3. 有限性和随机性

每个人一生中能认识多少人？包括老师、同学、亲戚、同事、朋友、客户等，一般不超过500人，能够真正帮助自己的一般不会超过50人。所以，每个人的人脉资源都是有限的，个人发展同样也会受到人脉资源的限制。同时，认识的可能没有能力帮助你，有能力帮助你的可能不认识。客观上需要不断认识更多的人。

4. 辐射性

朋友帮不了你，但是朋友的朋友可以帮你。

6.2.2　人才资源

如何努力创造吸引人才的条件，为企业吸引和留住人才，利用“外脑”，整合人才资源以获得长期持续发展的内在动力，已成为一项十分迫切的任务。把人才战略作为企业发展的重点，求才、爱才、育才、重才，用事业发展吸纳高科技人才，用高科技人才牵引高新技术产品开发，从而形成了一支支撑企业发展的高素质的优秀人才队伍。因此，应根据自身发展，建立起一套人才资源规划体系。

1. 建立完善的激励体系

精神上的，物质上的，用奖惩制度去激发员工的潜能，让员工的潜能发挥到极致。

2. 建立培训机制

培养人才，同时让人才发挥其最大的潜能。

3. 善待员工

让员工有一种家的感觉。善待员工，是留住人才的唯一法宝。这种善待，不光是指精神上给予人才的满足，适当地也要配以物质利益。待遇从优，使人才有“幸福感”“满足感”。

4. 量才而用

用人的长处，控制人的短处，不要为了节省开支而凑合着。按照人才的才能和特长，安排适当的领导岗位、聘任技术职务，使人才有价值"认可感"、受"信任感"。

5. 分工尽可能明确

可根据职务的重要与否适当地兼职。给任务，压担子。让人才攻关键、解难题，使人才有"成就感"。

6. 引入外部力量

如举办培训班等来快速找到自己所需要的人才。

6.2.3 信息资源

当今社会的飞速发展给创业者提出一个新的信息时代的视角，信息资源对很多创业者来说就是成功的机遇，而机遇瞬间即逝，要善于整合把握。信息资源与人力、物力、财力以及自然资源一样，都是创业企业的重要资源，因此，应该像管理整合其他资源那样管理整合信息资源。

从工业化时代走向信息时代，随着信息技术的发展，信息与日常生活、工作越来越密不可分，最直接的体现就是信息量陡然增大，信息流转加快。同时带来了一个问题，就是信息爆炸，各种信息充斥在周围，如何在最有效的时间内获得最有效的内外部信息，抓住成功创业的机遇，却往往成了一个难题。所谓天时地利，很多时候不是它们不出现，而是当它们出现时，能否发现并把握。对于创业者来说，这点更显得至为重要，创业要抓住机遇。这就是"人和"的力量。

创业信息化的最高层次是决策，它具有前瞻性。在做决策时，关心的问题是来自包括竞争对手、政府、行业、合作伙伴、客户等在内的周边环境的变化。在对变化的预测、分析的基础上，做出尽可能合理的决策，这个层次上的信息化通常针对创业以及高层管理所遇到的问题。对创业者而言，信息是不对称的，了解分析包括竞争对手、政府、行业、合作伙伴、客户等在内的周边环境的变化信息，才能做到"知己知彼，百战不殆"，才能做到"有的放矢"，集中精力、财力、人力，抓住转瞬即逝的成功机遇。

1. 创业信息的收集

创业者必须在创业前或在创业过程中对企业所处的环境进行仔细的分析，准确地预测市场行情，而在分析和预测市场行情前，创业者必须收集一些必要的市场信息。

市场信息是指在一定的时间和条件下，与生产与服务经营活动相关的各种信息、情报、数据、政策法规、资料等的总称。创业时应该了解是与创业有关的或与今后创立的企业相关的市场信息，主要包括以下几个方面。

(1)政治政策状况。政治环境包括一个国家的社会制度，执政党的性质，政府的方针、政策、法令等。不同的国家有着不同的社会性质，不同的社会制度对组织活动有着不同的限制和要求。即使社会制度不变的同一国家，在不同时期，由于执政党的不同，其政府的方针特点、政策倾向对组织活动的态度和影响也是不断变化的。主要的政治法律信息：执政党性质，政治体制，经济体制，政府的管制，税法的改变，各种政治行动委员会，专利数量，专程法的修改，环境保护法，产业政策，投资政策，国防开支水平，政府补贴水平，反垄断法规，与重要大国关系、地区关系，对政府进行抗议活动的数量、严重性及地点。

(2)经济发展状况。经济发展状况主要包括宏观和微观两个方面的内容。宏观经济环境主要指一个国家的人口数量及其增长趋势，国民收入、国民生产总值及其变化情况以及通过这些指标能够反映的国民经济发展水平和发展速度。微观经济环境主要指企业所在地区或所服务地区的消费者的收入水平、消费偏好、储蓄情况、就业程度等因素。这些因素直接决定着企业目前及未来的市场大小。主要的经济发展状况信息:GDP及其增长率,中国向工业经济转变,贷款的可得性,可支配收入水平,居民消费(储蓄)倾向,利率,通货膨胀率,规模经济,政府预算赤字,消费模式,失业趋势,劳动生产率水平,汇率,证券市场状况,外国经济状况,进出口因素,不同地区和消费群体间的收入差别,价格波动,货币与财政政策。

(3)人口统计、社会文化与风土人情。社会文化环境包括一个国家或地区的居民教育程度和文化水平、宗教信仰、风俗习惯、审美观点、价值观念等。文化水平会影响居民的需求层次;宗教信仰和风俗习惯会禁止或抵制某些活动的进行;价值观念会影响居民对组织目标、组织活动以及组织存在本身的认可与否;审美观点则会影响人们对组织活动内容、活动方式以及活动成果的态度。主要的人口统计、社会文化与风土人情的信息:人口总数,性别,年龄构成,职业分布,家庭人口,户数,婚姻状况,结婚数,离婚数,人口出生,死亡率,人口移进移出率,社会保障计划,人口预期寿命,人均收入,生活方式,平均可支配收入,对政府的信任度,对政府的态度,对工作的态度,购买习惯,对道德的关切,储蓄倾向,性别角色,投资倾向,种族平等状况,节育措施状况,平均教育状况,对退休的态度,对质量的态度,对闲暇的态度,对服务的态度,污染控制,对能源的节约,社会活动项目,社会责任,对职业的态度,对权威的态度,城市,城镇和农村的人口变化,宗教信仰状况等等。

(4)技术发展趋势。技术发展趋势除了要考察与企业所处领域的活动直接相关的技术手段的发展变化外,还应及时了解国家对科技开发的投资和支持重点,该领域技术发展动态和研究开发费用总额,技术转移和技术商品化速度,专利及其保护情况等等。

收集信息的方法:

创业者收集市场信息的方法有间接和直接两种。

(1)间接法。间接法收集市场信息就是收集已存在的、别人调查整理的二手信息、情报、数据或资料。这些间接的信息可以从各个渠道得到,如报纸、杂志、互联网、行业协会、研究机构、政府部门、统计机构、银行财税、咨询机构等等。间接法收集二手市场信息比较方便、容易、费用少、来源广、节省时间,在创业调查分析收集信息时,往往首先采用这种间接方法。对于创业者来说,可从以下几个主要渠道加以收集。

互联网。利用Google(谷歌)、百度等搜索引擎输入需要的信息的关键词,将会得到很多想要的信息。在互联网上,还有各行各业的行业信息、商(厂)家信息、有博客、网站等等,都可以找到各种信息。

统计部门与各级各类政府主观部门公布的有关资料。国家统计局和各地方统计局都定期发布统计公报等信息,并定期出版各类统计年鉴,内容包括全国人口总数、国民收入、居民购买力水平等,这些均是很有权威和价值的信息。这些信息都具有综合性强、辐射面广的特点。

各种经济信息中心、专业信息咨询机构、各行业协会和联合会提供的市场信息和有关行业情报。这些机构的信息系统资料齐全,信息灵敏度高,为了满足各类用户的需要,通常还提供资料的代购、咨询、检索和定向服务,是获取资料的重要来源。

国内外有关的书籍、报纸、杂志所提供的文献资料,包括各种统计资料、广告资料、市场行情和各种预测资料;以及有关生产和经营机构提供的商品目录、广告说明书、专利资料及商品价目表等。

各地电台、电视台提供的有关市场信息。近年来,全国各地的电台和电视台为适应市场经营形势发展的需要,都相继开设了市场信息、经济博览等以传播经济、市场信息为主导的专题节目及各类广告。

各种国际组织、外国使馆、商会所提供的国际市场信息。国内外各种博览会、展销会、交易会、订货会等促销会议以及专业性、学术性经验交流会议上所发放的文件和材料。

尽管可以便捷收集到间接信息,但间接信息存在时效性差,这种间接方法收集的很多信息已经过时了,正在发展变化的新情况、新问题难以得到反映;另外间接信息针对性较差,与创业者的分析目的往往不能很好地吻合,数据对解决问题不能完全有用,有时需要做进一步的加工处理;另外有些数据的精确度会受到影响。在间接方法无法满足创业者的信息分析要求时,我们也可以考虑采用直接法收集市场信息。

(2)直接法。收集市场信最直接方法就是直接观察或者调查相关人员有关问题或感受,根据得到的答案或信息整理出有用的市场信息。直接法收集的主要是市场的微观市场信息,通常有以下直接收集信息的方法:

一是问卷调查法。根据调查或收集信息的目的,将需要搜集的信息分为一个个具体的问题集中在一张调查表上,根据被调查者的回答,整理出能反映市场总体信息的一种调查方式。问卷调查是直接收集市场信息最常用的方法,目前在国内外被广泛采用。问卷调查提供了标准化的统一化的数据收集程序,它使问题的表述用语和提问的程序标准化。每一个应答者看到或听到相同的文字和问题,每一个访问员问完全相同的问题,使所得到的数据具有可比性,一份好的问卷可能有助于收集到质量非常好的市场信息。问卷调查法的优点是,访问过程较直接,易于操作;所收集的数据比较可靠;数据的整理、分析和解释都比较简单。其缺点是,对于涉及个人隐私、感情或信仰等方面敏感问题,被调查者可能不愿意回答,还有一些被调查者不能回答,这些可能影响数据的有效性;所问问题的措辞设计很不容易,所以要设计一份好的问卷难度较大,市场信息收集的好坏很大程度上取决于问题设计的好坏。

二是面谈访问法。面谈访问法是访问者根据收集信息的提纲直接访问被访问者,当面询问有关问题,既可以是个别面谈,主要通过口头询问;也可以是群体面谈,可通过座谈会等形式。一般,个别面谈用于商品需求、购物习惯等;群体面谈,请一些专家就市场价格状况和未来市场走向进行分析和判断。面谈访问法的优点是:回答率高;可通过调查人员的解释和启发来帮助被访问者完成收集信息任务;可以根据被访问性格特征、心理变化、对访问的态度及各种非语言信息,扩大或缩小收集范围,具有较强的灵活性;可对访问的环境和访问背景进行了解。其缺点是:人力物力耗费较大;要求访问人员的素质较高;对访问人员的管理较困难;此方法受到一些单位和家庭的拒绝,无法完成。

2. 电话询问法

电话询问法是由工作人员通过电话向被访问者询问了解有关问题的一种方法。

电话询问的优点是:取得市场信息的速度较快;节省收集费用和时间;信息的覆盖面较广;可以访问到一些不易见到面的被访问者,如某些名人等。

缺点是:被访问者只限于有电话的地区和个人;电话提问受到时间的限制;被访问者可能因不了解询问问题的详尽、确切的意图而无法回答或无法正确回答;对于某些专业性较强的问题无法获得所需的信息资料;无法针对被访问者的性格特点控制其情绪。

3. 观察调查法

观察调查法是收集信息的工作人员凭借自己的感官和各种记录工具，深入被观察者现场，在被观察者未察觉的情况下，直接观察和记录被观察者行为，以收集市场信息的一种方法。

观察法的优点是，可以实地记录市场现象的发生，能够获得直接具体的生动材料，对市场现象的实际过程和当时的环境气氛都可以了解，这是其他方法不能比拟的。观察法不要求被观察者具有配合收集工作的语言表达能力或文字表达能力，因此适用性也比较强。观察法还有资料可靠性高、简便易行、灵活性强等优点。

观察法的缺点是，只能观察到人的外部行为，不能说明其内在动机。观察活动受时间和空间的限制，被观察者有时难免受到一定程度的干扰而不完全处于自然状态等。总之，应用观察法，要扬长避短，尽量减少观察误差。

5. 实验法

实验法是指市场调研者有目的、有意识地改变一个或几个影响因素，来观察市场现象在这些因素影响下的变动情况，以认识市场现象的本质特征和发展规律。实验调查既是一种实践过程，又是一种认识过程，并将实践与认识统一为调查研究过程。企业的经营活动中经常运用这种方法，如开展一些小规模的包装实验、价格实验、广告实验、新产品销售实验等，来实现对市场总体的认识。

6.2.4　技术资源

在创业初期，创业技术是最关键的资源，它是决定所需创业资本的大小、创业产品的市场竞争力和获利能力的根本因素。创业企业成功的关键是首先寻找成功的创业技术。其原因有三：一是创业技术是决定创业产品的市场竞争力和获利能力的根本因素；二是创业技术核心与否决定了所需创业资本的大小；对于在技术上非根本创新的创业企业来说，创业资本只要保持较小的规模便可维持企业的正常运营；三是从创业阶段来说，由于规模较小，管理及对人才的需求度不像成长期那样高，创业者的企业家意识和素质是创业阶段最关键的创业人才和创业管理资源。

做成功企业的核心是要有好的产品，而企业的产品必须做到专业化，这非常重要。要做到产品专一，在同一领域内做到最专，技术上要一直领先。一个企业，特别是中小企业没有实力一直保持这样技术优势，那中小企业该如何突破技术这个发展瓶颈呢？必须整合企业之外的技术资源，尽可能地与科研院所大专院校合作，因为那里有技术上前沿人才，而且科研院所大专院校的人才也很愿意把自己的技术资源转化为产品，实现技术成果的转化。

技术资源的主要来源是人才资源，重视技术资源的整合同时也就是注重人才资源的整合。技术资源的整合，不仅要整合、积聚企业内部的技术资源，还要整合外部的可资利用的技术资源。整合技术资源只是起点，技术资源整合是为了技术的不断创新，自主研发并拥有自主知识产权，保持技术的领先，占领市场，壮大企业。

6.2.5　资产资源

整合资产资源，不仅仅是解决“钱”的问题，更重要的是看战略投资者还能为企业带来什么其他的资源，比如政府背景、行业背景、市场影响力、营销支撑等，即整合资产资源时要充分考虑资产资源能否带来更多的其他资源。

6.2.6 行业资源

充分了解某行业，掌握该行业关系网，比如业内竞争对手、供货商、经销商、客户、行业管理部门等等。行业资源不仅仅只有这些，技研机构、行业协会、行业杂志、行业展会、业内研讨会、专业书籍等资源，需要创业者平时加以关注，发掘其价值为企业壮大服务，这对于创业的成功与否很重要。所以，创业的一个成功类型，就是做自己熟悉的行业，熟悉本行业企业运营、熟悉竞争对手。

“把竞争对手转变为合作伙伴”。市场竞争没有永远的对手，也没有永远的伙伴。凡以为有敌人的竞争者，大多是竞争中的失败者。创业企业不可避免地存在诸多方面的不足。因此，同行之间或者产业上下游之间的创业企业通过策略联盟或股权置换等种种方式整合资源，使人力资源、研发能力、市场渠道、客户资源等方面实现优势互补，对内相互支持，对外协同竞争。这种方式往往是有几家创业企业作为核心，同时带动一批创业企业，形成利益共同体。

6.2.7 政府资源

掌握并充分整合创业的政府资源、享受政府扶持政策，可使创业少走许多弯路，达到事半功倍之效。创业的扶持政策主要包括财政政策、税收政策、科技政策、产业政策、金融政策、人才政策等等。了解政府扶持政策、整合政府资源的方式途径：

(1)上政府公网查询。现在政府发布的政策在网站上大多能查到。你要注意定期到政府公共服务网上浏览检索，看看是否有新政策出台或者项目申报通知。

(2)委托政策服务公司提供政策咨询。政策服务公司比较关注政策变化，与政府有关部门关系密切，不仅了解政策，也知道如何享受政策。

(3)注意与有关部门保持密切的沟通。要注意配合经常打交道的政府部门的工作，并注意定期向这些部门咨询政策。与政府部门保持密切的关系，可以用足用好政府政策，寻求更快的发展。

(4)条件允许的话，可指定专人负责有关政策信息的收集。要让每位员工了解并注意收集与其工作有关的政策信息，及时跟踪政策的变化。特别是在有疑问时，一定要咨询清楚，并及时解决，千万不要把今天的问题留到明天。

【实训与习题】

一、知识点练习

1. 什么创业资源？

2. 高职学生如何整合创业资源？

二、实训实践题

百宝箱

活动规则：从百宝箱中挑选所需资源，给出挑选资源的理由，并将资源整合到一起。

活动要求：选择不超过6种资源。

活动时间:讨论时间10分钟。

活动要求:分享观点,时间控制在5分钟以内。

小额贷款、贴息贷款、2万元存款、5万元存款、10万元存款、风险投资者的联系方式、专利、非专利技术、政府1:1的配套资金、免费的创业培训、免费专家指导、减免税政策、政府关系、家族企业、入住创业园、创业实习基地、可用作门脸的家庭住房、丰富的网络资源、专业技能、成功的企业家亲属、共同愿景的朋友、圈内的老师同学、做媒体的亲友、关系很好的哥们。以4~5名学生为一组,确定创业项目后,利用本讲所介绍的方法收集与创业项目有关的信息。要求:结合创业计划,拟定调查的主要内容,确定调查项目,设计调查表,进行问卷调查,整理调查资料,写出调查报告,说明居民对拟创业的项目的需求情况。

项目7　制订创新创业计划

【创新创业格言】

我年纪小,还难以做到通盘地权衡利弊,所以只要一个机会来了,别管好坏,就冲上去通通拿住。换一种环境,过一种体验,这不就是年轻人该干的事吗?

——茅侃侃

【创新创业家小传】

茅侃侃,1983 年出生于北京市。初中毕业,MaJoy 总裁。2014 年担任 GTV(游戏竞技频道)的副总裁,负责视频等业务。茅侃侃小学五年级开始玩电脑,14 岁开始在《大众软件》等杂志发表数篇文章,自行设计开发软件。2004 年正式创业,时任时代美兆数字科技有限公司首席架构师兼首席运营官。

【学习目标】

通过学习,了解创业计划书的结构,熟悉创业计划书的内容,学会撰写创业计划书。

【案例导入】

张狂与不羁中的再出发

我们生存在一个竞争日渐激烈而资源日渐稀缺的信息社会。当大学毕业生开始零工资就业、创业门槛开始需要仰望时,快乐成了事业的机会成本。真正将快乐与事业融为一体,需要相当的智慧与能力。茅侃侃玩游戏玩出了名堂,创造出真人实景游戏,把游戏从网上玩到网下,颠覆了传统网络游戏的虚拟状态。从网络世界里"玩"出了上亿的财富,一夜之间成了商界的超级新秀。

不做"啃老族"的茅侃侃外表却是不乖的。他穿着休闲,打扮嘻哈,喜欢玩游戏和山地车。

在骨子里,他知道父母给的每一分钱都来之不易。在很小的时候就树立了一个很"远大"的目标:挣钱养活自己,不花家里的钱。他说得很简单,"花自己的钱,牛气!"

茅侃侃上大学的可能终止于 1999 年。高一地理会考不及格后,补考还不及格,按国家政策,他失去了考大学的资格。提起那两次会考,他说:"不是我喜欢的打死也记不住。我也像模像样地看了,就是记不住。"按照一般的衡量标准,这是个没出息的孩子。他有自己的想法。“我很早就想工作，初中的时候想考职高，就是想早点参加工作。”1993 年，父亲从国外带回来一台电脑。茅侃侃爱不释手，像着了魔一样，整天围着电脑转，吃饭也是一手端碗一手握着鼠标，从那时起就爱上了写电脑程序。没过两年，互联网开始进入中国，他每天除了上课就是上网。初中阶段，精通计算机的他就几次带领校队参加中学生计算机比赛，横扫北京市。有这个底子，他觉得将来养活自己肯定没问题，“只要是跟计算机沾边的事，我都能干。”茅侃侃对自己的能力一直比较自信。“我不在乎别人说我的学历低。而且，我认为这也是件值得骄傲的事情。”

虽然轻松地离开了学校，却必须沉重地面对现实。“公司招聘员工要看证书，没有任何证书肯定是很难找到工作的。”他决定去考微软和思科的计算机认证，于是去计算机认证考试的辅导班学习，可是只上了一个星期的课就上不下去了。心高气傲的茅侃侃买书回家自学。4 个月后，他拿到了微软和思科两个计算机认证。这一年茅侃侃刚刚 17 岁，而当时亚洲 18 岁以下的人拿到这两个认证的只有两个，他是其中之一。

他拿着这两个招牌在一家网站谋了个月薪 3 600 元的网管职位。生性好动的他说自己实在“坐不住”，又转做能四处走动、跟人打交道的市场和策划工作。“当时的工作蛮过瘾，老跟媒体打交道，很多创意想得天花乱坠。”3 年里，茅侃侃从网站到游戏公司再到政府部门，换了四五次工作。“挣到的钱，基本上又撒了回去”。频频更换工作，让人觉得有点游戏人生的味道。他并不在意：“我年纪小，还难做到通盘地权衡利弊。只要有一个机会，别管好坏，就冲上去通通拿住。换一种环境，多一种体验，这不就是年轻人该干的事吗？”茅侃侃不只是在体验生活，还在累积经验，为创业做充分的准备。

任何时候，机遇都只垂青那些有准备的人。

不同行业的经历对他的思想产生了很大影响。茅侃侃承认，技术工作的背景让他可以深入思考自己的设想与技术实现的可能性；政府部门的经历让他可以从更宏观的角度认识公司发展的方向。

读万卷书，行万里路，还要见“万个人”，这强调实践能力和与人沟通的能力。茅侃侃在自觉地做这些。成功后的他继续强调这一点的重要性，还对大学生提出建议：“我认为现在很多大学生缺乏必要的交流沟通。大学生就该做两件事，一是出去玩、二是谈恋爱。出去玩可以结交朋友，谈恋爱可以成功地把自己推销出去。做好这两件事情，实际上就是在锻炼与人沟通这一必要的技巧。”“我们公司招聘员工，注重的就是实战能力和社会阅历，很少看文凭。现实生活中要做到有效沟通。首先要了解对方需求。”

我“玩”故我在。茅侃侃爱玩，也从不掩饰自己爱玩的个性。打网络游戏就是他很喜欢的一种“玩法”。“玩是人的根本需求，关键在于如何玩得更有意思。”高手和菜鸟之间的区别也许就在于对游戏的态度。“通过玩，我一直在磨合，直到找到了属于我的发展方向。”

茅侃侃所找到的自我发展方向，是把网络游戏的情节融入实景里面，由人来扮演不同的角色，提供大量电脑化的道具和变化的场景。作为游戏高手，他深信有了实景体验，会让游戏更真实，创造更多的互动。

2004 年，他决定做这个项目，取名“MaJoy”，即“魔幻（Magic）”加“乐趣（Joy）”。可是启动这个项目需要一大笔资金。茅侃侃把想了一年的长达二十多万字、专业性极强的《MaJoy 商业计划书》和《MaJoy 娱乐指导白皮书》拿出来跟一个曾经合作过的老板交流。精明的老板被他大胆而缜密的文案所打动，当场决定投资并由茅侃侃负责。于是“MaJoy”项目的执行公司——北京爱航工业公司诞生了。茅侃侃以智力入股，占 25%，正式运营 MaJoy 首期投资3.75亿人民币。他说:“MaJoy将通过游戏本身以及一系列通信、网络、传媒等增值产业形成整合的盈利模式。未来5年,MaJoy项目直接创造的经济价值将不低于15亿元人民币。”自此,茅侃侃跻身亿万富豪的行列。

“玩”亦有道。“玩不能傻玩,消费要和就业、创业结合起来。”“人玩得有目的、玩到最后才是高手。”“玩也能从偏分玩成正分,这与学历无关。”偶然里有其必然性,对于创业,茅侃侃认为能力、勇气、发散性思维、观察力和毅力这5点很重要。“我还没有成功,但走到今天这一步,靠的是善于发现生活。”“很多人都认为我现在风光,事实上,我经常在公司的地下室工作到早上4点,日子很艰辛。”

茅侃侃经常一天工作15个小时以上。他只是不认为那是“苦”,因为“做自己喜欢的事情,就无所谓苦”。茅侃侃还有一种乐观的精神,就是很善于把挫折忘掉:“人呢,什么困难、坎坷都要经历。但是我老觉得自己内心挺强大的,两分钟我就忘了。你问我经历过什么困难,我真记不住。”“人得信‘命’,但不能认‘命’。信‘命’是你得能接受现状。上次做培训,有好多人都说现在的工作不是自己最想做的工作,但是让他说具体想要什么样的工作,又说不上来。不能天天想一些没影子的事。你得面对现实。不能认‘命’就是你不能太安于现状了,有机会就得把握。”

Majoy早期的成功运营,将线上游戏搬到线下的新颖模式,为茅侃侃带来了轰动效应,加上茅侃侃初中便放弃学业开始创业的经历,让他与高燃(当时是视频网站MySee的创始人,2015年创立风云天使基金)、李想(当时是泡泡网的创始人,后创立汽车之家并成功上市)共同作为80后的创业明星,登上了央视《对话》栏目,一时成为有为青年的典范。

他把80后的创业特点归总为“说好听了叫勇气,说难听了叫做事不计后果”,对于自己和其他年轻人相比的优势,他认为是“思想力、行动力”。不过这种勇气以及不计后果,终究让他在自己的创业路上付出了代价。

事实证明,茅侃侃“张狂”的想法,并没有得到市场的认同。Majoy项目以2010年茅侃侃辞职而告终。80后创业明星的光环也逐渐褪去。

当时这些光环并没有给他带来任何实际帮助。“与高燃、李想各自创办的网站不同,我的创业方向是将互联网游戏搬到线下,完全与各个行业逐步互联网化的思路相悖”,茅侃侃称,他收获的只是名片效应,让他结识了更多圈子里的人。

在Majoy之后,茅侃侃似乎在公众视线中消失了4年。在这4年的时间里,他也在创业并先后做了移动医疗领域的APP以及提供实时路况信息APP“哪儿堵”,不过最终结果并不理想。回忆自己做过的这些产品,茅侃侃认为,自己的想法在思路上没有问题,只是有些超前,忽略了当时像运营商、智能设备等问题。“现在医疗、出行都是时下比较热的风口,这样看来,我当初的思路还是没有问题的。”这些因未得天时而走过的弯路是成长中不可避免的,如果有机会重新来过,他还会坚持自己那些超前的想法。这可能并不是一种固执,而是他内心“张狂”一面的释放。

几次创业的失败,茅侃侃似乎收了一收他那“张狂”的内心,“真的是吊儿郎当,一度打算去大互联网公司打工算了。”恰好在这时他遇到了现在鸣鹤鸣和的CEO宁毅(鸣鹤鸣和是一家国内垂直类电视媒体,旗下拥有GTV电子竞技频道),宁毅见识到了侃侃玩CF(Cross Fire,FPS射击游戏)的功力,误以为他的风格必然是游戏玩家,让他误打误撞进了电竞这一行。“其实我会玩的游戏就两个,一个CS一个CF,”茅侃侃称自己并不是游戏达人,“就这两个游戏,我能看得懂,玩得明白,其他游戏都不行也不玩,现在有了手游,也是纯消遣、打发时间，有时候连续几天都会疯狂地玩某一款游戏，会在游戏里充值深入体验，但不会沉迷。”

茅侃侃称，对电竞行业谈不上有把握，“你要让我做与电影相关、社交相关的事，我有把握能胜任，因为兴趣在这。”不过，手游的发展让茅侃侃这样的碎片时间“玩家”敏锐地嗅到游戏产业的大有可为，在而立之年的他做了个重要决定——进军电竞行业。

经过几次和电竞从业者的交流，观察各项电竞赛事的发展状况，茅侃侃觉得电竞行业是一个能够赚钱的朝阳产业，即使没有太高的把握，出于职业的角度，也值得一试。

真正进入这个行业，他发现市场并不好做。但那个曾经张狂的茅侃侃还是显得冲劲十足。“天下太平也就失去了机会。”他说，在混乱的市场上，他需要做的就是整合身边的资源，推出自己差异化的电竞服务。

遗憾的是，尽管 WCG 在去年年初即宣布停办，但中国国内除 WCA 外，仍然没有一家第三方平台来牵头举办电竞赛事。“孤军奋战的感觉特别不好，连个商量的人都没有，”他说道。“任何一个行业都是众人拾柴火焰高，现在仅国内的电竞市场容量就能支撑 3 ~ 4 个 WCA。”茅侃侃表示，这个行业的空间还很大，如果想高速发展，一些良性的竞争是必要的，“可能别人的想法比我更适合这个市场，但对于电竞来说，想抄都没有地方抄”。

茅侃侃认为，只有多家平台的共同推进，才能催生一个真正的体育行业，希望通过外部的力量来促使内部本身的变化，从而增加外延的商业模式。稳定繁荣的商业模式将反作用于电竞从业者，为这帮 90 后、95 后的电竞选手建立群众基础，提升自我品牌价值。

从现在做电竞的思路上看，已经和他 20 岁时发生了变化，他会更多地考虑整个市场对他这一单独个体的影响，也会更多地考虑自己应该怎样去做来适应市场的变化。

茅侃侃将这一变化归结为岁月的沉淀，当被问及如何看待现在的 90 后明星创业者时，他直言现在 90 后所表现出的特质，有他当年的影子：做事做一半就换，偶尔也能达到一定目的。“及时的改变也不是坏事，不要非一条道走到黑嘛，这就是一个年龄层的特点。”“90 后很聪明，知道该结交什么样人，说什么样的话，懂得利用自己的优势做社交，充分利用自己的特点在舆论、媒体上造势。”茅侃侃认为每个年龄段都有他不可替代的时代优势，所以并不需要那么多的框架去限制他们的发展，“那个岁数就该那样，我在那个岁数的时候你跟我说 1 万个道理我也听不进去，我就觉得我该有性格”，茅侃侃认为，多大年龄就应该办多大年龄的事。

“那会儿有好多人跟我说，你不能老去夜店喝酒还发到社交媒体上，当时我认为我聚会怎么了，我又没花公家的钱、也没开公家的发票。”这就是茅侃侃当初的想法，但他现在会留意这些问题，尽量不给人留下话柄，避免不必要的麻烦。

从万人瞩目的青年才俊到多次创业碰壁，再到今天踏入一个对他而言全新的电竞行业，茅侃侃的锐气没减，但言语中已经透露出成熟。也许在电竞市场上，茅侃侃能够获得一份真正事业上的成功。

【案例分析】

1. 茅侃侃的创业故事你学到了什么？
2. 茅侃侃为什么要准备“MaJoy 商业计划书”和“MaJoy 娱乐指导白皮书”？

任务 7.1　创业计划书及内容

对于初创的企业来说，进行创业设计的一个重要的步骤便是编写创业计划书。创业计划书是创业者打开投资者大门的“敲门砖”，是创业者计划创立的业务的书面摘要，一份优秀的创业计划书往往会使创业者达到事半功倍的效果。

7.1.1　创业计划书的概念

创业计划书可以意指为商业计划书，是创业者在初创企业成立之前就某一项具有市场前景的新产品或服务，向潜在投资者、风险投资公司、合作伙伴等游说以取得合作支持或风险投资的可行性商业报告，用来描述创办一个新企业时所有的内部和外部要素。创业计划通常是各项职能如市场营销计划、生产和销售计划、财务计划、人力资源计划等的集成，同时也是提出创业的头三年内所有中期和短期决策制度的方针。

7.1.2　创业计划书的作用

创业计划书的编写一般是按照相对标准的文本格式进行，是全面介绍公司或项目发展前景，阐述产品、市场、竞争、风险及投资收益和融资要求的书面材料。如果有了一份详尽的创业计划书，就好像有了一份业务发展的指示图一样，它会时刻提醒创业者应该注意什么问题，规避什么风险，并最大限度地帮助创业者获得来自外界的帮助。

对于创业计划书的作用而言，一个标准的创业计划至少需包括以下三个方面的作用：

1. 帮助创业者自我评价，理清思路

在创业融资之前，创业计划书首先应该是给创业者自己看的。办企业不是“过家家”，创业者应该以认真的态度对自己所有的资源、已知的市场情况和初步的竞争策略做尽可能详尽的分析，并提出一个初步的行动计划，通过创业计划书使自己心中有数。另外，创业计划书还是创业资金准备和风险分析的必要手段。对初创的风险企业来说，创业计划书的作用尤为重要，一个酝酿中的项目，往往很模糊，通过制定创业计划书，把正反理由都写下来，然后再逐条推敲，创业者就能对这一项目有更加清晰的认识。

2. 帮助创业者凝聚人心，有效管理

一份完美的创业计划书可以增强创业者的自信，使创业者明显感到对企业更容易控制、对经营更有把握。因为创业计划提供了企业全部的现状和未来发展的方向，也为企业提供了良好的效益评价体系和管理监控指标。创业计划书使得创业者在创业实践中有章可循。

创业计划书通过描绘新创企业的发展前景和成长潜力，使管理层和员工对企业及个人的未来充满信心，并明确要从事什么项目和活动，从而使大家了解将要充当什么角色，完成什么工作，以及自己是否胜任这些工作。因此，创业计划书对于创业者吸引所需要的人力资源，凝聚人心，具有重要作用。

3. 帮助创业者对外宣传，获得融资

创业计划书作为一份全方位的项目计划，它对即将展开的创业项目进行可行性分析，也在向风险投资商、银行、客户和供应商宣传拟建的企业及其经营方式，包括企业的产品、营销、市场及人员、制度、管理等各个方面。在一定程度上也是拟建企业对外进行宣传和包装的文件。

一份完美的创业计划不但会增强创业者自己的信心，也会增强风险投资家、合作伙伴、员工、供应商、分销商对创业者的信心。而这些信心，正是企业走向创业成功的基础。

【扩展阅读】

刘先生和他的创业计划书

刘先生毕业于某著名大学，经过多年的业余研究，他在建筑节能材料方面取得了一项重要突破，这项技术如果在实际中得到应用，将显著减少建筑物的能源消耗，前景非常广阔。于是刘先生辞去原来的工作，准备自己创业。

由于多年来的积蓄都用在了建筑节能材料的研究上，在七拼八凑注册了一家公司后，刘先生已经无力再招聘员工、购买实验材料。无奈之下，刘先生想到了风险投资基金，希望通过引入合作伙伴的方式解决困境。为此，他多次与一些风险投资机构或个人投资者商谈，虽然刘先生反复强调他的技术多么先进，应用前景有多好，并拍着胸脯保证投资他的公司回报绝对不低，但总是难以令对方相信。而且他对于投资人问到的多数数据也没有办法提供，如你的产品的市场需求量有多少？一年可以有多大的销售量？投资后年回报率有多高？就连他想招聘一些技术骨干也比较困难，这些人总是对公司的前景缺乏信心。

这时，曾在刘先生注册公司时帮助过他的一位做管理咨询的朋友的一句话提醒了他，“你的那些技术有几个投资者搞得懂？你连一份创业计划书都没有，投资者凭什么相信你？”于是，在向有关专家请教咨询后，刘先生又查阅了大量资料，然后静下心来，从公司的经营宗旨，战略目标出发，对公司的技术、产品、市场销售、资金需求、财务指标、投资收益、投资者的退出等方面进行了论证和分析。

在这个过程中，他搞了大量市场调研，一个月后，他拿出了一份创业计划书初稿，经过几位相关专家的指点，又再次进行了修改和完善。凭着这份创业计划书，刘先生不久就与一家风险达成了投资协议。

现在，刘先生公司经营得红红火火，年销售利润达500多万。回想往事，刘先生感慨地说，“创业计划书的编制与我搞的节能材料差不多，绝不是随便写一篇文章的事，编制计划书的过程就是我不断理清思路的过程，只有企业家的思路清晰了，才有可能让投资者、员工相信你。”

7.1.3 创业计划书内容

一般来说，在创业计划书中，应该包括创业的种类、资金规划及基金来源、资金总额的分配比例、阶段目标、财务预估、行销策略、可能风险评估、创业动机、股东名册和预订员工人数。具体内容一般包括以下几个方面：

1. 封面

封面的设计要给人以美感，要具有艺术性，一个好的封面会使阅读者产生最初的好感，形成良好的第一印象。

2. 计划摘要

计划摘要浓缩了的创业计划书内容的精华，计划摘要涵盖了计划的要点，以求一目了然,以便读者能在最短的时间内评审计划并作出判断。计划摘要一般包括以下内容:公司介绍、管理者及其组织、主要产品和业务范围、市场概貌、营销策略、营销计划、生产管理计划、财务计划、资金需求状况等,摘要要尽量简明生动,特别要说明自身企业的不同之处以及企业获取成功的市场因素。

3. 企业介绍

进行企业介绍的目的不是描述整个计划,也不是提供另一个概要,而是对创业公司做出介绍,因而重点是阐述公司理念和如何制定公司的战略目标。

4. 行业分析

在行业分析中,应该正确评价所选的行业的基本特点、竞争状况以及发展趋势等内容。关于行业分析的典型问题有:该行业发展程度如何? 现在的发展动态如何? 创新和技术进步在该行业扮演着一个怎样的角色? 该行业的总销售额有多少? 总收入为多少? 发展趋势怎么样? 价格趋势如何? 经济发展对该行业的影响程度如何? 政府是如何影响该行业的? 是什么因素决定着他的发展? 竞争的本质是什么? 将采取什么样的战略? 进入该行业的障碍是什么? 将如何克服? 该行业典型的回报率有多少?

5. 产品(服务)介绍

产品介绍应包括以下内容:产品的概念、性能及特性;主要产品介绍,产品的市场竞争力;产品的研究开发过程;发展新产品的计划和成本分析;产品的市场前景预测;产品的品牌和专利等。

6. 管理

在企业的生产活动中,存在着人力资源管理、技术管理、财务管理、作业管理、产品管理等,而人力资源管理是其中很重要的一个环节。社会发展到今天,人已经成为最宝贵的资源,这是由人的主动性和创造性决定的。企业要管理好这种资源,更要遵循科学的原则和方法。

在创业计划书中,必须要对主要管理人员加以介绍,介绍他们所具有的能力,他们在本企业的职务和责任,他们过去的详细经历及背景。此外,还应对公司结构做一简要介绍,包括:公司的组织结构图;各部门的功能与责任;各部门的负责人及主要成员;公司的报酬体系;公司的股东名单,包括认股权、比例和特权;公司的董事会员;各位董事的背景资料。

经验和过去的成功比学位更有说服力。如果准备把一个特别重要的位置留给一个没有经验的人,一定要给出一个充分的理由。

7. 市场预测

市场预测应包括以下内容:市场需求预测;预测市场现状综述;竞争厂商概览;目标顾客和目标市场;本企业产品的市场地位等。

8. 营销策略

对市场错误的认识是企业经营失败主要原因之一。在创业计划书中,营销策略应包括以下内容:市场机构和营销渠道的选择;营销队伍和管理;促销计划和广告策略;价格决策。

9. 制造计划

产品制造和技术设备现状;新产品投产计划;技术提升和设备更新的要求;控制和改进计划。

10. 财务规划

财务规划的重点是现金流量表、利润表以及资产负债表的制定。流动资金是企业的生命线,因此,企业在初创或扩张时,对流动资金需要预先有周详的计划和进行过程中的严格控制。利润表反映的是企业的赢利状况,既反映企业在经过一段时间的运作后的经营结果。资产负债表则反映在某一时刻的企业状况，投资者可以用资产负债表中的数据得到的比率指标，来衡量企业的经营状况以及可能的投资回报率。

11. 风险与风险管理

风险与风险管理涉及的问题有：创业公司在市场、竞争和技术方面都有哪些基本的风险？准备怎样应付这些风险？就创业者看来，公司还有一些什么样的机会？如何在现有资本基础上进行扩展？在最好和最坏的情形下，五年计划表现如何？如何估计不那么准确，应该估计出误差范围到底有多大。如果可能的话，对关键性参数做最好和最坏的设定。

7.1.4　创业计划书的特点

1. 结构合理

商业计划必须有一个清楚的结构，使读者能够灵活地选择想要阅读的部分。能够在计划中找到所关注问题的答案，很容易找到特别感兴趣的话题。

2. 客观性

语气客观，投资者有机会仔细地权衡论据是否有说服力。

3. 通俗易懂

一些创业者认为，可以用丰富的技术细节、精心制作的蓝图，以及详细的分析给投资者留下深刻的印象。其实，只有极少数情况下，才会有技术专家详细地评估这些数据。大多数情况下，简单的说明、草图和照片就足够了。如果计划中必须包括产品的技术细节和生产流程，应当放在附录中。

任务7.2　创业计划书的编写

创业计划书是将有关创业的许多想法，借由白纸黑字最后落实的载体。创业计划书的起草与创业本身一样是一个复杂的系统工程，不但要对行业、市场进行充分的研究，而且还要有很好的文字功底。对于一个发展中的企业，专业的创业计划书既是寻找投资的必备材料，也是企业对自身的现状及未来发展战略全面思索和重新定位的过程。

7.2.1　创业计划书的编写步骤

准备创业方案是一个展望项目的未来前景、细致探索其中的合理思路、确认实施项目所需的各种必要资源、再寻求所需支持的过程。需要注意的是，并非任何创业方案都要完全包括上节所述的全部内容。创业内容不同，相互之间差异也就很大。一般来说，创业计划书的编写有以下几个阶段。

第一阶段：创业构思。商业计划构想细化，初步提出计划的构想。构想的重点是关注与产品或服务有关的细节，例如产品处于什么样的发展阶段？它的独特性何在？销售产品的途径？消费者群有哪些？生产成本和售价如何确定？企业发展新的现代化产品的计划是什么？如何把出资者拉到企业的产品或服务中来……以上种种，都是在计划书撰写之前应该详细考虑的。透过创业计划书的构思和细化，创业者就相当于提前在理论上把创业过程演练了一遍。

第二阶段：市场调查。“没有调查就没有发言权”，制定创业计划书的第二步就是进行市场调查，了解行情。创业者要细致分析经济、地理、职业以及心理等因素对消费者选择产品和服务时的影响。具体到进行市场调研的时候，调研者要同潜在顾客展开接触，搜集顾客购买此类产品的时间周期、谁在决定是否购买、如何防范别人模仿、产品或服务凭什么吸引目标市场中的消费者，以便制定销售策略。

市场调查还包括对竞争对手的调查，例如竞争对手都是谁？他们的产品与本企业的产品相比，有哪些相同点和不同点？竞争对手所采用的营销策略是什么？在调查阶段，创业者还必须做好财务分析，即要量化本公司的收入目标和公司战略，详细而精确地考虑实现目标所需的资金。

总之，创业计划书要说服阅读者，本企业不仅是行业中的有力竞争者，将来还可能会是确定行业标准的领先者。

第三阶段：起草与修改。当以上两方面准备充分后，就可以按照基本格式着手撰写和修改创业计划书了。创业计划书应包含封皮、摘要、公司业务描述、产品或服务、收入、竞争情况与营销、管理团队、财力预测、资本结构等九个方面内容。一份完整的计划书，在上述的几项工作基础上，还要重点构思市场机遇与开发谋略、产品与服务构思、竞争优势、管理经营团队等等。

第四阶段：综合与修饰。很多有意创业的大学生在撰写创业计划书的过程中，对具体的细节有很详细的描述，而忽视了综合性的把握。因此，在撰写的过程中，还必须通盘统筹，时时刻刻要回答好如下几个问题：你的创业计划书是否显示出你具有管理公司的经验？你的创业计划书是否显示了你有能力偿还借款？你的创业计划书是否显示出你已进行过完整的市场分析？你的创业计划书是否容易被投资者所领会？你的创业计划书能否打消投资者对产品（服务）的疑虑等等。要根据你的报告，把最主要的东西做成一个摘要，放在前面。然后检查一下，千万不要有错别字之类的错误，否则别人对你是否做事严谨会产生怀疑。最后，设计一个漂亮的封面，编写目录与页码，然后打印、装订成册。

7.2.2 创业计划书的编写格式

目录

摘要

1. 执行总结

1.1 项目背景

1.2 目标规划

1.3 市场前景

2. 市场分析

2.1 客户分析

2.2 需求分析

2.3 竞争分析

2.3.1 竞争优势

2.3.2 竞争对手

3. 公司概述

3.1 公司

3.2 总体战略

3.3 发展战略
3.3.1 初期战略
3.3.2 中期战略
3.3.3 终极战略
3.4 人力资源组织
3.5 财务管理制度
3.6 企业文化
3.7 服务概述
4. 组织管理体系
4.1 组织机构
4.2 部门职责
4.3 管理模式
5. 投资策略
5.1 股份募资
5.2 项目融资
6. 营销战略
6.1 营销目标
6.2 营销模式
6.3 产品流动模式
7. 财务分析
7.1 营业费用预算
7.2 销售预算
7.3 现金流量表
7.4 盈亏分析
8. 风险分析
8.1 机遇
8.2 风险及策略
9. 退出策略
附录:市场调查问卷

7.2.3 创业计划书的编写方法

创业计划书编写的目的是为创业融资、宣传提供依据,同时作为创业实施的规划方案。因此,创业计划书的编写除了尽可能地展现创业项目的前景及收益水平外,还要展现出创业项目的可实现性。在编写创业计划书时,应遵循正确的方法:第一,做好工作计划,使创业计划书的写作过程有条不紊。第二,始终围绕创业产品与服务进行展开,并经常评估产品业服务的创业价值。第三,要充分寻求外部有关人员的指导与协助。第四,在不断修改补充中完善创业计划。一般来说,最终形成的创业计划地正式文本与创业计划草案可能相差很大,有的甚至面目全非。第五,要针对创业计划的目标读者,设置计划项目的不同侧重点。战略伙伴与主要客户关心产品/服务、市场、盈利及管理团队的运作能力。而主要雇员、管理队伍则主要想知道创业公司过去的成功记录及今后的发展前景。

7.2.4 编写创业计划书注意事项

对初创企业来说，创业计划书的作用很重要，一个酝酿中的项目，往往很模糊，通过制订详细的创业计划书，把正反理由都书写下来，再逐条推敲，这样创业者就能对这一项目有更清晰的认识。换句话说，创业计划书先是把计划中要创立的企业推销给了创业者自己。其次，创业计划书也能帮助把计划中的风险企业推销给风险投资家，公司创业计划书的主要目的之一就是为了筹集资金。因此，创业计划书必须要说明：

(1)创办企业的目的是什么？为什么要冒风险，花精力、时间、资源、资金去创办风险企业？

(2)创办企业需要多少资金？为什么需要这么多的钱？为什么投资人值得要为此注入资金？对已建的风险企业来说的话，创业计划书可以为企业的发展定下相对具体的方向和重点，从而使员工深刻了解企业的经营目标，并激励他们一起为共同的目标而努力。更重要的一点，它可以使企业出资者和供应商、销售商等了解企业经营状况和经营目标，说服出资者(原有的或新来的)为企业的进一步发展提供需要的资金。

综上所述的理由，创业计划书是创业者所写的商业文件中较为主要的一个。那么，制订创业计划书时应注重哪些方面呢？

(1)在创业计划书中，应该提供所有与企业的产品或服务相关的细节，包括企业实施的所有统计调查。这些问题包括：产品正处于哪个的发展阶段？它的独特性如何？企业销售产品的方法是什么？企业的产品的目标对象是哪类？产品的生产成本是多少，售价定为多少？企业发展现代化新产品的计划是什么？把出资者拉到企业的产品或服务中来，这么做出资者就会和创业者一样对产品感兴趣。在创业计划书之中，用简单的词语来描述每件事——商品和其属性的定义。创业计划书中对产品的阐述，要让出资者感受到："噢，这种产品是如此美妙、多么令人鼓舞啊！"

(2)在创业计划书中，创业者应细致分析竞争对手的情况。竞争对手都是谁？他们的产品是如何工作的？竞争对手的产品与本企业的产品相比，有哪些相同点和不同点？竞争对手所采用的营销策略是什么？要明确每个竞争者的销售额，毛利润、收入以及市场份额，然后再讨论自己具有的竞争优势，展示顾客偏爱本企业的原因是：产品质量好，送货迅速，定位适中，价格合适等等。创业计划书要使人相信，本企业不仅是行业中的有力竞争者，而且将来还会是确定行业标准的领先者。在创业计划书中，还应阐明竞争者给企业带来的风险以及采取的对策。

(3)创业计划书要给投资者提供企业对目标市场的深入分析和理解。要细致分析经济、地理、职业以及心理等因素对消费者选择购买本企业产品这一行为的影响，以及各个因素所起的作用。创业计划书中还应包括一个主要的营销计划，计划中应列出本企业打算开展广告、促销以及公共关系活动的地区，明确每一项活动的预算和收益。创业计划书中还应简述一下企业的销售战略：企业是使用外面的销售代表还是使用内部职员？企业是使用转卖商、分销商还是特许商？企业将提供何种类型的销售培训？此外，创业计划书还应特别关注一下销售中的细节问题。

(4)创业计划书中应明确下列问题：企业如何把产品推向市场？如何设计生产线，如何组装产品？企业生产需要哪些原料？企业拥有那些生产资源，还需要什么生产资源？生产和设备的成本是多少？企业是买设备还是租设备？解释与产品组装，储存以及发送有关的固定成本和变动成本的情况。

(5)在创业计划书中,应描述整个管理队伍及其职责,介绍每位管理人员的特殊才能、特点和造诣,细致描述每个管理者将对公司所做的贡献。创业计划书中还应明确管理目标以及组织机构图。

(6)创业计划书中的计划摘要也十分重要。计划摘要将是创业者所写的最后一部分内容,但却是出资者首先要看的内容,从计划中摘录出与筹集资金最相干的细节:包括对公司内部的基本情况,公司的能力以及局限性,公司的竞争对手,营销和财务战略,公司的管理队伍等情况的简明而生动的概括。

(7)创业计划内容多,涉及面广,要求创业小组分工完成,但应由组长统一协调定稿,以免出现创业计划零散、不连贯、文风相异等问题。创业计划要详略得当、突出优势,机密部分略微简化,以防泄密。

任务7.3 创业计划书样本

7.3.1 创业项目计划书标准文本

按国际惯例通用的标准文本格式形成的项目计划书,是全面介绍公司和项目运作情况,阐述产品市场及竞争、风险等未来发展前景和融资要求的书面材料。

保密承诺:本项目计划书内容涉及商业秘密,仅对有投资意向的投资者公开。未经本人同意,不得向第三方公开本项目计划书涉及的商业秘密。

一、项目企业摘要

创业计划书摘要,是全部计划书的核心之所在,见表7-1。

表7-1 创业计划书摘要

投资安排

资金需求数额	(万元)	相应权益	

拟建企业基本情况

公司名称	
联系人	
电话	
传真	
E-mail	
地址	
项目名称	
您在寻找第几轮资金	□种子资本 □第一轮 □第二轮 □第三轮
企业的主营产业	

其他需要着重说明的情况或数据(可以与下文重复,本概要将作为项目摘要由投资人浏览)

二、业务描述

(1)企业的宗旨(200 字左右)。
(2)主要发展战略目标和阶段目标。
(3)项目技术独特性(请与同类技术比较说明)。
介绍投入研究开发的人员和资金计划及所要实现的目标,主要包括:
(1)研究资金投入。
(2)研发人员情况。
(3)研发设备。
(4)研发产品的技术先进性及发展趋势。

三、产品与服务

创业者必须将自己的产品或服务创意作一介绍。主要有下列内容:
1. 产品的名称、特征及性能用途;介绍企业的产品或服务及对客户的价值。
2. 产品的开发过程,同样的产品是否还没有在市场上出现? 为什么?
3. 产品处于生命周期的哪一段
4. 产品的市场前景和竞争力如何。
5. 产品的技术改进和更新换代计划及成本,利润的来源及持续营利的商业模式。
生产经营计划,主要包括以下内容:
1. 新产品的生产经营计划:生产产品的原料如何采购、供应商的有关情况,劳动力和雇员的情况,生产资金的安排以及厂房、土地等。
2. 公司的生产技术能力。
3. 品质控制和质量改进能力。
4. 将要购置的生产设备。
5. 生产工艺流程。
6. 生产产品的经济分析及生产过程。

四、市场营销

介绍企业所针对的市场、营销战略、竞争环境、竞争优势与不足、主要对产品的销售金额、增长率和产品或服务所拥有的核心技术、拟投资的核心产品的总需求等,
目标市场,应解决以下问题:
1. 你的细分市场是什么?
2. 你的目标顾客群是什么?
3. 你的 5 年生产计划、收入和利润是多少?
4. 你拥有多大的市场? 你的目标市场份额为多大?
5. 你的营销策略是什么?
行业分析,应该回答以下问题:
1. 该行业发展程度如何?
2. 现在发展动态如何?

3. 该行业的总销售额有多少？总收入是多少？发展趋势怎样？
4. 经济发展对该行业的影响程度如何？
5. 政府是如何影响该行业的？
6. 是什么因素决定它的发展？
7. 竞争的本质是什么？你采取什么样的战略？
8. 进入该行业的障碍是什么？你将如何克服？
竞争分析，要回答如下问题：
1. 你的主要竞争对手？
2. 你的竞争对手所占的市场份额和市场策略？
3. 可能出现什么样的新发展？
4. 你的核心技术（包括专利技术拥有情况，相关技术使用情况）和产品研发的进展情况和现实物质基础是什么？
5. 你的策略是什么？
6. 在竞争中你的发展、市场和地理位置的优势所在？
7. 你能否承受、竞争所带来的压力？
8. 产品的价格、性能、质量在市场竞争中所具备的优势？
市场营销，你的市场影响策略应该说明以下问题：
1. 营销机构和营销队伍。
2. 营销渠道的选择和营销网络的建设。
3. 广告策略和促销策略。
4. 价格策略。
5. 市场渗透与开拓计划。
6. 市场营销中意外情况的应急对策。

五、管理团队

全面介绍公司管理团队情况，主要包括：
1. 公司的管理机构，主要股东、董事、关键的雇员、薪金、股票期权、劳工协议、奖惩制度及各部门的构成等情况都要明晰的形式展示出来。
2. 要展示你公司管理团队的战斗力和独特性及与众不同的凝聚力和团结战斗精神。
列出企业的关键人物（含创建者、董事、经理和主要雇员等），见表7－2。

表7－2　公司管理团队关键人物信息表

姓　　名	
角　　色	
专业职称	
任　　务	
专　　长	

表 7-2(续)

主要经历			
时　间	单　位	职　务	业　绩

所受教育			
时　间	学　校	专　业	学　历

(1)企业共有多少全职员工?(填数字)

(2)企业共有多少兼职员工?(填数字)

(3)合适人选的关键职位?

(4)管理团队优势与不足之处?

(5)人才战略与激励制度?

(6)外部支持:公司聘请的法律顾问、投资顾问、投发顾问、会计师事务所等中介机构名称。

六、财务预测

财务分析包括以下三方面的内容:

1. 过去三年的历史数据,今后三年的发展预测,主要提供过去三年现金流量表、资产负债表、损益表,以及年度的财务总结报告书。

2. 投资计划:

(1)预计的风险投资数额。

(2)风险企业未来的筹资资本结构如何安排。

(3)获取风险投资的抵押、担保条件。

(4)投资收益和再投资的安排。

(5)风险投资者投资后双方股权的比例安排。

(6)投资资金的收支安排及财务报告编制。

(7)投资者介入公司经营管理的程度。

3. 融资需求

创业所需要的资金额,团队出资情况,资金需求计划,为实现公司发展计划所需要的资金额,资金需求的时间性,资金用途。(详细说明资金用途,并列表说明)

融资方案:公司所希望的投资人及所占股份的说明,资金其他来源,如银行贷段等。

(1)完成研发所需投入?

(2)达到盈亏平衡所需投入?
(3)达到盈亏平衡的时间?
项目实施的计划进度及相应的资金配置、进度表,见表7-3。

表7-3 投资与收益

(单位万元)	第一年	第二年	第三年	第四年	第五年
年收入					
销售成本					
运营成本					
净 收 入					
实际投资					
资本支出					
年终现金余额					

简述本期风险投资的数额、退出策略、预计回报数额和时间表。

七、资本结构

资本结构见表7-4,目前资本结构见表7-5,本期资金到位方的资本结构见表7-6。

表7-4 资本结构表

迄今为止有多少资金投入贵企业?	
您目前正在筹集多少资金?	
假如筹集成功,企业可持续经营多久?	
下一轮投资打算筹集多少?	
企业可以向投资人提供的权益有	□股权 □可转换债 □普通债权 □不确定

表7-5 目前资本结构表

股东成分	已投入资金	股权比例

表 7-6　本期资金到位后的资本结构表

股东成分	投入资金	股权比例

请说明你们希望寻求什么样的投资者。（包括投资者对行业的了解，资金上、管理上的支持程度等）

八、投资者退出方式

1. 股票上市：依照本创业计划的分析，对公司上市的可能性做出分析，对上市的前提条件做出说明。

2. 股权转让：投资商可以通过股权转让的方式收回投资。

3. 股权回购：依照本创业计划的分析，公司对实施股权回购计划应向投资者说明。

4. 利润分红：投资商可以通过公司利润分红达到收回投资的目的，按照本创业计划的分析，公司对实施股权利润分红计划应向投资者说明。

九、风险分析

详细说明项目实施过程中可能遇到的风险，提出有效的风险控制和防范手段，包括技术风险、市场风险、管理风险、财务风险及其他不可预见的风险。

十、其他说明

1. 您认为企业成功的关键因素是什么？

2. 请说明为什么投资人应该投贵企业而不是别的企业？

3. 关于项目承担团队的主要负责人或公司总经理详细的个人简历及证明人。

4. 媒介关于产品的报道；公司产品的样品、图片及说明；有关公司及产品的其他资料。

5. 创业计划书内容真实性承诺。

【扩展阅读】

如何撰写创业计划书

一、撰写创业计划书前的思考

你的产品或服务与竞争者相比是否具有以下特点：完全是一个新的想法；是现存产品或服务的升级版本；比其他人更便宜；有更好的销售渠道或售后服务；更便于当地顾客消费。

二、撰写创业计划书前的准备

计划书应具备如下特点：清楚明了，简明扼要，逻辑性强，具有可行性，必要时辅以模型或视频、动画或者图表。

三、设计创业计划书的布局

简述计划内容（概要），简要评价要进入的市场（市场调研数据和结果），描述进入市场需要的技术支撑、经验能力和需要的资金，描述将要提供的产品和服务会给顾客带来怎样的利益，描述如何进入市场（市场营销策略），前景展望，财务预算指标，需要申请的资金数额以及将如何指配使用（选址、租金、工资、经营费用、固定资产、开办费等等）。

四、计划书究竟应该写多长

一份计划书是否吸引人不在于篇幅长短，但是太短的计划书也不可能把你的盈利模式阐述清楚。建议20～50页为好。

五、如何着手，从何处下笔

认真撰写商业计划将会使你对创业项目有更深刻的认识；写作过程可以有效检验你思想的逻辑性和一致性；如第二部分：市场调研前景如何？用数据和图表说话。你的目标顾客是谁？有多少？如何使他们来购买？如何满足他们的需求？你的目标市场在哪里？如何选址？等等。

六、认真书写每一部分

（一）简要概述

必须简明地告诉读者商业计划的内容，用第一句话概括清楚你要做的事，在第二句话中，说明申请资金的数量和用途。

（二）市场情况

1. 从最有可能打动读者的部分开始；

2. 大多数投资商认为：在创业中取得成功的秘诀就是要找到并开拓一个足够大的市场；

3. 一般情况下，“市场”应该作为首先要写的部分；

4. 市场调研非常重要。对给出的数据要做注释，权威数据应该给出来源，以增加可信度。

（三）技术、经验和团队介绍

1. 投资商最重视的是人。

2. 介绍自己的详细资料、团队成员的背景和经验、个性和详细资料。

3. 以前取得的成就和技术资质应该写上。

4. 金融和投资方面的水平也相当重要，最好有相关的经营经验或者打工经历。

（四）产品优势

1. 一个好的商业想法未必是一个好的商业机会，你有必要进行一下商业评估。

2. 事实上，众多的创新中只有一小部分可以市场化，关键在于它有没有市场需求。

3. 拥有一个好产品只是通往成功的一个步骤，但不一定是第一步或最重要的一步。

（五）经营方法

1. 如何把产品推向市场？在宣传和广告上会采取哪些措施？用什么方式推销？什么时间开始？最好列出一个时间表。

2. 你的团队成员如何分工？管理上有什么制度约束？如何考核他们的工作？最好列

出管理框架。

3. 你最初的生产(或销售)能力怎样? 未来三年经营预期如何增长?

4. 介绍一下你的生产(或经营)方式。

(六)前景展望

1. 需要写明项目未来3~5年的发展预期。

2. 你将如何战胜你的竞争对手(现在的和潜在的)。

3. 潜在风险和应对预案。

4. 竞争和竞争形势分析。

(七)财务指标

1. 第一年期望的营业额是多少?

2. 第一年期望的净收益是多少?

3. 第一年将会偿还多少贷款?

4. 需要多久可以完全偿还贷款?

5. 计算你的总投资额、盈亏平衡点、保本销量、投资回收期,这些数据对投资商非常重要。

(八)资金使用情况

1. 详细解释一下:你为什么需要他们的钱?

2. 说明你的团队成员分别需要多少投资?

3. 列出你将要如何使用这笔钱:是否需要购买技术或专利? 购买多少设备和办公用品? 计划租用多少面积? 每月租金多少? 计划聘请多少员工? 每月工资费用多少?

4. 最初启动时需要多少宣传成本?

5. 现金流量预测表。

6. 意外事故储备金。

(九)附录

1. 各个市场调研的精确摘要,不管是你自己做的还是摘录的(摘录的要注明出处)。

2. 报纸、刊物上有关市场需求的文档或照片。

3. 宣传册或其他有用的文献复印件。

4. 产品测试结果,尤其是其他部门做的测试结果。

5. 本项目的历史记录:已经发生的经营报表、有关市场和商业计划的变更、营销手段变化和过去本领域发生的重要事件等。

七、重要的现金流量预测

现金流量通常是各个月份的财务数据,具体参照模板去填写。这并不是对企业盈利能力的预测,而是在短时间内企业能否收入大于支出的一种设想;预测表中的项目数据取决于所预测销售数据的可靠性;预测的数值会跟现实有一定的差距。

八、写计划书的几个误区

项目名字应简单好记,一目了然;创业团队最好优势互补、男女搭配;注重项目的可操作性、运作的可行性;市场调研描述要真实可信;资金需求不是越大越好;创业计划书不是越长越好;自信和勇气比资金更重要!

7.3.2 高职学生创业计划书样本

样本一：

餐饮服务业创业计划书

学生：　　　　学号：　　　系：　　专业：
指导教师：

目 录

一、计划书摘要

自上初中以来，我便开始住校，深知令人头疼的“吃饭”问题，也就是食堂的饭菜问题。由于学校食堂普遍都是饭菜种类少、出饭速度慢、地域不同导致的饮食习惯的不同、营业方式单一等，因此，虽然价格较低，但很少能真正让学生欢迎。学生对食堂饭菜的抱怨则更是“自古有之”。虽然可以到校外就餐，但大多数学生迫于经济因素，还是愿意在校食堂就餐。因此，我决定整合食堂和饭店的优缺，创建一家以学生为主要对象的餐饮连锁店。

二、产品简介

单元店位于大学聚集中心地段，主要针对的是大学生、教师。经营面积约为200平方米左右。经营范围以日常主食和休闲小吃为主。日常主食主要提供早餐、午餐、晚餐、配送快餐，休闲小吃主要有特色冷饮和休闲小吃等。品种多、口味全、营养丰，使就餐者有更多的选择。午餐和晚餐则尽可能地融合各地不同口味菜式。而休闲小吃则提供各种冷饮糕点，如果汁、薄冰、冰粥、刨冰、冰豆甜汤、冰冻咖啡、水果拼盘、各种面包等。本餐厅采用自助快餐的方式，使顾客有更轻松的就餐环境与更多的选择空间。本餐厅装饰自然随意，同时富有现代气息、文化气息，整体感观介于家庭厨房性质与酒店厨房性质之间。

三、行业及市场情况

为了保障饮食安全，提高饮食质量，成立校园饮食连锁店，旨在为学生提供价格低廉、安全高质并富有特色的食品，并且同时为在校学生提供一些兼职，帮助他们减轻生活费不足的压力。

优势分析：本餐厅解决了学校食堂饭菜种类单一、经营模块单一、流动小摊卫生没有保证等问题，并且比食堂同样方便快捷，节约时间。另外，本餐厅采用刷卡、现金消费模式，自助选择方式，电话订餐配送体系，很容易受到顾客欢迎，并能节省部分人力资源。同时，餐点还提供冷饮、种类丰富的休闲小吃、冰粥等，并提供免费茶水。简洁舒适的装修将是餐厅的一大特点，师生喜欢在干净、服务态度好的餐馆就餐，因此，令人满意的服务也将是本店的一大特色。此外，学校食堂有明确的就餐时限，而校外很少有餐馆出售早餐，因此，本店则可以抓住这部分因时间差而导致丢失的市场份额，换句话说就是由在就餐点前后的一段时间要就餐的潜在客户群所产生的市场份额。

劣势分析：由于刚起步，规模小，经营管理模式不成熟，市场知名度低。另一方面，因为学校假期是固定的，寒暑假期间的客源会骤降，而寒假期间会比暑期更少，这将会是一个比较难以解决的问题。

机会分析：据我们的市场调查与分析，本店产品的市场需求是存在的，并具有一定的竞争力。而本人正是学生——这个最大客户群中的一员，所以更能了解顾客需要什么样的产品和服务，从这些方面来看，我们存在的必要性与市场潜力是很乐观的。

市场竞争分析：餐厅的服务、产品质量的高低与经营成本又有直接和必然的联系，因此产品价格必然不会比竞争对手低，但相比之下，选择我们的客户将会得到更多的实惠。并且，成本与利润的直接挂钩，盈利的多少则又是能否在竞争中生存下去的一大决定因素。再者，各地风俗与饮食习惯的不同，又产生了另一个问题，即是否大多数顾客都能对产品认可或满意呢，这也是需要接受考验的。

四、组织与管理

餐厅采用学校连锁式制，会员刷卡积分模式。单元店面发展缓慢，所以采用在一个省份内各个不同阶段的高、中校连锁模式，这样可以保留一大批的长期顾客。考虑大多消费者为学生，学生在各校间的流动性强，持一张卡在本餐厅所属各连锁店均可消费；学生家庭贫富差距不一，刷卡消费，给广大同学提供一个心理平衡层面。通过积分制度，同学可以在一定的积分下享受本店提供的优惠政策，帮助同学减轻生活负担；减少现金上面细菌的直接传播等。

单元店设置店长 1 名，收银员 1 名 ，厨师 3 名，服务生 3 名，每周提供兼职服务生若干名。

经营理念侧重于以下几点：

主要的文化特色：健康关怀、人文关怀。

主要的产品特色：具有科学合理搭配营养的绿色健康餐品。

主要的服务特色：会员制的跟踪服务，温馨、文明的现场服务。

主要的环境特色：具有传统文化气息的绿色就餐环境。

店面：一方面应该和自己的经营业务有紧密的相关，另一方面要照顾到经营的场所是在校园内部，要贴近校园特色，易于为校园群体喜爱和接受，店面应有现代化格调。

样本二：

礼品店创业计划书

一、概要

某礼品开发和策划机构曾经专门就礼品市场对数千人做过调查，一个人一年中送礼次数最高的达到267次，最少的2次，平均为3.9次。在送礼金额中，最贵重的达到1 288元，最便宜的11元，平均35.6元。按照上述数据，推算礼品市场：全国人口13亿×每年送礼人次3.9次×每人次送礼金额35.6元＝市场容量为1 805亿元。情感是具有普遍意义的概念，它包含亲情、友情和爱情。情感无处不在，凝聚在同学、同事、战友、师生、上下级、父母、兄弟、姐妹、长辈、晚辈、知己、情侣、爱人等关系中，人们表达感情的方式，最简单、最直接和最有效的方法是赠送礼物，情感礼品行业是一个充满诱惑力的新兴产业，作为新的经济增长点，发达国家已逐步走向成熟，各种档次的专卖店、销售点星罗棋布，各种层次、各种款式的产品充分满足了日益增长的市场需求。而在国内，这一行业尚处于初期发展阶段。其市场潜力巨大。

二、公司描述

1. 公司名称：西安市新锐商贸有限公司——x98 工艺礼品专业连锁店

2. 公司宗旨：让快乐相伴相随，将平价进行到底

3. 公司服务：一份礼品、一份心意、一份祝福、一份快乐

4. 公司形式：股份制

5. 公司经营方式：自主连锁经营

三、公司经营策略

1. 行业现状

该行业一方面是专门围绕生日主题开设的生日礼品专卖店和时尚饰品连锁店。目前在西安主要有“广州多彩”“爱情氧吧”“快乐365”“花样年华”“5151”“色可儿”“阿呀呀”“时尚青年”等等。经营方式多为加盟形式，其价格较高，平均利润率至少在50%以上，有的高达100%甚至200%以上。管理体制也不完善，各盟店发展不均衡，没有真正形成规模效益。另一方面是传统的个体店或夫妻店。其经营虽存在了多年，但都形不成规模，没有品牌效应，知信度低，经济效益也不是太理想，只当是养家糊口的一种谋生手段。

2. 市场分析

据调查，目前有三种送礼现象：一是一些企业把为员工过生日作为提高企业凝聚力的重要手段，这种现象非常普遍；二是一些商务人士纷纷把生日送礼作为业务往来的亲情筹码，大打亲情牌；三是在学校，为同学过生日，已经成为一种风气蔓延开来。这三种现象导致了送礼的范围已经超越了过去单纯的亲情、友情和爱情的范畴。西安市有各类高校、民办及其他高等教育机构100多个，在校学生达100多万人。这就使礼品市场变得更广阔。

3. 经营模式

以自主经营专业店的连锁形式进行策略扩张，针对大学生消费市场，集中主力于大学周边商业街大学城开设专业店，充分利用当地的批发商以铺货分期结算的方式进行合作，进行品牌推广，力争在三年内把公司品牌做大做强，进而较快的推动公司滚雪球式的发展。

4. 营销策略

实行统一店面、统一品牌、统一形象、统一采购、统一售价、统一服务质量，统一的管理

体系等进行全面统一的管理。打造规模效益。

四、竞争分析

1. 竞争对手——个体店夫妻店

他们的经营理念比较落后，市场经济意识和法律意识都比较淡薄，因此，他们经营的局限性壁垒比较大，小农思想比较严重，故其所经营的商品质量得不到保证，进货渠道比较杂乱和局限，品种单一，服务较差。同时，商品的时尚性新颖性不强，特别是不能吸引青年一代的个性需求。而作为连锁店则是以强大的资金实力和统一的运作模式来作为后盾，从进货源头上就把住了商品的质量关，以及从流通等各方面着手降低了商品的成本，进而以更优惠的价格，更好的商品来面对消费者。同时连锁店可进行一些促销活动，以及做广告宣传，而农家店夫妻店是各顾各，一般只停留在传统的口碑上，且他们的店面较小，从几方面上看他们都是不能与之相抗衡的，加上购物环境的不甚理想，不能给消费者提供更好的购物享受和自由度。

2. 竞争对手生日礼品专业店和时尚饰品店

具有一定的规范化、规模化、专业化，其产品也较时尚、个性，但其价位较高，利润空间大。而且其加盟公司实力存在较大差异，管理体制不健全。尤其有些公司，只注重发展加盟店的数量，收取加盟费，而忽略了加盟店的扶持、跟进服务和区域保护，造成了加盟店的后期管理混乱，发展不均衡，难以统一，从而失去了加盟连锁的优势和规模效益。而作为专业连锁店，没有中间环节直接管理，连锁经营。拥有更加丰富的产品储备，更加专业化的经营，更加实惠的价格，更加人性化的服务，从而最大限度地满足人们个性化、时尚化的送礼需求，解决送礼难，送好礼更难的现实困难。一份礼品、一份心意、一份祝福、一份快乐，传导快乐消费理念，引领快乐消费新潮流。与此相比具有较强的竞争性。

五、经营要点

1. 员工要求

营业员：诚实守信，有责任心、上进心，有较强的表达能力和敬业精神。

店长：必须从事营业员工作满六个月，经考核合格方可当任。

2. 人员配备

一星标准店长一名，副店长一名，营业员 2 名(50 平方米)。

3. 薪酬体系

建立人性化工资体系，工资奖金动态分配，员工可参股分红，最大限度留住人才；

4. 用人原则

充分给予每个员工以信任和机会，用其所能，用尽所能。

5. 店铺规模

一星标准店 50~100 平方米，三星形象店 100~200 平方米，五星旗舰店 200 平方米以上。

6. 定价原则

新产品(特色品)上市一律以 x9.8 元的形式，如 9.8，19.8，29.8。

促销品(一个月后滞销品)改 9.8 为 5。

特价品(三个月后滞销品)降级销售。

7. 利润率

独特个性时尚商品为 50%；

一般个性时尚商品(周边同行店无售商品)为40%;

常规个性时尚商品(周边同行店有售商品)为35%;

热销竞争性强商品(上述a、b类商品除外)为30~25%。

8. 促销活动

消费卡:凡进店消费者均可领取,累计达29.8可换会员卡,以吸引新顾客再次消费。

会员卡:消费(可累计)达29.8元均可领取,享受更多的会员优惠,以巩固老顾客。

联合:与蛋糕店、鲜花店、礼仪公司等联营,拓宽销售渠道。

赞助:参与周边院校的联谊、文艺等各种活动,进行适当的宣传,提高知名度。

替送:因事忙、闹别扭、商务等需要,替送一份礼品,传一份祝福,更具人性化。

团购:学校、机关、企业等节日礼品、会议和校庆纪念品。

节假日:元旦、情人节、圣诞节等不断进行特价、赠送等优惠活动,提升人气。

自创日:在平常日子,可想办法创造活动日,如和好日、道歉日、想您日等。

六、财务分析

1. 前期投入

按目前行业的现状,开设一家一星的标准店(同行业规模在10~30平方米),营业面积50平方米,房租6 000元/月,按交三押一支付计24 000多元,货架及装修等10 000多元,货款加上流动资金为10万元。计划前期开设5家一星标准店,总投资约75万元。

2. 融资方式

公司以3~6个股东融资80万元,每股5 000元,计160股。先期采取零负债的模式,到企业发展进一步加快时,可向银行申请一定的贷款,使公司得到滚动式的发展。

3. 投资收益

按一家一星的标准店一个月期限来计算,营业收入为60 000元,营业收入利润率为35%,营业利润为21 000元。营业成本计12 000元,其中房租6 000元,各税费1 000元,人员工资费用4 000元(4人),包装费、礼品袋等费用1 000元。月纯利润为9 000元,即年纯利润为108 000元。

七、远景规划

经营学生礼品为主,兼顾商务礼品、家居饰品等,对专业店不断地复制,以专业连锁形式滚动式的发展。以西安市为起点,打好基础,发展到周边如成都、重庆、郑州等西部城市,以此为基地,向全国覆射。将开设专业连锁店1 000多家,打造中国最大的工艺礼品专业连锁机构。

样本三:

饰品经营店商业计划书

据我国权威机构对中国女性饰品市场的调查显示,目前我国女性饰品市场人均占有率不足5%,而发达国家一般都在45%左右,其中最高的是日本的东京为98%。据专家预计,我国女性用品消费率正按每年19%的年增长率递增,其巨大市场空间和可怜的市场占有率形成了鲜明的对比。就目前而言,可供消费者满意的产品并不多,市场中的产品和店面形式也参差不齐、良莠不分。所以说饰品行业的市场发展空间是很大的。

在店铺漫天飞的今天,个性是店铺的灵魂,是店铺的生命。为了区别于普通女性的饰品店，我们将以壁挂、藤编容器等家居小饰品作为经营项目，以专业化和个性化为主导理念，以普通消费者为客户群。我们将采用网上经营的模式，构建自己的饰品店网站，采用“一站式”销售实现经营利润的最大化。以电子互动平台来全面提高产品供销链的上市速度，及时补货，与客户进行充分的交流。经营饰品店的想法源于我们自身对个性饰品、家居装饰的浓厚兴趣，以及饰品行业巨大发展潜力的吸引。我们希望我们的产品——一个藤编花瓶，一副泰式壁挂，一盏贝壳灯具，能为您的温馨小家增光添彩，营造出浪漫满屋的氛围。

一、公司介绍

1. 公司经营宗旨及目标

本公司坚持诚信为本，顾客利益至上的经营宗旨。我们会时刻关注顾客需求，以公司网站为平台，留意客户反馈信息，为客户提供各种咨询服务。以市场为导向，加快产品更新速度，从而保证我们的家居饰品的优质与时尚，满足人们追求个性、简洁、潮流的欲望。

靠薄利多销，走经营流水，凭品质和设计，赚客户认可度，这就是我们的经营之道。相信依靠公司同仁的努力，我们的产品会赢得良好的信誉，在获得丰厚利润的同时，也帮顾客创造出温馨舒适的家居气氛。实现公司与客户的双赢，这便是我们的目标！

2. 公司简介

(1) 公司名称：猴哥淘艺

(2) 业务范围：家居小饰品——各式壁挂、藤编花瓶、布质靠垫、陶瓷画、陶瓷花瓶、小地毯、电器套等。

3. 公司管理

(1) 管理思想：以质量管理理论为指导，要求人员必须不断完善、学习、成长，同时对经营过程进行再思考和再设计，以便在业绩衡量标准（如成本、质量、服务和速度等）上取得重大突破，完成企业再造。公司采取网络化层级管理体制，实现集权和分权统一，稳定和变化统一，一元化和多元化统一。

(2) 管理队伍：以总经理为管理中枢，下设产品服务总监、市场营销总监、网站技术主管、财务主管。

(3) 管理决策：以总经理为核心召开公司会议，各部门主管参加，共同讨论公司相关事务。涉及公司战略方向选择以及不同工作单元自主性劳动的范围与边界确定等问题，总经理拥有最高决策权。公司管理在强调统一指挥和一定程度集权的同时，也注重分权。工作单元内的一线人员，也就是各部门主管，有权在公司战略参数的范围内自主地处理可能出现的紧急情况。

4. 团队概述

公司的四位创建者都是在校的女大学生，就读于电子科大人文社科学院行政管理专业。扎实的管理理论功底和深厚的友谊使我们共同设计出了一套严密且分工明确的管理体系，让大家能够各司其职，各尽其责。

二、成本及经济效益分析：

1. 目标市场

销售对象主要集中于有一定消费能力的白领阶层，对生活品质和格调有较高的需求和期望，喜欢休闲，有情调，更加关注物质以外的生活质量。所以在销售过程中要锁定这种消费群体：高学历收入较高一族、新贫族、白领，也包括高中生和大学生。

2. 顾客的购买准则

遵守购买时自愿平等，诚实信用原则，用支付宝付款结算，遵守淘宝网的网上交易协议。

三、产品与服务

产品简介

猴哥淘艺主要从事礼品、挂图、手工艺品等艺术产品销售，产品由甲公司、乙公司生产。甲乙公司产品分别有什么系列，某系列有什么型号、颜色，规格。

服务细则

1. 凡在猴哥淘艺购买任一商品的顾客均是本商店的普通会员，普通会员的积分达到1 500分(每花一元积一分)时即可上升为贵宾会员，贵宾会员积分达到3 000分时即可上升为钻石会员。普通会员可享受9折优惠，贵宾会员可享受8折优惠。钻石会员可享受7.5折优惠并提供免费邮寄或免费送货服务(成都市三环以内)。

2. 猴哥淘艺将根据客户自己选择的运输方式，免费代办运输。邮寄费用或长途运输费(含保险费)将由客户承担。

3. 因邮寄或长途运输而造成的货物损失，猴哥淘艺不承担责任。

4. 为确保订单的有效性，猴哥陶艺将在客户订单发出一天之内通过手机短信、电话或电子邮件确认是否购买，在收到客户准确答复后视为合同生效，货款及其邮费余款应在其2天之内到账，并在到账后当天或第二天邮出物品。如因其他原因造成客户费用汇出而我方显示未到账的，我方将在汇款到账后发货，或者客户可以提供相关证明证实实际情况的，我方认为合理的情况下在提供证明后3天内发货。

5. 客户2天内买下多件商品可一起邮寄。

6. 如果客户所购的礼品涉及特殊设计和印刷及其他方面的问题，猴哥陶艺在接到客户订单意向后，将与客户联系并最后商定价格。(附：所涉及的商标侵权责任应由客户承担。)

7. 猴哥陶艺将根据客户会员级别给予折扣优惠，最终价格将在接到订单意向后与客户具体商定。

8. 客户在收到所订的商品时，发现质量问题，若因本店人员疏忽或商品本身质量与说明不相符的，自收货之日起3天内本店为客户无条件包换包修，但客户需承担返还商品的费用，而不需承担再次邮寄费用。

9 客户收到商品后若不满意，猴哥淘艺可以包换，但必须未对该产品设计、材料等做任何改动、并损坏标志印刷，无质量问题不影响再次销售，而且因此产生的费用由客户承担。

10. 因客户行为造成的商品外观、包装、性能破坏并且影响再次销售时，请原谅本店将不予退换。

四、资金需求、筹措方法及投资回报

因为公司为网上公司，经营货品占地不大，起步初期可以先根据市场需求做一份需求分析，根据此分析再逐步扩大购买规模，故起始资金的投入相对较小，公司预计需要3 000(待算)元启动资金，主要用于库房购置、员工培训、市场宣传推广。资金的筹措方式是个人或者机构的风险资金，以投资入股的方式投入，其他资金投入方式也可以考虑。公司预计在未来的一年内收回成本，按每月销售一件产品计算(平均销售利润率30%计算)。

1. 设备费用

电脑(启动投入)：初期拟使用2台电脑，保证每天8小时有人在线。上网费用、在校期间平均每月投入20元,假期期间共投入60元。

软件(启动投入):100元。

租用办公地点(每月投入):拟租用办公室约20平方米,月租200元(按季付)。

设备的启动资金合计760元。

将来随着访问率的提高及购买队伍的扩大,将会在已有的淘宝网猴哥淘艺小店的基础上,把网络买卖重心转移至公司独立网站的构建上,就需要提高服务器的档次、增大专线带宽、增加电脑的台数、扩大办公面积等。预计将在一年后追加设备费用。

2. 行政费用

人员工资:初期工资为0工资,属于朋友间创业阶段,故以股份形式为个人所有。

宣传费用:印发宣传单每次100份,初步范围为电子科大女生公寓(寓苑和15栋),宣传海报(成华区附近小区和八里小区附近)10份。

通信费用:估计每月100元

参考资料:网上和货品来源地为参考。

行政费用启动资金预合计为150元

3. 回报

网络时代,注意力即是经济,猴哥淘手工艺饰品网以指向性强并且相对忠实的注意力为基础,以便实现以下的盈利方式:

在线一口价:以每年有约6 000元交易额计算,收取5%劳务费用,年收入:3 000元

在线拍卖:(在小有盈利的基础上)以每年有约12件的交易量计算,减少部分劳务费用收取,提高产品美誉度和顾客吸引力。

由于我们所采用的是网上经营的方法,因此省去了传统店铺所需的经营费用,我们的资金主要用于商品的采购和运输及仓储。

进货渠道多种多样,有直接从厂家进货的、有从设计公司进货的、有批发市场批发来的,还有连锁经营从总部发过来的。从厂家进货时费用要低一些,因为厂家没有设计能力,产品大多是来料加工和来图加工,产品会比市场略微过时一点。从设计公司进货则要高一点,但可以保证货品的"新鲜度"。批发市场中的拿货价格则遵照了一般原则,给经营者留出了50%的空间。

通过在荷花池批发市场的调查,我们决定并选择了一家较熟悉的供货商,进货价比零售价低一半,这使我们有足够的利润空间,也降低了经营风险。初步估计首次资金投入为3 000元,由我们公司四位成员均摊。

【实训与习题】

一、知识点练习

1. 创业计划书内容是什么?

2. 如何编写创业计划书?

二、实训实践题

小王是一名会计学专业毕业的大学生,想自己开办一家会计公司。他进行了大量的市场调查,发现这个行业有很大的市场,同时,还对开办公司的必要支出进行了估算,大致如下:

租一间20平方米左右的办公室,大约每月需要租金3 000左右;购置2台电脑,每台

5 000 元;购置1套最基本的财务软件,大约需要3 000 元;购置3套办公桌椅,每套在300元左右;购置2台打印机,一台针式打印机用来打印输出会计凭证和账簿,另一台打印一般的办公文件,2台打印机共需要3 500 元;购置一台税控机,价格3 000 元;传真机一台需要1 000 元;事先需要购置一些办公室用品及办公耗材,需要支出1 000 元,大约可供一个月使用;饮水机一台500元,每月大约需要4桶水,每桶15元;电话费、网费每月320元左右;水电费每月200元。同类的会计服务公司广告费每月一般在1 200 ~2 000 元之间,小王决定只能是平均花费,所以准备每月1 500 元;需要雇佣1名会计和1名外勤人员,二人的工资每月合计为3 500 元,社保保险费合计每月1 000 元;尽管国家对大学生创业进行了税费减免,但是开户、刻章直至办完整套开业手续,大约需要一个月的时间,需要的前期基本费用1 000 元。

对于日后的收入,小王也进行了调查。大约每增加一个客户可以取得每月250元左右的收入,每户服务的基本费用每月20元。另外,客户在60户以内时基本上不用增加会计和外勤人员。

于是,小王简单算了一下他创办会计公司所需的资金为:

房租3 000 + 电脑5 000 ×2 + 软件3 000 + 办公桌椅900 + 打印机3 500 + 税控机3 000 + 传真机1 000 + 办公用品1 000 + 饮水机及一个月的饮水560 + 电话费200 + 广告费1 500 + 雇员工资及社保费4 500 + 开办费用1 000 = 33 480 元。为了预防万一,怕哪些项目考虑不周,小王多留出一些资金,共筹资5万元的资金。

可是,刚刚经营了几个月就出现了资金断流,房租钱都不够了,你能知道这是为什么吗?

讨论:

(1)小王公司资金断流的原因?

(2)小王在计算时还应该考虑哪些因素?

(3)请帮助小王计算一下开办公司大概需要多少资金?

项目8　参与创新创业实践

【创新创业格言】

做事要坚定，当初如果不放弃考大学，也许今天我只是一名普通的打工者；做事要认真，如果做一件事情比别人多付出5%的努力，就有可能拿到比别人多200%的回报。

——李想

【创新创业家小传】

李想（1981.10.5—），河北石家庄人，高二时退学自行创业。汽车之家网站创始人，前任汽车之家总裁，现任澳信传媒副总裁身价为1.52亿美元。

1998年前给《电脑报》《计算机世界》等报刊撰写稿件；1998年做个人网站；1999年高二时退学；2000年注册泡泡网并开始运营；2001年下半年从石家庄来到北京，开始“正式的商业运作”；2005年从IT产品向汽车业扩张，创建汽车之家网站；2006年5月被评为“中国十大创业新锐”。2015年，汽车之家宣布，创始人李想将不再担任汽车之家总裁一职，仍将继续以汽车之家董事、股东身份，在公司的战略规划等重要事务上发挥作用。

【学习目标】

熟悉创业风险的类型，掌握创业风险的防范与化解方法；分析创业中的误区，提升对创业的把握能力。

【引导案例】

创业要学会妥协

最早摸计算机的时候，李想还是石家庄的一个高中生。他把所有业余时间都给了计算机和互联网，“它们就是为我而发明的”。他要转遍石家庄所有的邮局，只为去买一张软件。他整夜地待在电脑前搭建自己的网上王国。白天在课堂上不愿同老师同学分享的观点，晚上在互联网上可以自由地表达，或遭遇到强烈地碰撞，在争执或者认同中被不断记录、被不断成就。“新东西都是在互联网上学到的，传统的教育被抛开了。”

李想不喜欢课堂，他总喜欢学习在实践中能快速使用的知识。需要什么才学什么，学了什么就马上用起来。但初中时候也曾经在课堂上拼命学习，就因为老师一句话的激励：“学习不好不要紧，但一定要做个优秀的人。”他认为这是他在课堂上所学到的最有价值的东西。

“我是高一时开始上的网，当时上网还很贵，一个月要七八百块钱。”在此期间，李想迷上了个人网站。除了上学，他把所有的时间都用在计算机上，像许多电脑迷一样，他也建了一个个人网站,“一开始是自己做着玩,但我这个人喜欢争强好胜,别人做得好,我就要比别人做得更好。”他把自己喜欢的电脑硬件产品都放在网上,有很多人上网和他交流,慢慢地就有了访问量,三五个月后访问量达到1万人次/天。这时候,广告商就找上门来。

“当时所有的网站只要做得好都有人给你投钱,而且他们什么要求都没有,只要能显示出来就行了。”当时李想的网站每个月有7 000元的广告收入,这对一个学生来说,简直太奢侈了,“赚钱原来很容易嘛。”但好景不长。1999年下半年,互联网泡沫破灭,李想的广告一个都没了。

虽然遭遇挫折,但李想并不气馁,因为做网站让他找到一个可以让自己全力以赴的事情,而且是自己特别喜欢的事情。因此李想没有选择继续读书,而是自己创业。“我觉得这个机会太难得了。早两年,没有这个机会,晚两年,这个机会可能又过去了。”当他决定不上大学而选择创业的时候,家庭支持了他。李想父母是当地艺术学校的老师,家教宽松。李想儿时在乡间长大,中学时跟奶奶住在一起,很少被父母留在身边。李想有一个够大的空间,自由成长。

2000年,李想和一个朋友创办了PCPOP(电脑泡泡)网站,初始投资就是自己做网站淘到的第一桶金,将近10万元。新网站很快就有了访问量,但却见不着效益,因为在石家庄没有收入机会,李想决定移师北京。2001年底,李想到了北京,一开始租了一间民房,半年后,网站访问量每天有3~5万人,广告商又找上门来,而且开出的价格比原先还高。2002年,他们搬到写字楼,这一年网站的收入达到50万元。迈出了第一步,以后的路似乎越走越顺,2003年他们的收入达到200万元。李想的盈利模式说起来很简单,无非是靠内容和服务吸引用户,访问量大了以后,自然就有广告登门,但要真正做好这两点却得靠真功夫。PCPOP网站的内容基本上都是原创的,不是别人的“拼盘”,身居中关村,让他们每天都能关注市场的最新动态,厂商也会把最新的产品拿来给他们测评。因此,和别的网站比起来,他们的专业性特征明显,而且更新速度非常快。另一方面,这些年市场消费行为也在发生变化。原先顾客要买一件商品,可能到电脑市场转上好几天,而今更多的用户可以先在网上找到想要的东西,寻到一个便宜的价格,谁的网站专业性强,更新速度快,自然就会吸引更多的眼球。李想不觉得自己是个商人,自小在农村长大,自称“像农民般正直”,因为诚恳待人,“所以这些人才都一直跟着我”。从个人网站开始逐步发展到一个团队。早期,李想说自己能够成功是因为兴趣和爱好;然后,支持李想继续进步的是责任心;最后,李想发现管理也是一门很有趣的学问,于是,从一个发烧友、职业撰稿人转变为企业家。

李想最初创业的目标就是想赚钱,“当时觉得能赚上二、三百万就不得了,很满足了,但当钱越来越多的时候,钱反而变成次要的东西,最重要的是带领团队去实现新的目标。”

身家过亿的“高中生”李想,泡泡网CEO。从最初几千元的进账到一亿以上身价,时间不过短短四年。泡泡网是第三大中文IT专业网站,广告销售每年以100%以上的速度增长。2005年,又从IT产品向汽车业扩张,年营收近2 000万元,利润1 000万元,取20倍的市盈率,市场价值2亿。这一年李想24岁,创业6年。在风险投资家眼里,李想的创业显得有些另类。如今,在专业IT网站排名靠前的五家,除他们外,都是靠几千万美金的投资“砸”出来的,只有他们是自己滚雪球,因而让风险投资大跌眼镜。

李想以10个人的团队创造了一个飞速发展的汽车社区,PCPOP推出了一个独立的汽车类网站,喜欢飙车的李想说推出这个网站,不是因为自己喜欢车,而是市场机会太好了,“你只要看看现在做得好的汽车网站都是从IT转过来的,汽车网站和我们现有的网站在线上的模式是一样的，操作方式也一样，都是既做内容又做测评，正因为有前期的经验，我们做起来非常得心应手。”和别人不同的是，他们不是大杂烩，他们把每一个车做成一个网站，在这上面，既有新闻又有测评，既有图片也有数据，还有用户交流的论坛，这种全新的网站结构颇让李想得意，“因为我们是真正从用户的角度出发，传统的网站是综合性的，用户访问网站是被动的，也就是说网站更新什么，用户就看什么，比如，用户想找一篇有关马自达3的文章都很费劲，其实，对用户来说，首先关注的是产品，所以我们就进行细分，让用户用起来更方便，其实，这些东西原先都有，只不过我们把它更好地组合在一起了。”尽管他们没有掏很多钱去做推广，但每天已经有10万的流量，在汽车类网站中排名第四，但李想认为这还不是最有价值的东西，随着用户数的增加，这些注册用户的价值会更高。“我们的后台用户数据库非常有价值，这将是我们未来的一笔财富。”

2008年6月，李想把自己创办的两家公司卖给了澳洲电信，汽车之家作价7 600万美金换取55%股份。2012年李想又开拓出新的收费模式———渠道服务，换句话说，就是经销商在PCPOP网站上租摊位卖东西，“这笔账太好算了，在网站上，一个手机的流量顶得上卖场一半的流量，而这一半流量只光顾你一家，而且没有人员成本，一个摊位每个月六七千元，对经销商来说每天卖一台手机成本就够了，经销商何乐而不为?”为了使收费更务实，下一步他们准备采取类似百度竞价排名的方式，也就是取消摊位费，按效果来收费。李想说：“我们会计算出多少个点击会产生一个购买量，平均下来一个点击多少钱，按实际点击量来收费，这样对双方都有好处，只要访问量增加，我们的收入就能成比例增长。”眼下渠道的收入和广告收入还没法比，但李想坚信，到后年，渠道的收入就会大幅提升，和广告收入不相上下。2013年11月5日，中国垂直类汽车网站领导者汽车之家向美国证券交易委员会(SEC)提交上市申请，计划赴纽交所上市，募资1.2亿美元。按估值10亿美元计算，若汽车之家成功在美国上市，持股5.3%、年仅32岁的创始人李想的个人财富将达5 300万美元(折合人民币约3.2亿元)。2013年12月11日晚，汽车之家(NYSE:ATHM)在美国纽约证券交易所上市，股票交易代码为“ATHM”。周三纽约股市收盘，汽车之家上涨13.07美元，收于30.07美元，较发行价上涨76.88%。据汽车之家招股书披露，在个人股东中，李想持有5 066 483股，占比5.3%。汽车之家创始人兼总裁李想身家过亿，约为1.52亿美元。

虽然没有受过高等教育，但李想的领导力无疑是他成功的根源之一。他的员工评价他：“在同龄人当中，他是很有领导力的一个人。”李想自评：“怎么来用好这些人，怎么让他们每个人能力发挥到最好，怎么让这个团队凝聚在一起，我觉得这是我现在最大的乐趣所在。”科学的管理是以人为本的管理，就是最大限度地发挥每个人的才能，全部朝着有利于达到公司的目标的方向发展。企业通过管理创新，形成了优秀的企业文化，企业文化又塑造了优秀的员工，优秀的员工又造就了优秀的产品和服务，最终在市场竞争中获得合理的回报。

作为一个经理人，应该靠什么让员工对自己服气，能接受指挥和管理？靠的是自己的领导力。所以应具备五大特质：

智力：没有聪明的头脑是不行的。

监督力：就是如何让一项命令、一个工作计划按照自己的意愿实施下去。

自信心：自信是指一个人对自己的恰当的、适度的信心。既然是适度，就不能过分，过分则为自大。也不能不及，不及则为自卑。自信是心理健康的重要标志之一，也是一个人取得成功必须要具备的一项心理特质。

积极主动：为了实现目标，总是能够积极主动面对一切挑战，表现出超凡的勇气和进取心。

果断：做事情能够持之以恒，有魄力，而且一旦思考成熟，就立即着手去做，而不是畏首畏尾。

2015年6月，汽车之家宣布，创始人李想将不再担任汽车之家总裁一职，仍将继续以汽车之家董事、股东身份，在公司的战略规划等重要事务上发挥作用。不过即便如此，一个企业的创始人离开了自己的公司，不由令人心生感叹：李想（理想）终于回归现实。在6月8号高考那天，李想曾对前两段创业经历做了总结：

李想从18岁开始创业，已经15年了，泡泡网5年，汽车之家10年。创业成功最重要的因素是时机，时机高于一切。泡泡网走运赶上了好时机，但没把握住。吸取教训，汽车之家则充分把握了时机。至于上大学，如果没有一个天大的机会任你掌控，上学仍然是最好的选择，且一定要上好的大学，基础是把握时机的关键。

我第一次创业的时候，市场的竞争允许我犯任何错误都能很好地活下去，只要我们自己愿意往前走。今天的创业环境，时机、团队、管理、资本等，任何一个没有做好，胜负可能就分出来了，给创业者学习的空间越来越短了。90后的创业者，好学校出来的确实具备明显的优势。

这个时间点颇具意义，6月8日高考之后。与李想的学历交相呼应，高二便辍学，后创办泡泡网，李想遍布网络的简历里，学历一栏，永远停留在了那四个字：高中，辍学。李想在谈及泡泡网创立过程也谈到，为了找第一个懂技术的合作伙伴，让出了40%的股份。后来觉得自己笨，不懂销售，不懂财务，为了找到这方面的人愿意跟他们分享利益，从开始自己拥有100%的股份，到30%的股份。2008年6月，澳洲电讯宣布收购泡泡网55%的股份，李想谈及同意泡泡网及汽车之家被澳洲电讯收购的原因时表示，他主要看重澳洲电讯收购搜房积累的成功整合经验，相信澳洲电讯在管理、技术、财务等方面帮助泡泡网及汽车之家，使之做大做强。

2013年汽车之家上市，澳电拥有66.2%股份，而李想仅持股4.9%；2014年11月，股票禁售期后，李想通过抛售，持股比例已不足4%。在上市当天的连线中，作为创始人的李想并没有接受采访，坊间早就流传李想“不会说话”“说话太直”。汽车之家现任CEO秦致的加盟也有一段故事。2007年，秦致以总裁身份空降。二人学历悬殊，李想，高中未毕业，秦致，依阿华大学计算机硕士和哈佛商学院工商管理硕士，265首席运营官。一个老成，一个少壮，可说互补，又可称矛盾。2012年秦致出任汽车之家CEO，2013年李想任总裁，向秦致汇报，角色转变。此时的李想，成为精神领袖。

李想宣布离职了，从2008年澳电估值不到1.5亿美金，到上市后汽车之家市值50亿美金，李想不到4%的股份，在外人看来，这是一个很大的遗憾。

【案例分析】

1. 李想的创业故事你学到了什么？
2. 李想在实践中是怎么认识今天的创业环境的？

任务8.1 高职学生创业实践

对市场的敏感度，对用户的理解，对团队的架构设计……这些创业路上所需掌握的知识，是没法从课堂中得到的。如果创业遇到问题，高职学生需要的是和创业前辈、投资人等圈内人士进行一对一的深入交流，也需要靠着自己的经验甚至直觉去提出解决方案。创业活动是创业实践的主要方式。只有在创业活动中，一份完美的创业计划书才可能由“纸上谈兵”变成现实中能够创造商业利润的经营活动；也只有在创业活动中，创业者的素质、知识和能力、思维才能得到“千锤百炼”，经受全面的考验而成为市场上的“香饽饽”和当前竞争日益激烈的社会中的“通行证”。在校期间，高职学生积极投身社会实践，不仅可以开阔眼界、增长见识，还能发现在学校这座“象牙塔”中无法遇见的众多“商机”，这当然是任何创业活动都不可缺少的重要起点。同时，广泛地参与到各种社会实践中去，还可以锻炼人际交往能力，积累创业必要的人脉关系，甚至可以为自己创业掘得“第一桶金”、赢得第一批客户、开拓创业初始阶段的市场。

8.1.1 创业实践与创业活动

高职学生创业实践是指个人、团队或企业所从事的与创业密切相关的有目的、有计划的实践活动。大学生创业实践是相对于高职学生在校期间的理论学习和技能训练而言的，包括创业活动、与创业有关的社团活动和社会实践项目参与、专业学习中的创业课程实习实训，而创业活动是大学生创业实践的主要形式。

高职学生创业活动是创业者进入到创业阶段以后、为创业项目的经营管理和商业推广而开展的一系列活动，包括前期的行业分析、市场调研、风险评估、公司的注册、开业与日常运营管理、市场推广、公共关系、融资等许多环节。创业活动是直接以盈利为目的的商业行为活动，对高职学生创业者自然也会提出和社会上一般的创业者不同的一些要求：

第一，创业活动要求高职学生创业者更为积极地调整好心态，做好创业前的心理准备。通常而言，在校高职学生参与创业活动带有一定的盲目性，这种盲目性表现为过强的功利心和没有做好任何受挫的思想准备，一旦遭遇失败不仅影响自身的职业发展，还荒废了学业，甚至导致一定的心理疾病和缺失。因此，创业活动要求高职学生创业者在创业前要明确创业的目标，深思熟虑，不可急功近利，要做好创业失败的心理准备和现实准备。同时还要尽量兼顾自己的学业，尽量把创业和自己长期的职业发展统一起来。

第二，创业活动要求高职学生创业者拥有一定的资源和能力，而更重要的是始终保持高涨的创业激情和不轻言放弃的创业梦想。激情和梦想，对学生创业者而言，没有比它们更能决定创业成败的要素了。资源和能力可以通过各种方式获取，而激情与梦想似乎是与生俱来的，是否具有创业者的潜质，用它们来衡量就已经足够了。将外部资源和内在能力连接起来，将一个个具有商业价值的创业计划转化为“看得见，摸得着”的商业利润，这正是梦想和激情的巨大力量。

第三，创业活动还要求高职学生创业者具有较为丰富的社会经验和特别优秀的商业道德。高职学生创业者在社会上成功的商业人士眼中，一是“初生牛犊不怕虎”，二是“毕竟稚嫩了一点”。有些学生在自主创业期间为了达到目的、获取利润不择手段，置国家法律和社会通行的商业道德准则于不顾，这是非常愚蠢的行为，也必然会付出相应的代价。必须指出，这些现象和高职学生创业者的社会经验不足是有很大关系的，因此，应当通过积极地参加社会实践积累社会经验，为成功创业构筑一道牢固的“防火墙”。

创业活动精彩而富有挑战性，在挑战和机遇并存的时候，需要积极地应对挑战，主动适应不断变动、竞争日趋激烈的商业环境，这样才能把握住机遇，做市场经济中的“弄潮儿”。只有创业的激情和梦想，没有调整好创业心理，缺乏必需的社会经验和规则意识、契约精神，创业不可能获得成功。

8.1.2 社会实践与创业者素质

一般来说，社会实践可以分为校内实践和校外实践。校内实践指的是在校高职学生不脱离校园学习生活和校园情境参与的社会实践，主要包括校内外学生组织及其活动参与实践、校内外学生组织建设管理实践、大学生社团与社团活动参与实践、大学生社团发起与管理实践、大学生社会实践专项活动参与；校外实践指的是在校高职学生在正常的学习生活之余，脱离校园情境而从事的社会实践，包括课外兼职、校外实习与实训、学生暑期实习，而创业实践特别是创业活动也属于校外实践的范围。

高职学生社会实践与高职学生创业者素质的提高、养成有着至为密切的关联。可以说，一个积极参与社会实践的高职学生和一个整天满腹牢骚、怨天尤人而逐渐堕落为“宅男”“宅女”的高职学生，其表现出来的精神风貌和毕业后面临的处境是完全不同的。对于把自己的人生理想和奋斗目标定位为创业者的高职学生来说，要实现这一理想、更好地达成目标，就必须珍惜在校学习的宝贵时间，利用课余时间积极主动地投身到社会实践中去。在参与社会实践的过程中，即将成为创业者的高职学生至少有五个方面的素质可以得到全面地提升，这五个方面的素质对于此后创业活动的成功都将产生巨大的促进作用：

第一，参与社会实践可以让个人的道德品质和规则意识得到提高。个人道德品质是一个人综合素质的基石，道德品质不仅与家庭教养、学校教育、自身性格和内在理念有关，也和一个人的社会实践经历有着密切的关联。同时，在现代市场经济社会，个人的规则意识也十分重要，缺乏遵循、认识、把握规则的意识，就不可能合理、适度、恰当地利用规则为自己的成功创造空间和条件，并且有可能犯下不可弥补的过错，付出本不需要付出的沉重代价。

第二，参与社会实践可以让个人的公民意识和契约精神得到提高。在校学生同样也是国家的公民，没有“天下兴亡，匹夫有责”的公民意识，就很难真正具备“敢为天下先”的创业精神，更不可能在创业时和创业成功之后，担当起一个企业家应有的社会责任。与现代公民意识相伴随的是作为市场经济参与者所必须具备的契约精神，市场经济是“契约经济”。因此，应当尽可能熟悉《公司法》《劳动合同法》《合同法》《合伙企业法》《企业所得税法》《商标法》《专利法》《物权法》《民事诉讼法》等各类国家以及地方法律法规。与高职学生创业有关的地方政府文件和政策法规更应予以密切关注。如果不参与社会实践，只是埋头去钻研书本知识，会离社会现实很远，不可能成为一个优秀的创业者。

第三，参与社会实践可以让个人的团队合作精神和能力得到提高。社会实践的历练，不管是校内实践还是校外实践，都可以提高个人在团队当中的合作精神，增进其集体荣誉感和“分工协作”的意识。团队合作不仅是个人良好素质的体现，也是个人能力的体现，其中包含了表达、沟通、协调、组织、交际等多方面的能力，这些能力的锻炼和增强，对于创业者素质提高和创业活动的成功有着不可替代的重要作用。

第四，积极地参与各种社会实践，可以丰富自己的社会阅历，积累创业所必备的社会经验。创业活动要求创业者具备一定的社会经验，社会经验只能从社会实践中直接获取。因此准备投身创业的高职学生利用各种机会参与社会实践，对于将来的创业生涯大有裨益。积极参与社会实践还可以打开视野，丰富人生、社会阅历，同样也是创业必需的社会经验的一部分，对于和不同类型的人交流、合作具有现实的指导意义。

第五，在参与社会实践的过程中，个人的实干能力和苦干精神也会不断增强。创业需要实干能力，比如策划一个大型商业推广活动的能力、撰写一份完整而具可行性的商业计划书的能力、执行力、组织能力、领导能力、整合各方面资源的能力等，这些都不是一朝一夕能够拥有的才能。因此，必须在校园里开始自觉、主动地寻求各种实践机会参与锻炼。“人生不如意事常十之八九”，创业更是一个十分艰辛的过程，需要付出比别人多得多的努力，要通过在校期间的社会实践磨炼自己，养成能吃苦耐劳的苦干精神。只有这样，才能克服重重困难，踏平坎坷、穿越风雨实现创业梦想。

任务 8.2　校内实践与创业活动

校内实践是高职学生参与社会实践的重要组成部分。高职学生社团与社团活动参与实践、高职学生社团发起与管理实践、高职学生社会实践专项活动参与等都是校内实践的主要方式。对于这些社会实践方式，立志成为优秀的创业者的在校高职学生都不能轻易放弃。当然，校内实践的这些方式所能够产生的作用也是各不相同的，需要对其有相当清楚的了解和认识。

8.2.1　校内外学生组织及其活动参与实践

校内外学生组织包括跨院系、班级学生组织，一般包括学生会、班委会以及各级党团组织等学生组织。特点是具有很强的组织性、事务性和严格的纪律性。参与此类学生组织及其活动，往往是高职学生在校期间可以获得的较高层次的实践锻炼，对于了解国家党政机关的办事风格、管理模式、行为规则也会有不少启发和借鉴意义。

高职学生小王通过一年时间在文学社、合唱团和话剧社的锻炼，兴趣和特长得到了进一步的发展，各方面的能力也得到了较大提高。大二下学期被聘任为学校合唱团的学生副团长，参与演出的校园先锋话剧《恋爱中的犀牛》《等待戈多》等都在学校得到了好评，他的文学阅读面进一步拓宽，写作的散文和诗歌屡屡在学校校报发表，并获得了一些文学创作竞赛的奖项。进入到大三上学期，校学生会面向全校学生公开竞选主席团成员，这对小王来说又是一个很好的机会。由于在班级、社团都有良好的人际关系，他很快组织了自己的竞选团队，通过半个月时间精心的准备，最终参加竞选成功，成为校学生会主管文艺活动的副主席。小王所学的是商科专业，他的目标定位是毕业后能够成为一个成功的创业者或优秀的职业经理人。因此，从大学生社团活动的积极参与、自己的兴趣和特长得到了进一步发展到竞选校学生会副主席成功，对于小王来说具有重要意义。可以说，他又向自己的目标和人生梦想靠近了一步。如果他能够在校内实践之外，利用假期积极地参加校外实践，去一些企业实习，特别是到一些创业型的企业暑期实习，他的进步就会更大。

8.2.2　校内外学生组织建设管理实践

如果对仅仅只是参与学生组织及其活动还不满足，同时对自己的组织、管理能力也比较有自信，那就勇敢地投身到这些学生组织的建设和管理实践中去。通常来说，在这些学生组织里面学习到的组织、管理经验是比较适用于社会组织包括企业的。参与学生组织建设和管理，往往需要付出较多的时间和精力，因此需要多方面综合考虑再做出决定，切不可因小失大，影响了学业方面或创业上可以取得的更大进步。

8.2.3　学生社团与社团活动参与实践

以丰富学生动手实践，服务社会、服务社区主题开展的公益类、服务类活动，以体现高职学生紧跟时代步伐，展现科学探索精神的科技学术类活动，以体现高职学生积极投身各种社会锻炼为主题的微创业实践类活动，以强健高职学生体魄、增强身体素质为宗旨的体育健康类活动，以丰富高职学生第二课堂，体现高职学生青春风采的文化艺术类活动等，每个社团都根据自身特色开展更多主题活动。从社团和社团活动参与实践进入到创业活动实践是最直接的，因为高职学生社团是以共同的兴趣、爱好集合在一起开展活动的，而创业活动实际上也是这样，很多创业成功的例子都表明其团队创立和商业活动，开始的起点就是同班或同社团志同道合的三五好友的商量和对某一创业计划、“点子”的讨论。特别是一些创业社团如 KAB 协会、SYB 俱乐部、“创业园之星”俱乐部等都是高职学生创业者诞生的沃土。

8.2.4　高职学生社团发起与管理实践

社团与社团活动的参与可以让高职学生获得知心朋友和创业伙伴，而社团的发起与管理实践则更具挑战性，甚至可以将其视为创业活动的一部分。高职学生组织的组织性、事务性和严格的纪律性在这里是不显著的，取而代之的是高职学生社团的兴趣性、参与性和特定的目标取向，可以在高职学生组织里大谈“奉献”精神，而一个社团的发起和发展则必须满足成员发展其某一方面兴趣爱好的特定目标。因此，高职学生社团的发起与管理实践对于高职学生创业有很大的借鉴和参考价值。

8.2.5　高职学生社会实践专项活动参与

社会实践专项活动主要是指学生志愿者志愿服务活动、暑期“三下乡”活动、暑期“红色之旅”活动、青年学生创业与创新基地见习活动、大学生“挑战杯”创业计划大赛和创新创业竞赛等学生社会实践专项活动。这些专项活动的参与，有的可以在短时间内提升高职学生的服务意识、公益精神和爱国主义情操，有的则可以通过见习或参赛，在一定的时间内极大地增强高职学生的创业与创新能力。

任务 8.3　校外实践与创业活动

高职学生校外实践主要包括课外兼职、校外实习与实训、学生暑期实习等形式，与校内实践不同，校外实践直接进入到了社会情境当中，是高职学生走出校门、主动寻求锻炼机会和发展空间的实践活动。校外实践可以直接增强高职学生的社会适应能力，扩大人际交往面，丰富人生阅历与社会经验，从而为开展创业活动打下坚实的基础。

不同形式的校外实践与创业活动之间的关系是有很大差异的。高职学生在校学习的不同阶段，应当根据自己的实际情况和切身需要寻找合适的社会实践形式，这样才能取得最好的实践成效。对于积极寻求创业机会的在校学生来说，这一点尤为重要，只有充分认识到了不同实践形式的作用和价值，特别是认识到参与这些实践活动对于创业活动的意义，才能较为合理地规划和安排时间，构建好学业和创业之间的这座“桥梁”。

首先，课外兼职是最常见的高职学生校外实践形式。许多在校学生利用课余时间，在专业理论知识和职业技能的学习之外，主动寻找兼职工作的机会，踏踏实实从最艰苦、最基层的岗位干起，一方面补贴了自己在校期间的生活费用支出，另一方面更磨炼了自己的意志和精神。如果获得的兼职工作机会与自己的专业学习不冲突，而且和所学专业有着紧密的联系，那么，通过课外的兼职工作还能进一步地促进自己的专业学习向“实”“专”“精”的方向发展。通过兼职工作的锻炼，可以得到成长并向创业活动的成功迈出了坚实的一步。

其次，参加校外实习与实训可以在专业学习上获得很大进步，同时也能够在创业活动方面明确目标、找准自己的发展方向定位。这里所说的实习与实训其实还是属于专业学习范围以内的，高等职业院校推行“校企合作、工学结合”的培养模式，这样校外的实习和实训也变得普遍起来。与专业学习结合紧密是其显著的优点，但由校园转入社会情境的程度不够高也是明显的不足，因此，有意进行创业活动实践的在校学生还是要更多地寻求其他的校外社会实践形式。

最后，高职学生暑期实习是极为难得的自我提高、自我修炼、自我成才的机会。暑期实习是校外实践各种形式中最接近于全职工作的一种，因而也最能体会到全职工作的烦琐和艰辛，获得课外兼职工作所不能完整体验到的日常性、规律性和成就感。寻找暑期实习工作机会的时候，要尽量抱着求职的心态，提前感受一下求职时的种种滋味，为将来毕业求职做好充分的心理准备。对于创业活动的主体来说，高职学生暑期实习更是观察、学习、实践中小企业运营、管理知识的绝佳机会，因此，完全没必要好高骛远，非找大型企业、“世界500强”跨国企业不可。

随着社会经济的快速发展、高等教育的深入变革和就业形势的结构性变化，创业活动与社会实践已经成为高职学生成才的重要途径。在做好了心理、思维、知识、能力等各个方面的准备以后，在积极、主动地参与各种与创业紧密相关的实践活动以后，全身心地投入到创业活动与社会实践中去，这既是符合国家和时代发展要求的高职学生自我成才模式，更是寻求个人发展和成功的最佳途径之一。社会实践包含了很多方面，交际、礼仪、沟通、协调、语言表达、文字表达、组织、执行、领导、管理、项目筹划、市场运作、宣传推广、战略抉择、财务、人力资源管理、法律事务等等。一个成功的创业者或许是一个完全娴熟、精通某一方面的“专才”，更大的可能还是拥有多个方面能力、“一专多能”的复合型高素质人才，成功创业者在他们的人生经历和创业轨迹上，总是镌刻着往昔风吹雨打的痕迹，抓住契机，认定了正确的目标之后，百折不挠、愈挫愈勇而后具备了常人所不能比的广泛的“能力域”和强大的“气场”。

对于即将或正在进行创业实践的高职学生来说，学业依然是重要的，在完全有能力兼顾的情况下，要协调好时间，赢得学业与创业两方面的成功。毕竟，“一专多能”中的“专”才是基础，如果创业失败，也为自己正常的职业发展留下了较为从容的余地；至于“多能”，完全可以通过深思熟虑,在校内实践和校外实践的多种形式中,选取最适合自己发展创业活动所必需的素质的几种展开自我的修炼与提高。如果下定决心要创业成功,那最应该重视的还是高职学生兴趣团体和职业发展社团的活动,以及校内外学生组织的建设与管理实践,当然,与专业密切相关的课外兼职工作、高职学生暑期实习也不可轻视。了解和认识每一种实践形式的特点,深刻理解和把握它们与创业实践、创业活动之间的关系,以一颗勇敢、平常的心,踏实、沉稳地投入到符合自身特点和创业需要的实践中去,是迈向创业成功的重要一步。在走好了这一步之后,如果具备了相应的素质、能力和现实条件,就可以无所畏惧地向创业之路奋勇前进了!

任务 8.4　积极参与各类创业大赛

8.4.1　“挑战杯”中国大学生创业计划竞赛

大力实施“科教兴国”战略,努力培养广大青年的创新、创业意识,造就一代符合未来挑战要求的高素质人才,已经成为实现中华民族伟大复兴的时代要求。为了适应这一要求,从 1999 年开始,共青团中央、中国科协、教育部和全国学联共同主办了“挑战杯”中国大学生创业计划竞赛。

创业计划竞赛是近几年风靡全球高校的重要赛事。它借用风险投资的运作模式,要求参赛者组成优势互补的竞赛小组,围绕一个具有市场前景的技术产品或服务概念,以获得风险投资为目的,完成一份包括企业概述、业务与业务展望、风险因素、投资回报与退出策略、组织管理、财务预测等方面内容的创业计划书,最终通过书面评审和秘密答辩的方式评出获奖者。

创业计划竞赛源于美国,又称商业计划竞赛。自 1983 年德州大学奥斯汀分校举办首届创业计划竞赛以来,包括麻省理工学院、斯坦福大学等世界一流大学在内的十多所大学每年都举办这一竞赛。1998 年,清华大学举办了中国最早的创业计划竞赛。目前,创业计划竞赛已与课外学术科技作品竞赛一道,成为“挑战杯”旗帜下的重要赛事,并形成两赛隔年举办的格局。竞赛的宗旨是培养创新意识、启迪创意思维、提升创造能力、造就创业人才。竞赛的目的是引导和激励高校学生弘扬时代精神,把握时代脉搏,将所学知识与经济社会发展紧密结合,培养和提高创新、创造、创业的意识和能力,并在此基础上促进高校学生就业创业教育的蓬勃开展,发现和培养一批具有创新思维和创业潜力的优秀人才。

竞赛的基本方式是高等学校在校学生通过申报商业计划书参赛,有条件的团队可在此基础上进行商业运营实践;聘请专家评定出具备一定操作性、应用性以及良好市场潜力和发展前景的优秀作品,给予奖励;组织作品和成果的交流、展览、转让活动。

各省(区、市)、各高校举办与全国竞赛接轨的届次化的大学生创业计划竞赛:各省(区、市)团委、科协、教育部门、学联联合设立省级组织协调委员会和评审委员会,负责本省(区、市)竞赛的组织协调、参赛作品资格审查和作品初评等有关工作。凡在举办竞赛终审决赛的当年 7 月 1 日以前正式注册的全日制非成人教育的各类高等院校在校专科生、本科生、硕士研究生和博士研究生(均不含在职研究生)都可参赛。

参加竞赛作品分为已创业(甲类)与未创业(乙类)两类,分为农林、畜牧、食品及相关产业,生物医药,化工技术、环境科学,电子信息,材料,机械能源,服务咨询等七组。实行分类、分组申报。

拥有或授权拥有产品或服务，并已在工商、民政等政府部门注册登记为企业、个体工商户、民办非企业单位等组织形式，且法人代表或经营者为符合第十二条规定的在校学生、运营时间在三个月以上（以预赛网络报备时间为截止日期）的项目，可申报已创业类（甲类）。

拥有或授权拥有产品或服务，具有核心团队，具备实施创业的基本条件，但尚未在工商、民政等政府部门注册登记或注册登记时间在三个月以下的项目，可申报未创业类（乙类）。

以学校为单位统一申报，以创业团队形式参赛，原则上每个团队人数不超过 10 人。对于跨校组队参赛的作品，各成员须事先协商明确作品的申报单位。

对于经授权的发明创造或专利技术，在报名时需提交具有法律效应的发明创造或专利技术所有人的书面授权许可、作品鉴定证书、专利证书等。对于已注册运营项目的，在报名时需提交相关证明材料（含单位概况、法定代表人情况、营业执照复印件、税务登记证复印件、组织机构代码复印件等材料）。

参赛作品涉及下列内容时，必须由申报者提供有关部门的证明材料，否则不予评审。动植物新品种的发现或培育，须有省级以上农科部门或科研院所开具证明。对国家保护动植物的研究，须有省级以上林业部门开具证明，证明该项研究的过程中未产生对所研究的动植物繁衍、生长不利的影响。新药物的研究须有卫生行政部门授权机构或具有同等资质机构的鉴定证明。医疗卫生研究须通过专家鉴定，并最好附有在公开发行的专业性杂志上发表过的文章。涉及燃气用具等与人民生命财产安全有关用具的研究，须有国家相应行政部门授权机构的认定证明。

每个学校选送参加主体竞赛的作品总数不得超过 3 件（专项竞赛名额另计），每人（每个团队）限报 1 件。参赛作品须经过本省（区、市）组织协调委员会进行资格及形式审查和本省（区、市）评审委员会初步评定，方可上报全国组织委员会办公室。各省（区、市）选送全国竞赛的作品数额由主办单位统一确定。

全国组织委员会在竞赛决赛阶段组织多种形式的交流、展示活动和适时举办其他活动，丰富“挑战杯”竞赛的内容。在每届竞赛举办期间，全国组织委员会将适时在全国范围遴选确定若干家大学生创业示范园区，并联合园区及风险投资机构举办项目对接和孵化活动，对竞赛中涌现出的优秀作品优先转化。全国组织委员会将适时设立大学生创业基金，加强与有关方面特别是创业投资公司、金融机构等方面的合作，为高校学生通过参与竞赛实现创业提供支持。

全国评审委员会对各省（区、市）报送的参赛作品进行复审，评出参赛作品总数的 90% 左右进入决赛。竞赛决赛设金奖、银奖、铜奖，各等次奖分别约占进入决赛作品总数的 10%，20% 和 70%；各组参赛作品获奖比例原则上相同。全国评审委员会将在复赛、决赛阶段，针对已创业（甲类）与未创业（乙类）两类作品实行相同的评审规则；计算总分时，将视已创业作品的实际运营情况，在其实得总分基础上给予 1% ~5% 的加分。专项赛事单独设置奖项。

参加全国终审决赛的作品，确认资格有效的，由全国组织委员会向作者颁发证书，并视情况给予奖励。参加各省（区、市）预赛的作品，确认资格有效而又未进入全国竞赛的，由各省（区、市）组织协调委员会向作者颁发证书。竞赛设 20 个左右的省级优秀组织奖和进入决赛高校数 30% 左右的高校优秀组织奖，奖励在竞赛组织工作中表现突出的省份和高校。

优秀组织奖的评选主要依据为网络报备作品的数量和进入决赛作品的质量。省级优秀组织奖由主办单位评定，报全国组织委员会确认。高校优秀组织奖由各省（区、市）组织委员会提名，主办单位评定后报全国组织委员会确认。

竞赛结束后，对获奖作品保留一个月的质疑投诉期。若收到投诉，竞赛领导小组将委托主办单位有关部门进行调查。经调查如确认该作品资格不符者，取消该作品获得的奖励，取消该校、该省所获的优秀组织奖，通报全国组织委员会成员单位；并视情节给予所在学校取消参赛资格或其他处罚。竞赛组委会保护投诉人的合法权益。www. tiaozhanbei. net 为全国“挑战杯”竞赛官方网站，由主办单位和承办单位共同建设。

为什么要参加创业大赛？

1. 快速和低成本地获得创业的知识和技能体系

参赛者在创作创业计划的过程中，通过大赛提供的系统培训，以及学习、交流，全面地接受创业者所应具备的知识和技能体系。

2. 形成具有实验性质的创业的合作伙伴

参赛者通过比赛，可以结识未来创业的合作伙伴，参赛小组的成员将最有可能在将来形成创业合作关系，开创成功事业。

3. 快速建立创业的商业关系网络

参赛者通过比赛，可以结识风险投资家。国内风险投资家对本次大赛表示了浓厚兴趣，将对具有实际运作价值的作品，进行投资可行性分析。参赛者可以向风险投资家充分展现自己的产品/服务的巨大市场前景，为进一步创业赢得资金。参赛者还将结识商界和法律界人士，为将来创业建立良好的商业关系网络。

4. 预先建立创业的良好媒体关系

很多新闻单位要对全国大赛比较关注，获得向社会推荐自己和产品整体形象的难得机会，为未来创业建立良好得媒体关系。

5. 在短时间内低投入获得宝贵的交流机会

优秀参赛队将获得在今后各项更高等级的创业计划大赛中与来自其他各高校的优秀团队进一步交流学习的机会，各个团队可以在这些交流活动中集思广益，开阔思路。

6. 建立和培养团队精神

参赛者将有机会加入一个充满智慧和活力的小组，与小组伙伴携起手来，接受挑战。参赛者将体验到前进中相互激励的力量，和交流中灵感火花的跳跃，以及成功时分享的喜悦。在这一过程中，参赛者会感受团队精神的力量。这将是一种全新的体验。

7. 在短时间内使自己的综合素质得以提高

参赛者通过参加竞赛，可以获得对产品/服务从构想变为现实的全局把握。在完成商业计划的过程中，培养沟通能力、说服能力、组织能力。在接受挑战的过程中，增强创业的勇气、信心和能力。

8. 用很短的时间和低成本获得终身受益的经历

“挑战杯”创业计划大赛的竞赛规则如下。

预赛阶段：

评审委员会对参赛作品进行分类，依据评审标准进行分类分组评审，依据得分情况和评审复议，评出若干团队进入复赛。预赛的评审标准为：参赛团队需提交两份创业计划提纲，理想篇幅 6 ~ 8 页，宋体小四号字，16 开纸。基本要求：执行总结简明、扼要，个性鲜明，目标和优势突出（10%）；创业机会描述的市场需求清晰，目标顾客群具体，有创新（15%）；产品或服务概念描述形象生动，科技含量比较高（10%）；市场分析明晰，优势介绍清楚（15%）；创业模型建立科学可行（10%）；描述盈利潜力、预期收入、回收策略明确、合理（15%）；描述管理队伍及综合因素科学、合理（10%）；行动计划科学、严密（10%）；其他（5%）。

复赛阶段：

复赛阶段将复赛团队分组，评委参照创业计划从执行总结、产品（或服务）、公司战略、市场调查和分析、经营管理和营销策略、公司财务状况和融资、风险和问题、创业团队和计划的表述等方面，对创业计划进行评分。根据得分和评审复议，选出若干团队进入决赛。复赛的评审标准为：复赛时，参赛团队提交一份完整的创业计划，一份良好的创业计划包括附录在内一般为25～50页长。文字版若干份和电子演示版磁盘一份。评审委员会只对创业计划书进行评审。

执行总结（5%）要求：简明、扼要，能有效概括整个计划；具有鲜明的个性，具有吸引力；有明确的思路和目标；能突出自身特有的优势。

产品（或服务）介绍（15%）要求：描述详细、清晰；技术领先，且适应现有消费水平；对技术前景判断合理、准确；特点突出，有较高的商业价值；需求分析合理。

公司战略（5%）要求：公司背景及现状介绍清楚；商业目的明确、合理；公司市场定位准确；形象设计及创业理念出色；全盘战略目标合理、明确。

市场分析（10%）要求：市场竞争状况及各自优势认识清楚，分析透彻；对市场份额及市场走势预测合理；市场定位难确。

营销策略（10%）要求：成本及定价合理；营销渠道通畅；促销方式有效，具有吸引力；有一定创新。

经营管理（5%）要求：开发状态和目标规划合理；操作周期和实施计划安排恰当；在各发展阶段目标合理，重点明确；对经营难度和资源要求分析准确。

创业团队（15%）要求：团队成员具有相关的教育及工作背景；能力互补且分工合理；组织机构严谨；产权、股权划分适当。

企业经营财务状况（10%）要求：财务报表清晰明了，且能有效揭示财务绩效；列出关键财务因素、财务指标和主要财务报表；财务计划及相关指标合理准确。

融资方案和回报（10%）要求：列出资金结构及数量、投资回报率、利益分配方式、可能的退出方式等；需求合理，估计全面；融资方案具有吸引力。

关键的风险和问题（10%）要求：对风险和问题认识深刻，估计充分；解决方案合理有效。四创业计划表述（5%）要求：专业语音运用难确；表述简洁清晰、少有冗余。

决赛阶段：

决赛阶段分书面评审、秘密答辩和公开答辩三个阶段进行。书面评审和秘密答辩后，根据评分和评议复议，由高分到低分确定奖项，并决定得分排在前若干名的团队，继续进行公开答辩，公开答辩同秘密答辩类似，不过对外开放，允许观摩。进入决赛的团队要进一步对创业计划书进行全面的完善和提高，提交组委会文字版各若干份和电子演示版磁盘一份。评审委员会将采用创业计划书评审、秘密答辩和公开答辩相结合的方式评审决赛作品和团队。

参加挑战杯比赛时十大注意：

1. 注意组建适合的团队
2. 注意选择或包装具有学校特色的项目
3. 注意给评委留下第一印象
4. 注意用印象最深的一句话来公司产品
5. 注意巧用图表来解释
6. 注意用事实和数据说话
7. 注意向上一届参加创业大赛的同学学习
8. 注意想出一个出奇制胜的招数
9. 注意写好摘要
10. 注意时势的变化,与时俱进

参加挑战杯大赛要学会六大借力:邀请行业知名专家学者或企业家写推荐意见书;邀请行业公司或投资公司写投资意向书;拿出以前相关的比赛获奖证明;找一些知名专家辅导;寻找一些人脉资源的帮助;安排好的广告公司做演讲的 PPT。

8.4.2 国际青年创新大赛

国际青年创新大赛是由创新赛场组织,由中华人民共和国教育部、北京大学及国际优秀创新机构共同发起的国际级创新赛事。在社会各界的支持下,国际青年创新大赛已经发展成为最具影响力和最广泛参与的创新教育实践平台之一。通过举办大赛,增进中国和世界各国人民特别是青年之间的了解和友谊,推动青年创新热情和提升青年创新能力。大赛将使用网络平台,以新的模式培养青年创新、创业、创意的意识和能力,提升青年人才及其创意的社会和商业价值。大赛分为创新设计、创意营销、创新管理、以及创业实践四类比赛。所有热爱创意、创新、创业的青年(15 岁 ~ 45 岁)均可网络报名注册,在获得认证后参赛。

国际青年创新大赛包括以下内容。

(1)创新设计。创新设计类比赛旨在考察和提高青年人综合设计思维和产品设计能力。参赛选手可以选择某一主题及特定行业进行产品设计。参赛者须考虑设计的实用性、功能性、美观性、经济性等因素。

(2)创意营销。创意营销类比赛旨在考察和提高青年人创新思维和营销实践能力。参赛者可以选择特定的主题进行创意营销策划,营销对象可以是产品、服务或生活理念。

(3) 创新管理。创新管理类比赛旨在考察和提高青年人的现代管理知识水平和实践能力,激发创新精神,培养管理能力。参赛者通过参与在线企业竞争模拟,以“游戏”的方式,进行企业管理过程中的各项决策。

(4)创业实践。创业实践类比赛旨在考察和提高青年创业团队的协同创新素质与能力。参赛团队就大赛组委会指定的行业提交其正在实施的创业计划书。参赛项目应具备独特的商业模式,并已实际开展运营。

比赛分为海选、初赛、复赛和决赛四个阶段,前三个阶段采用网络比赛形式,决赛采用实战演练与现场答辩等形式。

海选:选手通过网络选择参赛项目,报名进行认证。各大学、企业、科技园区、社会团体也可推荐选手参与网络注册报名。组委会进行统一认证,通过后进入初赛。

初赛:参赛者以团队为单位在线进行比赛,创新管理比赛采用企业竞争决策模拟平台决出胜负,其余三类比赛通过网络递交作品,并采用网络投票评价决出名次。

复赛:根据初赛成绩,每类比赛从初赛团队中选出约100个队进入复赛。复赛阶段,创新管理比赛使用企业竞争决策模拟平台进行比赛。其余三类比赛由评委评审后决定名次。

决赛:根据复赛成绩,每类比赛从复赛团队中选出优胜队进入决赛。决赛采用现场答辩的形式,参赛团队接受评委和观众的现场考核。每个团队的比赛总成绩由复赛成绩,决赛成绩按比例加总构成。

8.4.3 "创青春"全国大学生创业大赛

大赛设立全国组织委员会(以下简称"全国组委会"),由主办单位、支持单位、承办单位的有关负责人组成,负责大赛各项工作的组织开展。全国组委会下设秘书处,负责大赛的日常事务。大赛设立指导委员会,由全国组委会邀请享有较高知名度并关注青年创业的经济学家、企业家、风险投资界和新闻媒体界等人士担任成员。大赛设立全国评审委员会(以下简称"全国评委会"),由全国组委会聘请非高校的各相关领域专家学者、企业家、风险投资界人士、青年创业典型等组成,负责参赛项目的评审工作。各省(自治区、直辖市)可根据实际,成立相应机构,负责本地预赛的组织开展、项目评审等相关工作。

大赛下设3项主体赛事:"挑战杯"大学生创业计划竞赛、创业实践挑战赛、公益创业赛。其中,大学生创业计划竞赛面向高等学校在校学生,以商业计划书评审、现场答辩等作为参赛项目的主要评价内容。创业实践挑战赛面向高等学校在校学生或毕业未满5年的高校毕业生,且已投入实际创业3个月以上,以经营状况、发展前景等作为参赛项目的主要评价内容。公益创业赛面向高等学校在校学生,以创办非营利性质社会组织的计划和实践等作为参赛项目的主要评价内容。以上3项主体赛事需通过组织省级预赛或评审后进行选拔报送。

大赛的3项主体赛事分预赛、复赛和决赛三个阶段进行。4月至5月,各省(自治区、直辖市)针对大赛下设的3项主体赛事组织本地预赛或评审,并在"创青春"全国大学生创业大赛官方网站进行校级、省级参赛项目网络报备和申报。其中,大学生创业计划竞赛实行项目分类申报,即分为已创业与未创业两类。各省(自治区、直辖市)在推报复赛项目时,两类项目的比例不作限制。全国评委会将在复赛、决赛阶段,针对两类项目实行相同的评审规则;计算总分时,将视已创业项目实际运营情况,在其实得总分基础上给予1%至5%的加分。

在3项主体赛事中,全国组委会不接受学校或个人的申报。报送项目的数量不得超过项目名额分配表中规定的数量。7月至8月,举行全国大赛复赛。全国评委会对项目进行评审,选出若干优秀项目进入决赛,并书面通知各省(自治区、直辖市)、相关高校。其中,公益创业赛系在原有的"北极光—清华"全国大学生公益创业实践赛基础上的改革提升。复赛评审时间为6月底前。10月举行全国大赛决赛。全国评委会将通过相应评审环节,对3项主体赛事分别评出若干金奖、银奖、铜奖及其他单项奖项目。

全国组委会制定了《"创青春"全国大学生创业大赛章程》及3项主体赛事的具体规则,并将在竞赛中不断加以完善和改进。国家鼓励各地各高校依托大赛平台建立大学生创业就业服务体系,健全完善促进大学生创业的政策体系,注重引入风险投资和联合社会有关方面为大赛提供资金、资源、智力等方面支持,努力推动参赛项目的成果转化。

8.4.4 全国大学生管理决策模拟大赛

高等学校国家级实验教学示范中心联席会举办。大赛采用《商道》企业经营模拟系统平台作为竞赛平台。

校内初赛:以校为单位采用互联网远程方式进行,由参赛学校自行组织筛选。每校及独立学院最多可选派10支队伍参加大区复赛。

大区复赛:将全国划分为东部、南部、西部、北部、东北、中南、中西共七个大区,大区复赛由组委会统一组织,各大区取若干队伍进入全国半决赛。

全国半决赛:将进入全国半决赛的队伍进行全国混编比赛,比赛由组委会统一安排,最终根据各大区报名数量按比例配额,总计取70支队伍进入全国总决赛。

全国总决赛:从全国半决赛中晋级的队伍,加上拥有总决赛绿卡的若干支队伍,共80支队,混编分成五个赛区,现场集中比赛。每个赛区的前3名进入总决赛答辩,做决策模拟竞赛的体验报告并回答评委和其他参赛队提出的问题,由评委综合评判,最后决出冠亚季军。

比赛规则:

参赛者必须是具有学籍的高校学生。参赛队以学生组队形式参加。每队参赛队员只能由3人组成,每个学生至多参加一个队。每队配备1名指导老师,老师可以指导多个队。高校选送参赛队队员必须使用真实学生身份报名,如实填写参赛者姓名、所在学校、年级、联系方式等,如冒用他人姓名申报参赛,一经发现即取消该队参赛资格。

大赛分为校内预赛、大区赛、全国总决赛3个环节,从大区赛开始进入全国性正式比赛。报名参赛的成员不能中途变更。比赛采取分组淘汰制,分组规则由组委会根据各高校报名情况及比赛进程确定。在大区赛中,每校最多只允许2支队伍晋级大区赛决赛,选送规则按成绩排序。对于按名次可以进入决赛,但由于名额限制不能进入决赛的队,将颁发与进入决赛的队相当的奖状。

每个赛程分别包括6轮虚拟年度的企业经营决策。各参赛队经营一家虚拟的企业,队员根据现代企业管理知识对该企业每个虚拟年度的经营做出一系列的决策,与同一赛区的其他虚拟企业竞争。各参赛队的决策通过企业经营模拟软件系统处理后,由模拟系统根据公司销售收入、每股收益、投资回报率、债券评级、资本总额、战略评分6大要素自动评分作为比赛成绩。比赛中若出现总分并列的情况,将依次根据以上6项指标判定;若全部一样,则由组委会组织抽签决定。全国总决赛将邀请评委参加,前8名将进行总结答辩,名次将根据软件评分和现场总结答辩得分综合决定。

参赛团队必须在规定的时间内提交企业经营模拟决策数据。如果决策数据未在规定时间内提交,系统将自动依据上一年度的经营决策数据进行处理并评分。

进入总决赛的参赛队如未按规定时间报到,将视为自动放弃决赛资格。参加全国决赛的队,若有成员因故不能参加全国决赛,必须向组委会请假。在请假得到批准后,其他队员还可以参加比赛,不能由其他人递补,没有参加比赛的成员也不能获得与全国决赛有关的奖项。

各参赛队在比赛中如有作弊行为或对其他参赛队采取任何明令禁止的行为干预比赛进程,经评判,可以给其警告、严重警告并通报批评。对于违规严重者,经报告组委会,由组委会调研、讨论后,可以给予直至取消比赛资格的处分。比赛前将发布详细《竞赛条例》。

奖项设置国特等奖:全国前15名;全国一等奖:全国16~40名。全国二等奖:全国41

-80 名。进入全国总决赛的所有参赛队员均可获得一枚背面刻有个人姓名的专属个人戒指。

8.4.5 “挑战杯”辽宁省大学生课外学术科技作品竞赛

“挑战杯”辽宁省大学生课外学术科技作品竞赛是由共青团辽宁省委员会、辽宁省教育厅、辽宁省科学技术厅(2009 年新增)、辽宁省科学技术协会、辽宁省知识产权局(2011 年新增)、辽宁省学生联合会联合主办的大学生课外学术科技活动,是一项具有导向性、示范性和群众性的竞赛活动,每两年举办一届。竞赛宗旨是崇尚科学、追求真知、勤奋学习、锐意创新、迎接挑战。竞赛目的是引导和激励高校学生实事求是、刻苦钻研、勇于创新、多出成果、提高素质,培养学生创新精神和实践能力,并在此基础上,促进高校学生课外学术科技活动的蓬勃开展,发现和培养一批在学术科技上有作为、有潜力的优秀人才。竞赛基本方式是高等学校在校学生申报自然科学类学术论文、哲学社会科学类社会调查报告和学术论文、科技发明制作三类作品参赛。聘请专家评定出具有较高学术理论水平、实际应用价值和创新意义的优秀作品,给予奖励。

竞赛设立领导小组,由主办单位和承办单位有关负责人组成,负责指导竞赛活动,并对省级竞赛组织委员会(以下简称省组委会)和省级竞赛评审委员会(以下简称省评委会)提交的问题进行协调和裁决。竞赛设立省组委会,由主办单位、承办单位和联合发起单位(含高校、新闻单位、相关企业)的有关负责人组成。主办单位和承办单位分别委派有关负责同志作为省组委会成员,各联合发起单位推荐一位主管领导作为省组委会成员。省组委会设主任一名,副主任若干名。省组委会下设秘书处,负责按照省组委会通过的章程组织竞赛活动并向省组委会报告工作。秘书处设秘书长 1 名,由主办单位有关负责同志或承办单位有关领导担任;设副秘书长若干名。竞赛设立省评委会,由主办单位聘请的相关学科具有高级职称的专家组成,下设若干专业组。省评委会设主任 1 名,副主任 2 名,组长若干名,评委若干名。省评委会经主办单位批准成立,有权在本《竞赛章程》和《评审规则》所规定的原则下,独立开展评审工作。

竞赛设立作品资格评判委员会,由省评委会副主任 1 名、评委 3 名(根据被评判作品学科分布选定)、主办单位各 1 名代表、省组委会中抽签产生的 2 名代表组成。资格评判委员会主任由 1 名省评委会副主任担任。资格评判委员会会议由资格评判委员会主任负责召集。作品资格评判委员会职责如下是授权省组委会秘书处从预审开始至终审决赛结束前接受参赛学校和学生、评委、社会各界人士对参赛作品资格的质疑投诉;在终审决赛结束前,如出现被质疑投诉作品,资格评判委员会将召开会议,对被质疑投诉的参赛作品的作者及其所属学校进行质询;投票表决被质疑投诉作品是否具备参赛资格。

省组委会秘书处对质疑投诉者的姓名、单位予以保密。质疑投诉者需提供相关证据或明确的线索。资格评判委员会开会时,到会委员超过 2/3 方可进行表决;表决时实行回避制度;若参加表决委员中有 2/3 以上认为该作品不具备参赛资格,则评委会对该作品不予评审,其参赛得分随之取消。省组委会秘书处不受理匿名质疑投诉。省组委会根据团体总分优先原则,确定上届竞赛总分前 10 名的学校为联合发起高校,享有 2 件作品直接进入省级决赛的权利。发起高校的数量可根据省级决赛规模、地区平衡、学校类别及代表性、承办地区等因素作部分调整。全国发起高校可享受省级发起高校资格。各市团委、教育局、科技局、科协、学联联合设立市级组织协调委员会和评审委员会,负责本市竞赛的组织协调、参赛作品资格审查和作品初评等有关工作。

凡在省级决赛当年6月1日以前正式注册的全日制非成人教育的各类高等院校在校中国籍专科生、本科生、硕士研究生和博士研究生(均不含在职研究生)都可以申报作品参赛。申报参赛的作品必须是距省级决赛当年6月1日前2年内完成的学生课外学术科技作品或社会实践活动成果,可分为个人作品和集体作品。申报个人作品的,申报者必须承担申报作品60 %以上的研究工作(作品鉴定证书、专利证书及发表的有关作品上的署名均应为第一作者),合作者必须是学生且不得超过2人;凡作者超过3人的项目或者作者不超过3人,但无法区分第一作者的项目,均须申报(或确定为)集体作品。申报集体作品的作者必须均为学生。凡有合作者的个人作品或集体作品,均按学历最高的作者划分至本专科生、硕士研究生或博士研究生类进行评审。增加作品自查环节,申报学校签订承诺书,承诺作品符合挑战杯申报作品的要求,接受省组委会抽查。一旦发现不符合申报要求的作品,将取消其参赛资格,该学校不得补报作品。经核实有舞弊、抄袭、作假等情形的作品,从该参赛学校总分中扣除相当于三等奖分值的双倍分数,同时取消该学校参评集体奖项的资格。毕业设计和课程设计(论文)、学年论文和学位论文、国际竞赛上获奖的作品、获国家级奖励的成果及历届"挑战杯"竞赛获奖的作品不在申报范围之列。

申报参赛的作品分为自然科学类学术论文、哲学社会科学类社会调查报告和学术论文、科技发明制作三大类。自然科学类学术论文作者限本专科生。哲学社会科学类社会调查报告和学术论文限定在哲学、经济、社会、法律、教育、管理六个学科内。科技发明制作类分成A、B两类:A类指科技含量较高、制作投入较大的作品;B类指投入较少,且为生产技术或社会生活带来便利的小发明、小制作等。

参赛作品涉及下列内容时,必须由申报者提供有关部门的证明材料,否则不予评审。

动植物新品种的发现或培育,须有省级以上农科部门或科研院所开具证明;对国家保护动植物的研究,须有省级以上林业部门开具证明,证明该项研究过程中未产生对所研究的动植物繁衍、生长不利的影响;新药物的研究,须有卫生行政部门授权机构的鉴定证明;医疗卫生研究,须通过专家鉴定,并最好附有在公开发行的专业性杂志上发表过的文章;涉及燃气用具等与人民生命财产安全有关用具的研究,须有国家相关行政部门授权机构的认定证明。

参赛作品须由两名具有高级专业技术职称的指导教师(或教研组)推荐,经本校学籍管理、教务、科研管理部门审核确认。每个学校选送参加竞赛的作品总数不限,参赛作品须经过省级组委会资格及形式审查,方可进入省级评审程序。每所全国竞赛发起高校可直接报送3件作品(与经省组委会报送作品数总和不超过6件)参加全国竞赛。

省评委会推荐通过预审的部分自然科学类学术论文、哲学社会科学类社会调查报告和学术论文及全部科技发明制作类作品参加展览。科技发明制作类作品须有实物或模型参展。省组委会将在竞赛的决赛阶段组织多种形式的学术交流和工作交流活动,并在条件成熟时举办单项展示赛或邀请赛等丰富"挑战杯"竞赛活动的内容。省组委会在决赛成绩公布后,举办成果转让活动。科技成果是否转让不作为评审获奖的依据。省组委会拥有组织转让获奖作品的优先权。成果产权及利益分配由学校和作者协商确定。省组委会可以结集出版竞赛获奖的作品及评委评语。

省评委会对各高校报送的参赛作品进行预审,评出80%左右的参赛作品进入复审,参赛的自然科学类学术论文、哲学社会科学类社会调查报告和学术论文、科技发明制作三类作品依据类别分别进行评审。各设特等奖、一等奖、二等奖、三等奖。各等次奖分别约占进入复审的作品总数的3%,8%,24%和65%。科技发明制作类中A类和B类作品分别按上述比例设奖,其中特等奖和一等奖须经过终审答辩环节产生。参加省级竞赛的作品,确认资格有效的,由省组委会向作者颁发证书,并视情况颁发相应的奖金。

竞赛以学校为单位计算团体总分,团体总分按名次排列,按位次公布。设最高荣誉“挑战杯”,授予团体总分体第一名的学校;设“优胜杯”若干,授予团体总分体第二至第四名的学校。各等奖项计分与排序方法如下:特等奖作品每件计100分,一等奖作品每件计70分,二等奖作品每件计50分,三等奖作品每件计20分,上报至省组委会但未通过预审的作品每件计10分。如遇总分相等,则以获特等奖作品的个数多少决定同一名次内的排序,以此类推至三等奖。竞赛按参加省级预审的高校数量的40%左右设立优秀组织奖,同时视情况奖励部分工作出色的市级单位。优秀组织奖由主办单位评定,省组委会确认。在符合竞赛宗旨、具有良好导向作用的前提下,可联合社会有关方面设立、评选专项奖。专项奖不计分。

竞赛结束后,对获奖作品保留一个月的质疑投诉期。若收到投诉,竞赛领导小组将委托主办单位有关部门进行调查。经调查,如确认该作品资格不符,取消该作品获得的奖励,重新计算作品选送学校团体总分及名次,取消该校及其所在市所获优秀组织奖,通报省组委会成员单位,并视情节轻重,给予学校取消下届联合发起单位资格或参赛资格的处罚。省组委会保护投诉人的合法权益。

竞赛评审规则:

省评委会由主办单位聘请具有高级职称的自然科学领域的专家和哲学社会科学领域的专家组成。省评委会成员名单(正、副主任除外)在终审结束之前实行保密,在终审结束后可以公布;省评委会在向省级竞赛组织委员会报告终审结果后解散。

评审工作的基本原则:

参赛作品分自然科学类学术论文、哲学社会科学类社会调查报告和学术论文、科技发明制作三类。自然科学类学术论文的作者限本、专科生。哲学社会科学类社会调查报告和学术论文限定在哲学、经济、社会、法律、教育、管理六个学科内。评审过程中综合考虑作品的科学性、先进性、现实意义等方面因素。

省评委会评审工作分预审、复审和终审(答辩)三个环节。参加预审作品的80%左右进入复审,自然科学类学术论文、哲学社会科学类社会调查报告和学术论文、科技发明制作三类作品依据类别分别进行评审。各设特等奖、一等奖、二等奖、三等奖。各等次奖分别约占进入复审的作品总数的3%,8%,24%和65%。科技发明制作类中A类和B类作品分别按上述比例设奖,特等奖和一等奖须经过终审答辩环节产生。涉及需由有关部门出具证明材料的参赛作品,须按章程第三章第十九条的规定严格把关。评审实行保密制度。在评审工作结束之前,任何评委不得以任何方式对外宣布、泄露评审情况和结果。省评委会的评审工作按《评审实施细则》规定执行。

评审程序:

各校参赛协调小组负责初评,省组委会秘书处负责对参赛作品进行前期资格及形式审查,不合格的作品取消参赛资格。省评委会负责省级竞赛预审、复审、终审(答辩)并提出获奖名单。终审决赛期间,评委在省组委会安排的专门时间集体到展厅对作者提出问辩,并审看发明制作类作品的实物。每个评委须向自己负责评审作品的作者至少询问一次。评委可以对所评审的作品的资格提出质疑,并提出质疑理由、证据或线索。受到评委质疑的作品，将提交省级竞赛作品资格评判委员会按程序评定其参赛资格。省评委会主任应于终审开始前主持召开省评委会全体会议，听取省组委会对竞赛活动情况的通报。

竞赛资格及形式审查实施细则：

依据《“挑战杯”辽宁省大学生课外学术科技作品竞赛章程》和《“挑战杯”辽宁省大学生课外学术科技作品竞赛评审规则》制定实施细则。市校级组织协调委员会对参赛作品进行资格及形式审查时须参照本《细则》执行。资格评判委员会依据本《细则》判定被质疑和投诉作品的资格是否有效。

关于资格审查：

凡在举办省级决赛的当年6月1日以前正式注册的全日制非成人教育的高等院校（含社会力量举办的高等院校）在校中国籍专科生、本科生和硕士研究生、博士研究生（不含在职研究生）均可申报作品参赛。

参赛作品可分为个人申报作品和集体申报作品。个人作品的申报者必须承担申报成果60%以上的研究工作（作品鉴定证书、专利证书及发表的有关作品上的署名均应为第一作者），合作者必须是学生且不得超过2人；凡作者超过3人的项目或作者不超过3人，但无法区分第一作者的项目，均须申报（或确定为）集体作品。集体作品除填写集体作品名称外，还要注明1位学历最高的作者为集体项目的代表，集体作者必须均为学生。凡有合作者的个人作品或集体作品，均按学历最高的作者划分为本专科生作品、硕士研究生作品和博士研究生作品。

自然科学类学术论文作者仅限本专科学生。哲学社会科学类社会调查报告和学术论文限定在哲学、经济、社会、法律、教育、管理六个学科内。

参赛作品涉及下述内容时，必须由申报人提供有关部门的证明材料，否则不予评审。

动植物新品种的发现或培育，须有省级以上农科部门或科研院所开具证明；对国家保护动植物的研究，须有省级以上林业部门开具证明，证明该项研究过程中未产生对所研究的动植物繁衍、生长不利的影响；新药物的研究，须有卫生行政部门授权机构的鉴定证明；医疗卫生研究，须通过专家鉴定，并最好附有在公开发行的专业性杂志上发表过的文章；涉及燃气用具等与人民生命财产安全有关用具的研究，须有国家相关行政部门授权机构的认定证明。

申报参赛的作品必须是距竞赛申报日前2年内完成的课外学术科技作品或社会实践活动成果。毕业设计和课程设计（论文）、学年论文和学位论文、国际竞赛上获奖的作品、获国家级奖励成果（含本竞赛主办单位参与的其他全国性竞赛的获奖作品）及历届“挑战杯”竞赛获奖作品等不在申报范围之列。参赛作品须由2名（或以上）具有高级专业技术职称的指导教师（或教研组）推荐。每所学校最终选送参加全国竞赛的作品总数不超过6件，每人只限报1件作品，其中研究生的作品不得超过总数的1/2，研究生作品中，博士研究生的作品不得超过1件。集体项目按学历最高者划分。

社会科学类参赛作品中可包含被采用的为党政领导部门、企事业单位所做的各类发展规划、改革方案和咨询报告，同时附上原件及采用单位使用证明的复印件和有关鉴定材料。

关于形式审查：

申报参赛的作品分为自然科学类学术论文、哲学社会科学类（含哲学、经济、社会、法律、教育、管理）社会调查报告和学术论文、科技发明制作共三大类。其中科技发明制作类分成两类：A类指科技含量较高、制作投入较大的作品；B类指制作投入较小，对生产技术或社会生活带来便利的小发明、小制作。参赛学生须在作品申报书封面相应作品类别中划“√”。申报作品须经本校团委、学籍管理、教务、科研管理等部门签章确认后生效。

作品申报书中B1表(自然科学类学术论文)中的作品分类栏须由作者按作品的学术方向或所涉及的主要学科领域据实填写;B3表(科技发明制作)中的作品分类栏须由作者按作品的发明点和创新点所在类别据实填写。此栏如填写有误或填报不清,作品申报无效。作品申报书中的B3表(科技发明制作)必须附有研究报告,并提供图表、曲线、试验数据、原理结构图、外观图或照片,也可附鉴定证书和应用证书。哲学社会科学类参赛作品,每篇论文在8 000字以内,每份调查报告在15 000字以内。

任务8.5 创业从打工开始

8.5.1 创业前先打工

在打工时要有创业心态,在创业时要有打工心态。在打工中培养创业者的气质,在打工当中学习。跟随一个值得学习的人,在一个好的或者是不好的环境里磨炼自己。静下心来,一切都会不一样的。为什么说创业最好从打工做起呢?以控制力来分析,没有经历过打工的人也许知道一个企业是怎么成长的,但是其执行力往往很弱。对于一个成功的企业来说,不管是销售还是管理,还有产品的生产都有一个完整的系统。那是花了几年甚至是几十年的时间才建立起来的。

控制力是创业成功最基本的条件,要是没有办法控制创业的资金和市场,肯定没有办法创业成功,通过打工来证明,来培养,来提高,在打工中间发现不足。打工有太多太多的意外,也许今天还跟老板处得好好的,明天就得走人。但终究是比创业风险低了很多。在创业路上,对以前的资源的把握非常重要,这是一个人不断累积的生命品牌,这绝不因是在打工还是在创业而有所不同。

创业时因为压力巨大,要额外学习很难,为别人打工就轻松许多,可以从容学习很多东西。让别人引导自己,坐下来密切观察,从经验中习得。有机会切身观察他人如何领导一家企业,为创业者打工将学到他们特有的东西。以第一手方式亲身经历,获得有关“领导力”的重要经验。多向别人学习会成为一个更好的领导者,成为一个更好的人。

【扩展阅读】

从打工做起

“我创业的资金都是自己打工赚的,没有向家里要一分钱。”严畏这样说,“我家在湖北农村,家中还有个弟弟要上学,父母没多余的钱给我。”因此,严畏从打工起步,开始了自己的创业路。

2004年,还是青海民族学院一年级新生的严畏用勤工俭学赚来的钱开了一间画室,专门教小孩子画画。由于没有相关手续,不到半年画室就关门了,打工挣的钱也亏了。随后,严畏又在一家网络公司打工,每天起早贪黑地跑业务、给企业做网络销售,一年多下来,他积累了不少社会经验,也赚到了3万元。

2007 年 7 月，严畏大学毕业的同时，他申请的印刷公司的营业执照也办下来了。他用打工赚来的 3 万元钱在西宁市八一路叶林市场租了一间小铺面，开设印务公司。两个月后，他接到了第一笔生意，为房地产公司设计制作手提袋和宣传单，赚了 6 000 元。从此他白天跑业务，晚上做设计，在他的努力和坚持下，公司发展资金丰厚了，涉及的市场领域更广了。如今，他在繁华地段的写字楼租了工作室，并招聘了两名应届大学毕业生在公司工作。

大二时，严畏和远在广州的表哥合伙在西宁销售 MP3 和 U 盘，他负责给一家电子市场的销售商供货，货卖出去后结账。谁知，该市场突然关门，销售商卷了十多万元的货跑了，到现在还欠着表哥的货款。销售商的失信给了严畏很大的打击，之后他将剩下的货全部收回并退还给表哥，他说："当时就想着赚钱，忽视了很多东西，吃了不少亏。现在，我无论干什么都在树立自己的诚信，诚信让顾客没有后顾之忧，也赢得了同行的帮助。"2008 年，市场不景气，加之某企业一直拖欠他 5 万元的货款，使他的小公司陷入了困境。但凭着平日的诚信，他得到了印刷厂的信任，印刷厂同意先帮他印刷产品，后结账。在同行的帮助下，公司终于摆脱了困境。

严畏庆幸自己学以致用。大学四年里，严畏并没有因创业而落下学习，平面设计、企业管理等知识成为他创业的金刚钻，无论是就业还是创业他都得心应手。现在，已经推荐不少学弟学妹就业的严畏说，"大学生在校的时候要把专业课学扎实，就业时才能胜任工作，才能得到用人单位赏识，不要学个半吊子，找工作时眼高手低。"

严畏对学弟学妹们还有一句忠告："凡事要持之以恒，认真对待每一份工作。"

8.5.2　如何从打工走向创业

工作中要善于借力。打工就是典型的借力创业的模式。企业提供了现成的平台，这个平台上有资金、人力、渠道、客户、产品等。如何使这些资源成为事业的基础呢？几个需要记住的关键点是：为企业赚钱、为自己赚钱、控制资源、学习经验。

案例一：去年，刘先生开办了一家小吃店。可在开办小吃店前，他在一家小吃店却足足打了两年的工。刘先生说："其实我早有创业的打算，可一直不知道干什么好。经过研究，我把项目锁定在小吃店上。可从来没经营过小吃店，我不知道如何运营。因此，我来到长春市最火的一家小吃店打工。经过两年时间的摸索，我终于掌握了一些窍门。"小吃店一开，刘先生将自己打工时获得的经验都用在这家小吃店管理上。结果，刘先生取得了成功。

点评：以未来个人创业为目的的打工，第一步要做好正确的选择。要选择自己喜欢的事做。在未来的创业路上你要付出几年甚至十几年的艰辛工作，一个人如果做自己喜欢的事，每天工作 24 小时也不觉得辛苦。如果是做自己不喜欢的事，每天工作一小时都是煎熬。否则，也许会有一天因梦想遇到挫折，而在懒惰中放弃。选择你所在地区有规模、有优势的行业做，每一个地区和城市的经济资源是不一样的。如果不是选择当地资源独特、规模最大的行业做，最终的生意是做不大的。要以这样的标准选择打工的公司，而不是工资多高，条件多好。第二步要有目的地去学习和积累。要学习你所在公司和企业的管理知识，产品知识和营销知识，而不仅仅是你的岗位知识。要勤奋地帮老板做事，工作上做出优异的业绩，让老板喜欢进而成为朋友，能够帮助你，乐意把他的真经告诉你。第三步是充分利用好平台资源。要利用公司或企业的平台，广泛结交和积累人脉资源和其他资源。尝试利用现有的平台资源为自己做点事，先兼职或叫在职创业，做出了自己的事业基础，各方面条件充分成熟以后，在脱离打工，开创自己的事业。

案例二:长春创业者小张在一次交流学习中,认识了我省一知名企业家。从此,勤奋上进的小张经常与这位企业家通电话,交流创业心得。一次偶然的机会,小张发现这位企业家的工厂内并没有员工食堂。于是,小张大胆地向企业家提出建议,想开办一间食堂,解决员工吃饭问题。结果,小张想法终于变成现实,创业取得成功。

点评:创业成功的一个有效秘诀就是跟对人,跟成功的人做事。有一个关于个人财富的统计,一般你所拥有的财富是你身边朋友的平均值。在有个人创业打算后,就要找出一个成功的人,想方设法地结交他。不管困难也好,冷落也好,屈辱也好,跟定他。无论东南西北风,咬住青山不放松。要有目的、有准备地用心去学习成功人如何做事,如何思考。要用心智去感悟成功人是如何成功的,成功是有方法和途径的,要认认真真地帮助成功人做事,成为成功人的朋友,让成功人能真心地帮助你。

案例三:长春创业者胡先生看好了一个电子产品。为了博得该电子产品厂商的好感,胡先生成为吉林省的业务代表。经过长期的市场开发,胡先生终于拿下了该电子产品在我省的代理权。接下来,胡先生开始了创业之路,开了一家电子产品超市。现在,胡先生同许多成功者一样,初尝创业成功的喜悦。

点评:先确定一个今后要经营的行业和产品,在这个行业中选择一个好的公司,然后去做这个公司的业务代表,为这个公司开拓市场,销售产品,进而熟悉这个行业,了解这个产品,拥有这个市场。条件成熟后从业务代表转换成代理商,开始自己的创业。只要选择到好的公司,无论什么条件,无论有没有底薪,都要接受。因为接受的不是打工的条件,而是接受未来的梦想。

案例四:为了挣钱,长春创业者小高开了一家炸鸡店。对炸鸡一窍不通的小高为此付出了巨大代价。不仅浪费原料,而且味道还不是很好。经过一段时间的摸索,他终于找到一些炸好鸡腿的诀窍。可此时,他已经赔了很多钱。目前,小高仍咬紧牙关,向创业梦进发着。

点评:这种方式能满足实现梦想,自己当老板的渴望,马上就可以创业,但这是一条下策,这样的创业方式一定会走很长一段弯路,经历无数的挫折和失败。要交更多的学费,承受更多的孤独,遭受更多的误解,甚至在一次又一次的挫折和失败中,因丧失信心而最后放弃。选择一个喜欢做的事和一个赚钱的行业,结识一个同业成功的朋友。先做他做的事,和他一起做事,然后才有自己做事的资本和成功。成功一定是需要帮助的,小本投资创业项目,在选择具体创业项目时,要先学会怎样选取大的方向,以至于自己的创业规划更有目标性,成功的可能性也会因此加大的。

有些人会说,现在工作这么难找,特别是对于大学毕业生来说,有工作就不错了,怎么可能挑三拣四。其实,绝大部分人在第一次找工作时是拥有至少两个机会的,即便第一次工作时没有选择机会,在工作一年之后,在职场上一定也是可以有机会的。不可浪费年轻的资本,选择行业很重要。在选择公司的时候,就应当选择与自己经验、资源相符合的企业。这样才能更快适应工作,进入到工作状态中去,不会在赛跑中落后于别人。

每个人都有自己的性格特征和技能强项、每一个职位最终都可以通向总裁之路。但是,首先要明确和了解自己适合从哪条路走,所谓"知彼还要知己",否则,贸然走了自己并不擅长或者喜欢的道路,结果一路跌跌撞撞,明显已经在赛跑中落后于别人了。必须客观地为自己做分析诊断。一般来说,性格外向,能说会道的适合去做销售,性格沉稳的适合做财务、人事,搞技术的除了在技术上的经验专长之外,还必须有着对技术的狂热。想未来自主创业的，尽量选择创业型企业。想要走职业经理人道路的，尽量去大公司学习企业的运作流程和规则。

毕业不久的高职学生应该选择自己感兴趣的行业，兴趣爱好决定了是否能够长久地保持工作的动力，而不会对工作产生厌烦，失落的情绪。某些人没有明显的兴趣爱好特征，那么就选择与专业对口的行业，毕竟花了很多年时间在学习这个专业。也有很多人既没有明显兴趣爱好特征，本身专业也是那种很泛泛的专业，可以考虑看家庭或者朋友中有无在某一行业比较资深的，这些人能够保证在工作的初始几年里得到更多照顾，更有可能在初始几年里便跑在前列。如果什么都没有，那么选择相对工资较高的那份工作吧。

【扩展阅读】

14 岁小孩开始摆地摊，大一时身价上千万

14 岁，同龄的孩子备战中考，他已在课余时间摆地摊卖孔明灯“捞到”人生的第一桶金；19 岁，同龄的孩子在父母的陪伴下到大学报到，他则手拿湖北大学录取通知书，坐拥 8 个实体店、3 家网店，公司年销售额达 1 500 万元。在父母的“纵容”和支持下，90 后的他，在短短 4 年的时间里，品味了创业的艰辛，也享受了学业与事业齐头并进的甜蜜。

小小少年郎，自己干活挣钱花

今年 19 岁的罗敬宇是湖北十堰市人，父亲经营着自己的一份事业，母亲在当地的一所小学工作。也许是受到父亲的影响，罗敬宇从小就爱看一些经商之道的书，梦想着自己有一天能成为像马云、俞敏洪那样的创业名流。三年级时，罗敬宇看到好友穿了一件很漂亮的黑色马夹，有点像摇滚乐队穿着那种，他羡慕极了，要是自己也有一件该多帅。当天吃晚饭时，罗敬宇没有直接向妈妈要，而是把好友穿的马夹款式仔仔细细地描述了一遍，看到儿子一脸激动的神情，爸爸心里明白了。“儿子，那衣服要是穿在你身上肯定帅呆了。”爸爸说的话说到了罗敬宇心坎上了，罗敬宇直点头，爸爸笑着说：“喜欢就买啊，可是你要自己挣钱去买。”爸爸的前一句话让罗敬宇乐开怀，可后一句直接把他扔进了深渊，他才 10 岁，怎么挣钱？

看到儿子一脸不乐意的样儿，爸爸笑了笑说：“想要东西是好事，可靠爸妈提供给你不是一个男子汉所为，以后想要什么就要靠自己去争取。”爸爸告诉他，可以在家里帮他们干家务活，然后他们“按劳付酬”。就这样，罗敬宇在家里洗了八次碗、扫了两次地才赚到了买马夹的钱。那晚，看着床上崭新的马夹，罗敬宇摸了又摸，品尝着赚钱的快乐，一种无法言表的自豪感在心里蔓延……随着时间的推移，在罗敬宇幼小的心灵里，越来越认可爸爸的做法。罗爸爸也没有想到，当初只是想培养儿子的独立意识，“一不小心”让儿子的内心变得强大起来。

此后，罗敬宇想要什么东西，甚至是零花钱，都要在家里帮爸妈做家务，然后按劳取酬，这也在他小小的心里烙下了深深的痕迹：只要努力争取就一定会得到自己想要的。这种意识成就了他的学业，更成就了他的事业。

摆摊捞金，创业路上摔了一跤

刚上初三时，一个偶然的发现促使罗敬宇的“创业梦”发芽了。一个周末的晚上，学习

了一天的他独自散步到十堰市的六堰广场，发现广场上很多人都在点灯，一个个小红点缓缓地升上天空，好奇心让他走近一看，原来是人们用来许愿的孔明灯。他也想买一盏孔明灯，找了一个摆地摊的小贩一打听，一盏孔明灯竟然要 10 块钱。“这么一个小东西，竟然卖这么贵？”罗敬宇不满地说。“别看它小，进价贵。”小贩摆出一副买不起别问的样子。

当晚回家后，罗敬宇躺在床上怎么也睡不着，在他看来，那么一盏小灯成本价肯定不会超过 4 块钱，却卖这么贵，这里面一定有很大的利润。第二天一早，罗敬宇瞒着父母来到了十堰大市场，一打听，才知道这种小灯进价只要 2 块钱。天哪，这是多少利润？摸了摸口袋，只有 100 多块钱，罗敬宇当机立断，进了 50 盏孔明灯，细心的他考虑到人们买孔明灯是为了许愿，就用剩下的钱又买了一些记号笔。那天晚上，罗敬宇背着货来到了广场上当起了“摆摊一族”，别人卖 10 块钱一个，他卖 8 块钱一个，还提供记号笔给大家在孔明灯上写愿望。虽然服务好，可是一晚上也只卖了十几盏灯。此后几个晚上，广场上都能看到罗敬宇的身影，短短几天，他就赚了 300 块钱。这是他人生中的第一桶金。

那些天，当同学们都在抓紧时间准备中考时，罗敬宇却在思考着另一个问题，大市场的货是从哪进来的，肯定还有更实惠的进货地点。那天课间下课，坐在罗敬宇旁边的两个女同学在小声讨论着什么。“你这条裤子挺好看的，从哪买的？”“我妈从淘宝店买的。”“在哪儿？”“网上。”两人津津有味地交谈着。说者无意，听者有心。当听到“网上”两个字后，罗敬宇灵机一动，自己怎么没想到到网上去淘淘呢？放学回家，罗敬宇把这个想法告诉了爸爸，爸爸让他到淘宝上搜索，结果把他吓了一跳，网上一盏孔明灯只卖 5 毛钱一个，买多了还包邮。没有丝毫犹豫，罗敬宇立马拿出平时攒下的部分积蓄，让爸爸教他办了网银，上网买了两千盏孔明灯。想着一个人摆摊卖力量单薄，还不如有钱大家赚，拉着全班同学一起赚点零花钱用。于是，大家商量以 5 块钱一个出售孔明灯，每卖出一个，罗敬宇给同学提成 2 元，自己赚 2.5 元。

这次销售是成功的，仅仅几个节假日，他们这个团队就赚了 5000 多元。不仅如此，那一年正赶上新课改，他也顺利地完成了实践课的课题《实践销售孔明灯》，因为是亲身经历，他的这个课题还能做不好吗？赚钱的同时还能帮着完成作业，这样的甜头让罗敬宇坚定了走“边学习边创业”的这条路。

初中毕业后，罗敬宇考进了十堰市第 13 中学。从幼儿园一直坚持学习绘画的他，选择了美术特长班，以学习美术为主。而学习美术的学生可以以“外出写生、参加美术培训”等正当理由请假，时间的自由安排让罗敬宇整个高中生涯显得不那么紧迫，也给他的创业提供了便利条件。高一下学期刚开始，罗敬宇结束了自己的摆摊生涯，他看到班上的女同学喜欢在一起谈论衣服，“女人都爱美，女人的钱最好赚。”这句话不由自主地就冒了出来。卖女装，也许是个不错的行业。

想到就干是罗敬宇一贯的作风。2009 年的元宵节刚过，罗敬宇就把自己想开服装店的想法告诉了父母。那晚的饭桌上特别安静，过了许久，妈妈才说：“你是学生，应该以什么为重？孰轻孰重，自己还分不清吗？”“我觉得做生意与上学没有矛盾，相反有时还会有助于学业……”罗敬宇想说服父母。

“你想做生意，我们不反对，但是要搞清楚在什么时候才适合做。你是学生，有什么资本去商场周旋？”父亲语重心长地说。得不到父母的支持，罗敬宇决定自己偷偷行动。他找要好的同学、朋友五百、一千地借钱，就这样，他东拼西凑了十一万九千两百元，在十堰市的“金三角”市场的二楼租下了一个店面。

然而,这次尝试的结果却是彻彻底底的失败。罗敬宇进的货都是工字背心、坎肩、超短裙,还有一些露肩的连衣裙,定位比较前卫,那时十堰人还不完全能接受这么暴露的服装,再加上店面在二楼,位置不佳,在支撑了半年后,罗敬宇将手中所借的钱全亏完了,只能忍痛关闭了它。关门的那天,罗敬宇抱着进货的包坐在拐角楼梯的台阶上,久久不愿离去。难道真如爸妈所说的学习与创业是没法兼顾的?

柳暗花明,坚持到最后的才是胜利者

服装店关闭后,在知情好友都以为罗敬宇要消沉下去时,他又干了一件让大家瞠目结舌的事。那段时间,罗敬宇认真上课,认真作画。在家闭门画画的空当,让他发现了一个重要的商机。

由于作画多了,画材使用的频率高,要不颜料没有了,要不画纸没有了,每次去画材店一买就是好几百的东西。看着几张大钞只换来一小袋东西,罗敬宇有些心疼了,以后要多跑几家画材店比较下,也许有的画材店东西便宜呢!这一跑不要紧,竟然让罗敬宇的脑袋活络起来,整个十堰市只有四家画材商,而考美术的艺考生有 2 万多,难怪画材的价格居高不下。假如自己能省掉零售、经销这两个环节,直接取得一些画材产品的代理权,那其中的利润还是很可观的。想到这里,罗敬宇的心里异常激动,可是很快,他又冷静下来,自己还有十几万没还,拿什么去找厂商谈代理呢?

2010 年 1 月,罗敬宇在参加一位朋友的生日聚会时,终于寻找到一位投资人,叫作刘立佳。当时在一家物流公司当领导的刘立佳和罗敬宇相识于吉他培训课上,在听到罗敬宇对画材市场的分析后,他还是有些犹豫,后来当罗敬宇拿着40 多页的商业策划书找到他,并保证这一行是稳赚不赔的行业时,刘立佳有些心动了。看到刘立佳有些动摇了,罗敬宇当场写了一份保证书:赚钱了就算刘立佳的投资,亏本了就算罗敬宇借刘立佳 4 分利息的高利贷。刘立佳终于松口了,为罗敬宇东拼西凑了 100 万元的投资,在十堰市的“金三角”租了一个 40 平方米的门面房,成立了“宇佳商务有限公司”,主要经营美术画材和乐器。

公司成立之初,为了有足够的时间管理好公司,任职总经理的罗敬宇对家里、学校都说自己去参加美术培训了,这样他有大把的时间待在公司里处理事务。不过,罗敬宇除了管理公司,自身的学习也没有落下,从学校请假出来后,他悄悄地告诉了好友实情,并拍拍好兄弟的肩膀说:“上课好好听,回头请你做老师,你懂的。”好友揶揄道:“我这价钱也不贵,好酒好菜随我选,账单你记得买就行。”公司没走上正轨前,罗敬宇吃住都在公司里。现在回想,父母不可能一点苗头都没有发现,但对儿子有信心的他们再一次“纵容”孩子敢想敢干。那段时间,罗敬宇一天只能睡4 个小时,有时梦里不是在背英语单词,就是在和厂商谈判,压力大到让合伙人刘立佳都感到心疼,他还是个孩子,像个蜗牛一样,背着压力的重壳慢慢往前爬……

压力大,罗敬宇能挺过来,可是跑市场拉业务这一块,让罗敬宇伤透了脑筋。很多学校、画室都有固定的供货商,要想把他们的生意拉过来,那比登天都难!在和十堰六中谈画材生意时,罗敬宇常常是一大早就背着自制的产品画册赶到学校门口,想和上学的学生混在一起进学校,可是六中的学生都是穿着校服进校的,没穿校服是不准进校的,每次被门卫赶出来后,他就在校门口转悠,有时靠在墙边拿本英语单词书背背单词,有时拿本语文书看看课文。时间久了,门卫也认出这个“不务正业”的学生,再看到他,直接让他“滚远点”,看到同龄的学生都以异样的眼光看他,他的自尊心很受伤,不过这也激起了他的斗志,不拿下六中这笔生意绝不回去。后来,罗敬宇凭着毅力,终于把六中校长堵在了门口,"我们的画材质量好,价格比十堰的任何一家画材店的都低,而且我们提供免费试用服务,用得好再买。"罗敬宇一边把画材图册递给校长,一边介绍着。看着做工精致的画册,看着这个13中的高二学生,校长终于同意考虑一下。最终,罗敬宇的诚信感动了校长和美术班的学生。

罗敬宇说,他从做生意的父亲身上耳濡目染,懂得了不怕挫折才能成功,所以这些付出都不算什么。

还有一次,因为物流的问题,这批货迟迟没有到。罗敬宇赶到六中,说明情况,最后,他还做出一个惊人之举:对着全班同学鞠躬道歉。也许是他的诚心感动了学生,美术班的学生决定再多等几天。两天后,这批货终于发到美术班学生的手上了。这件事解决后,罗敬宇感觉整个人都虚脱了,他都不知道自己那天哪来那么大的勇气对着同龄的孩子鞠躬道歉。

2012年高考,罗敬宇以良好的成绩,考进湖北大学艺术学院视觉传达专业。走进大学后,罗敬宇有更多的时间打理公司事务,现在除了8家实体店,他还和朋友一起开了3家网店,还在汉阳开了一家美术培训学校,公司的年销售额达到1 500万元。虽说罗敬宇创业已小有成就,可是他本人却很低调,吃在食堂,住在宿舍,有时间就看看书,从不玩网游。他告诉记者:"学习与创业从来就不矛盾,创业是学习的经历,我创业是为了有一个更大的学习平台来提高自己。我现在的目标是学业与创业两手一起抓,高效的学习与工作才是王道。在我的公司发展越来越好的前提下,我希望将来能设立一个创业基金,帮助更多像我一样有梦想的人去创业,去闯荡,去发展。"

【实训与习题】

一、知识点练习

1. 参加创业活动有什么意义?
2. 你参加了什么社团组织?有什么收获?
3. 为什么要参加创业大赛?
4. 想创业先打工,为什么?

二、实训实践题

成功创业者访谈:

选择你最想了解的创业者撰写一篇访问的专题报告,内容包括访谈时间、地点、被访问者姓名、年龄、性别、创业动机、经历、如何发现商机、成功的关键因素、如何寻找合伙人、在初期生存阶段所承受的压力和危机、获得的帮助,重点是创业者的经验、体会、教训等。

项目 9　理性应对创业风险

【创新创业格言】

“我是一个激情企业家，有时我喜欢地狱般的磨难。”

——卡拉尼克

【创新创业家小传】

特拉维斯·卡兰尼克，1977 年出生于美国旧金山，2001 年，卡兰尼克带领原创业团队，创办了 RedSwoosh 的流媒体科技公司。2007 年，RedSwoosh 被一家技术公司出资 1 900 万美元收购。2009 年，卡兰尼克与朋友加雷特·坎普在巴黎游玩，因为苦于打不到车而萌生了开发手机打车软件的念头，优步公司诞生。2013 年，优步被《今日美国》报评为“年度最佳科技公司”。2014 年 12 月，美国租车应用软件开发商优步完成新一轮融资，估值达到 400 亿美元，创下美国科技初创企业获得直接投资时的最高估值纪录。

【学习目标】

认识创业风险，学会规避风险，减少风险损失，理性创业。

【案例导入】

“最倒霉的成功创业者”

当特拉维斯·卡兰尼克渴望战斗时，他的脸总会紧绷得像个拳头。每每此时，他都会眯起眼睛，撑开鼻孔，撅起嘴巴，就像一只攥紧的手，随时准备出击。甚至连他那讲究的海军陆战队发型，也都根根挺立不屈，就像他本人一样直面任何对手，毫无退缩之意……

这名 38 岁的企业家创办了租车应用优步，截至 2014 年，该公司的估值已经达到 182 亿美元。别以为卡兰尼克的成功是一帆风顺的，他曾好多年没有过收入，甚至回家“啃老”，按照其前女友的话来说，他是“史上最倒霉的成功创业者”。

创业初期屡败屡战

卡兰尼克 1977 年出生在旧金山。他从小对电脑着迷，六年级时就学会了编程。高中毕业后，他考入加利福尼亚大学洛杉矶分校，但 1998 年辍学，与 6 位好友创办了 Scour. com 网站。最初他们只想做个网络搜索引擎，没想到它变成了世界上第一个 p2p 文件下载资源搜索引擎，是当时最受欢迎的 p2p 文件交换系统之一，最多时曾有 25 万用户在线分享电影和音乐。然而，2000 年，网站被好莱坞 29 家公司起诉侵犯版权，并索赔 2.5 亿美元。最终双方达成庭外和解，Scour. com 支付了 100 万美元后宣告破产。第一次创业就头破血流让卡兰尼克很受伤,他有好几个月没走进影院看一场电影,“光是看到几大制片公司的名字就让我血往上涌”。

2001 年,卡兰尼克召集第一次创业的原班人马,与人合伙创办了一家叫 RedSwoosh 的流媒体科技公司。它的主要业务是为企业提供服务,改进其文件在网络上传播的方式,提高文件传输的速度,同时帮企业节省服务器开支。卡兰尼克开办 SedSwoosh 公司的目的除了赚钱,还想“复仇”:他想让当年那些起诉 Scour. com 并最终导致他破产的好莱坞公司都来购买他的服务,让他们“破点儿小财”。

没想到,RedSwoosh 公司开到半路又遇到了麻烦,合伙人企图带着开发团队跳槽到索尼,RedSwoosh 公司的资金链也出了问题,最大的投资人、NBA 达拉斯小牛队的老板马克·库班要求撤资。在那段艰苦的日子里,卡兰尼克不给自己开工资,并搬回母亲家里“啃老”。有一次他参加拉斯维加斯消费电子展,由于没钱,他只能睡在一辆租来的汽车里,在附近赌场的卫生间里像流浪汉那样洗澡。2007 年,RedSwoosh 公司有了起色,一家技术公司出资 1900 万美元将 RedSwoosh 公司买下,当年起诉他的 29 家好莱坞公司中已经有 23 家成为他的客户。

营造“超级打车体验”

2009 年,卡兰尼克与朋友加雷特 · 坎普在巴黎游玩,因为苦于打不到车而萌生了开发手机打车软件的念头,优步公司就这样诞生了。在众多打车服务应用中,优步与众不同。它提供的是高端的私家车预约服务,将用户需求与提供租车服务的司机联系起来,用户只需通过手机一键发送打车请求,便会有车辆就近接送。“联邦快递承诺第二天把货物送上门,我们 5 分钟就可以做到。只不过我们送的货是一辆豪车,它可以把你带到任何想去的地方。”

用户体验是优步强调的,它派遣的通常是林肯、凯迪拉克、宝马 7 系等豪华轿车,用户上车后还会提供各种服务,例如在情人节那天,芝加哥的优步司机会向每位女性乘客献上一支玫瑰。

卡兰尼克做软件出身,优步的软件也有过人之处。它通过对影响交通的各种信息数据分析处理,能够比较准确地预测存在打车需求的路段,从而让司机去附近徘徊。优步的计费方式也比较特别,除了考虑时间、路程等因素外,它还会考虑供需情况。例如 12 月 31 日新年前夜,打车费用会是前一天的 5 倍。

优步的模式得到了中产以上阶层乘客的青睐。首先它十分方便,其次价格也比较合理,通常只有普通出租车的 2 倍,但带来的享受是超值的。与之相比,传统的豪车出租业务则没有这么方便。例如在南佛罗里达,租一辆带司机的高档车必须提前 60 分钟预订,而且租金最低 80 美元。因此,优步的用户黏性极高。调查发现,用户平均每人每月在优步上的花费超过了 100 美元。风险资本家马克 · 安德雷森曾把优步打车称为“超级体验”,环球旅居的首席执行官布里安 · 切斯基也补充道:“有了优步,你可以不必再养一辆车了!”

出租车的司机并不受雇于优步,但他们可以从车费中分一杯羹,这让他们的收入猛增。一位加盟优步的司机此前开了 9 年出租,平均每天工作 10 小时,能赚 300 美元。和优步合作后,他一天最多赚过 700 美元。优步也很维护司机的利益,它规定,司机在约定地点等待 3 分钟乘客还没到,可以给乘客打电话;如果再过 17 分钟还没到,会再打一次;再不到就取消预约。这一点很受高档车出租司机欢迎。“有时我会等上几个小时,最长的一次等了 15

个小时。”由于这些好处，优步每进入一个新市场，私车出租司机都愿意与其签约合作。

“为每个人提供私人汽车”

自成立以来，优步的营业额以年均20%的速度增长。2012年，它从资本市场上筹得5 000万美元资金，2014年更融资12亿美元，使公司估值达到了182亿美元。2013年，它被《今日美国》报评为“年度最佳科技公司”。

虽然优步的发展一日千里，但就像滴滴打车和快的打车一样，优步在美国也有一个死对头，那就是利福特公司。这家公司的运营模式有点类似中国人所认为的“拉黑活儿”，普通人家的汽车与它签约后，戴上一个粉红色的胡子，就可以在业余时间拉活儿了。这种廉价路线让利福特抢占了中低端市场。为了应对挑战，优步推出了廉价子品牌Uberx。优步豪车在旧金山的起步价是8美元，Uberx的起步价则只有5美元，与出租车相差无几。卡兰尼克强调，优步的格言是“为每个人提供私人汽车”，Uberx的成立更好地体现了这一理念。

优步最大的挑战也来自政府监管层。2010年底，在董事会任命卡兰尼克为CEO的当天，旧金山交通局要求公司停止运营，理由是它没有出租运营许可。结果第二天，优步就将“出租车”一词从名字中去掉了。在其他州，优步也遇到了各种各样的监管麻烦。但逆境中打拼出来的卡兰尼克总能想办法应对。华盛顿政府一度为难优步，卡兰尼克就发动了5万人给监管者写邮件，还亲自发了3.7万多条推特向当局施压，监管层最终让步。卡兰尼克说：“我们的用户大多是富裕阶层，有影响力。他们可以给议员写信，给市长写信。只要发出的声音足够大，肯定会被听到的。”

卡兰尼克很激进，在谈判桌上十分强硬。他曾在推特上与竞争对手利福特的老板约翰·齐默打嘴仗，甚至爆了粗口。如果与市政官员谈判不顺利，卡兰尼克也容易发火，暗示他们是腐败官员。

卡兰尼克的目标不是仅仅将乘客与司机对接，而是要成为城市的物流神经中枢。因此，除了打车服务以外，卡兰尼克还在尝试其他的运输服务，例如他在巴黎开通了摩托车接送服务，在旧金山他可以将一个墨西哥乐队送到你门上。他还在7个城市开通了冰淇淋卡车运送服务。

Uber模式，本质其实是C2C、共享经济的产物。它为传统行业加入了互联网思维、金融思维，颠覆性地冲击了原有行业，更高效地利用社会闲置资源。它打造的不是一家拥有车辆与司机的世界跨国公司，而是一家没有一辆车的世界跨国公司，并且成为全世界最大的用车公司“平台”。

“大家想一想，哪个绿色行动能比Uber的概念更大，效果更好？Uber应该被颁一个诺贝尔和平奖！”王石这样评价Uber。

【案例分析】

1. 卡兰尼克经历了几次失败？
2. 卡兰尼克为什么会成功？

任务9.1　识别创业风险

创业，意味着投入自己的金钱、时间和精力去实现预期的销售。由于普遍缺乏可持续获利的商业模式等不确定性的存在，新创企业面临诸多创业风险。在发达经济体正在经历创业型经济兴起、中国经济处于转型与升级的宏观背景下，客户风险、创新风险和法律风险尤其是中国新创企业面临的最致命和隐秘的风险。社会是错综复杂的，不确定性不可避免，有效地识别与防范这些风险成为新创企业生存下去的根本。在真正的商业机会和危险陷阱之间，必须能够识别、判断和避免各类风险，创业风险仍然规避有道。

2015年12月，教育部颁布《教育部关于做好2015年全国普高毕业生就业创业工作的通知》，积极推动大学毕业生自主创业，并实行弹性学制，允许非毕业生休学创业。这对于毕业生和那些想创业的在读高职学生，无疑是一则天大喜讯，毕竟自己做老板，相对于到企业上班，财富和成功都要来得更快更多。高职学生正处在最好的年龄阶段，即使创业不成，也能从创业过程中积累经验，将是人生一笔不小的财富。但创业是风险与机遇并存的。

9.1.1　高职学生自身风险

1. 狂热中缺乏理性

自主创业道路将成为高职学生就业的一种必然选择和趋势，创业行为不断在高职学生中被实践，在全国范围内掀起创业热潮。由于对于某些创业神话的过分渲染，使得整个社会舆论对于学生创业寄予很大的希望，从而引发了学生创业的狂热，几乎到了人人想创业的程度，在校学生按捺不住创业的激情，争着要搭上创业这趟列车，对创业的期望值很高。然而，高职学生在心理上没有做好创业的准备，普遍意识不到创业起步的困难和创业风险的压力，把创业想象化、简单化，缺乏理性，存在仅以市场为导向的创业倾向，忽略了自身的成本优势和创新意识的发挥，甚至有的高职学生动机不端正、金钱至上、贪婪自私，一遇诱惑便把握不住自己。

2. 自信中缺乏耐心

高职学生拥有知识技能，朝气蓬勃，对创业前景充满了信心，表现出一定的自信。认为自己具备高水平知识技能，会有敏锐的商业嗅觉。但由于无创业经历，对于创业过程中存在的诸多困难估计不足，做决策时全凭直觉，盲目的选择最终导致退缩或失败的结果。一旦面对失败就缺乏耐心，只要有一个困难不解决，一个障碍迈不过去，就会前功尽弃。

3. 创新中缺乏经验

优胜劣汰的社会竞争现实，使高职学生创业实践过程中必须求新求异，高职学生创新性特征在创业实践活动中不断提升，确实增加了创业实践活动的社会效益。但也存在着各种创业失败的案例和创新受挫的情形。原因是高职学生虽有创新精神但缺少经验，对行业的运作规律、要求、技术、管理都不太熟悉。

4. 诚信中缺乏魄力

市场经济已进入诚信时代，作为一种特殊的资本形态，诚信日益成为企业立足之本与发展的源泉。创业机会与风险并存，想要在竞争激烈、机会稍纵即逝的商海中勇立潮头，除了诚实可信还必须要有魄力，敢于抓住商机，即使没有十足把握，也应果断地尝试。有的学生自卑胆怯、患得患失，不愿为也不敢为，缺少这种应有的胆量和能力，阻滞了创业向成功的方向发展。

9.1.2　创业过程中面临的风险

创业既即能实现高职学生的自我认同和自我价值，激发创造力，又可以在一定程度上缓解严峻的就业形势，达到实现经济效益和社会效益的双重目的。但任何事物都是一柄双刃剑，创业途中，有傲立风口的成功者，亦不乏折戟半路的失意人。分化格局的形成，除了运气，更多的是对创业风险的把控，对于初涉世事的高职学生更是如此。

创业的风险主要有以下几个方面。

风险一：项目选择太盲目

高职学生创业时如果缺乏前期市场调研和论证，只是凭自己的兴趣和想象来决定投资方向，甚至仅凭一时心血来潮做决定，一定会碰得头破血流。创业初期一定要做好市场调研，在了解市场的基础上创业。一般来说，学生创业者资金实力较弱，选择启动资金不多、人手配备要求不高的项目，从小本经营做起比较适宜。

风险二：缺乏创业技能

有些高职生创业者眼高手低，当创业计划转变为实际操作时，才发现自己根本不具备解决问题的能力，这样的创业无异于纸上谈兵。一方面，高职学生应去企业打工或实习，积累相关的管理和营销经验；另一方面，积极参加创业培训，积累创业知识，接受专业指导，提高创业成功率。

风险三：资金风险

资金风险在创业初期会一直伴随在创业者的左右。是否有足够的资金创办企业是创业者遇到的第一个问题。企业创办起来后，就必须考虑是否有足够的资金支持企业的日常运作。对于初创企业来说，如果连续几个月入不敷出或者因为其他原因导致企业的现金流中断，都会给企业带来极大的威胁。相当多的企业会在创办初期因资金紧缺而严重影响业务的拓展，甚至错失商机而不得不关门大吉。另外，如果没有广阔的融资渠道，创业计划只能是一纸空谈。除了银行贷款、自筹资金、民间借贷等传统方式外，还可以充分利用风险投资、创业基金等融资渠道。

财产风险、对家庭的影响、健康与爱好的损失是创业成功所必须加以克服的困难和烦恼。创业者要有危机意识，在心理上及行动上有所准备，来应付突如其来的变化。带着风险意识前行，在创业实践中所有的事都要有“万一……怎么办”的危机意识，居安思危，未雨绸缪。

风险四：社会资源贫乏

企业创建、市场开拓、产品推介等工作都需要调动社会资源，高职学生在这方面会感到非常吃力。平时要多参加各种社会实践活动,扩大自己人际交往的范围。创业前,可以先到相关行业领域工作一段时间,通过这个平台,为自己日后的创业积累人脉。

风险五:管理风险

高职学生的理财、营销、沟通、管理方面的能力普遍不足。要想创业成功,必须技术、经营两手抓,可从合伙创业、家庭创业或从虚拟店铺开始,锻炼创业能力,也可以聘用职业经理人负责企业的日常运作。创业失败者基本上都是管理方面出了问题,其中包括决策随意、信息不通、理念不清、患得患失、用人不当、忽视创新、急功近利、盲目跟风、意志薄弱等等。特别是高职学生知识单一、经验不足、资金实力和心理素质明显不足,更会增加在管理上的风险。

风险六:竞争风险

竞争是必然的。如何面对竞争是每个企业都要随时考虑的事,对新创企业更是如此。如果创业者选择的行业是一个竞争非常激烈的领域,那么在创业之初极有可能受到同行的强烈排挤。一些大企业为了把小企业吞并或挤垮,常会采用低价销售的手段。对于大企业来说,由于规模效益或实力雄厚,短时间的降价并不会对他们造成致命的伤害,而对初创企业来说则可能意味着彻底毁灭的危险。因此,考虑好如何应对来自同行的残酷竞争是创业企业生存的必要准备。

风险七:团队分歧的风险

现代企业越来越重视团队的力量。创业企业在诞生或成长过程中最主要的力量来源一般都是创业团队,一个优秀的创业团队能使创业企业迅速地发展起来。但与此同时,风险也就蕴含在其中,团队的力量越大,产生的风险也就越大。一旦创业团队的核心成员在某些问题上产生分歧不能达到统一时,极有可能会对企业造成强烈的冲击。事实上,做好团队的协作并非易事。特别是与股权、利益相关联时,很多初创时很好的伙伴都会闹得不欢而散。

风险八:核心竞争力缺乏的风险

一个依赖别人的产品或市场来打天下的企业是永远不会成长为优秀企业的。核心竞争力在创业之初可能不是最重要的问题,但要谋求长远的发展,就是最不可忽视的问题。没有核心竞争力的企业终究会被淘汰出局。

风险九:意识上的风险

风险性较大的意识有:投机的心态、侥幸心理、试试看的心态、过分依赖他人、回本的心理等。

如何避其锋芒,利用机会顺势而上,把创业风险控制最低?创业者本身的经验、学识、能力,尤其是对要涉足行业的了解情况,将对创业成功起重要的作用。在熟悉的行业中创业,市场熟、产品熟、人际关系也熟,就能“驾轻就熟”。因此,创业者要注意自身知识的积累以及对自身创业能力的培养。

9.1.3 高职学生创业的法律风险

随着学生创业群体的逐渐增加,创业中的法律风险不容忽视,主要有创业组织形式的选择、创业组织运行中的合同法律风险和知识产权法律风险、创业组织终止的法律风险等。高职学生想要在商界有所建树,应该拥有基本的法律原理和知识。

对于高职毕业生来说,公司设立时无须注册资金到位,是否就意味着开公司就“零成本”了呢？答案当然是否定的。首先，公司章程中会将各位股东认缴资本的数额进行确定，同时约定了出资到位的时间和各方出资比例；其次，公司注册资金虽然不体现在工商营业执照上，但在工商内档公开的系统中仍然可以查阅到；再次，公司在实际运营过程中，必然会需要资金的落实，否则一切经济活动将难以开展，比如薪资社保、广告宣传、经营场地、办公设备等都需要资金的保障。

创业本身就带有极大的风险性，一旦涉及对外债务无法清偿，公司股东在认缴的出资范围内，仍需对外承担债务，如果一味提高注册资本数额，表面上看起来风光，实则隐藏了巨大的法律隐患。因为公司实缴资本没有到位的情况下，债权人可以要求股东在认缴出资范围内承担法律责任，随着全社会对公司企业、个人信用的日渐重视，构建市场主体信用信息公示体系不断完善，一旦被纳入失信人员名单，将对今后的发展产生巨大的负面影响。

创业经营过程中的法律风险。创业组织经营过程中的法律风险类型较多，涉及领域广，仅就经营过程中最常出现的几类法律风险进行分析。

一是合同法律风险。以合同为机制的市场经济是建立在信用体系上的，市场经济、契约和信用是不可分割的一个体系。创业组织在经营的过程中，接触最多的可能就是合同签订及履行过程中的法律风险。合同是指平等主体的自然人、法人、其他组织之间设立、变更、终止民事权利义务关系的协议。合同订立过程中创业组织需要关注的风险主要有以下几方面：

第一，缔约主体是否具有相应的缔约能力和资格；若为本人订立合同，应关注订立合同的当事人主体资格是否合法；若为代理人订立合同，则应关注代理人是否具有代理资格，是否获得委托授权。第二，合同双方要多交流沟通，注意双方对合同内容的理解是否一致，意思表示是否真实，合同标的是否合法，对方是否具有履约能力，以避免对方合同的违约。第三，为防止对方当事人违约给自己造成的损失，可以要求对方提供必要的担保；担保方式包括定金、保证人、抵押、质权等。创业大学生可以选择一个最适合自己的方式来保证对方合同的履行。合同履行中的法律风险主要是注意双方附随义务的履行，如通知义务、协助义务、保密义务等。另外，合同订立的形式具有多样性，如果以口头形式订立的合同，一定要注意合同的达成过程以及履行的过程中的证据保全。在合同履行过程中，如果对方违约且协商不成的，必须及时地通过诉讼方式来维护自己的权利，因为我国民法承认诉讼时效制度，超过一定的期限债务将得不到法律上的支持，成为自然之债。我国《民法通则》第一百三十五条规定向人民法院请求保护民事权利的诉讼时效期间为两年，法律另有规定的除外。

二是知识产权法律风险。在现实生活中，学生创业者因不懂知识产权等相关法律知识致使自己的知识产权受到不法侵害或侵害他人知识产权的案例普遍存在。知识产权又称智慧财产权，是指权利人一段时间内对智力成果享有的独占排他的权利，是企业非常重要的无形资产。因此，高职学生创业者应对这方面的内容有所了解，做到不去侵犯他人的知识产权，学会依法保护自身的知识产权。

创业组织终止的法律风险。高职学生组建的创业组织民事主体资格的灭失是创业组织终止的方式，该过程的风险主要体现在如下两个方面：第一，已终止自己的创业活动，但由于疏忽而并未按照法定程序办理注销登记手续，不法分子借机冒用从事一些违法活动；二是创业组织终止后的债务承担风险。创业组织终止后，创业组织原来的债务因组织形式的不同而最终的承担者也不同，如果创业组织是公司的形式，那么就仅以公司的财产作为债务承担的担保债务。若为个体工商户、合伙企业、个人独资企业，则创业学生要对创业组织存在期间的债务承担无限连带责任。

创业除了选择设立公司之外，还有另一种形式——合伙企业。合伙企业与公司相比，合伙企业没有注册资本的要求，可以通过劳务出资，合伙人之间具有极强的人身信任。这决定了合伙人出资份额的转让要受到严格的限制，其中最大的风险在于合伙企业对外的债务需要合伙人承担无限责任，这也是公司制较为有利的方面，因为公司作为独立的法人主体，股东是以认缴出资为限承担有限责任。在正常经营的情况下，一旦创业失败对外承担的债务仅限于认缴的出资范围。因此，对于社会经验不足的高职学生来说，选择合伙企业的方式创业并非是一个优选的选择。

高职学生要避免创业失败，需要关注公司内部法人治理结构、知识产权的合理保护、合同风险控制等问题，创业并未单纯依靠一腔热情就能成功的，需要在点点滴滴过程中将法律思维与管理行为相互融合。

风险规避对策：发生经营困难甚至歇业、股东僵局等问题，往往不是市场不景气、缺乏业务机会等，根本原因还是在内部管理上没有做好梳理和规划，是业务发展太快管理跟不上所致。

首先是加强内部规章制度的建设，招聘员工不仅是签署劳动合同这样简单，在明确主营方向和业务流程之后，需要建立起一套相对完善的内部岗位管理制度或员工管理手册，使得管理有依据、行为有准则。其次是创新成果的保护需要强化法律意识。创新性企业唯一的发展动力就是知识产权、技术研发成果，对于没有厂房、土地、大型设备的"轻资产"创业公司而言，及时申请专利、商标、著作权，切勿先推广使用之后，面对市场模仿竞争者来才想起来要申请保护。再次是在业务合同的签署过程中，不能简单认为自己是创业企业有订单就不错了，客户想怎么写就怎么签，因为一份不平等或者苛刻条款的商业合同是缺乏可操作性的，把自己放在了缺乏法律保障的市场竞争环境中，无疑是加大了创业的风险，一旦无法按时按质完成合同约定的条款，就可能面临违约赔偿的法律责任，拿不到产品或服务酬劳是小，承担高额违约金就得不偿失。

由于创业知识和经营经验等方面的缺乏，未能意识到创业过程中的法律风险，有些高职学生可能会无意间违反法律规定；也可能为利益冲昏头脑，明知故犯，违反法律规定。准备创业的高职学生在创业前应做好充分准备，留心实践过程中可能产生的法律风险，查阅学习相关法律知识，熟悉高职学生创业的各个环节，思考如何有效防范法律风险的方法和解决途径，培养自己的风险意识，熟悉国家对于高职学生创业的扶持政策，努力做好法律风险的事前防范。

如果想创业，首先要记住：想到的和遇到的一定会有距离！

任务9.2　创业小败局

任何创业都是艰难的,也许创业者每一天都会经历各种各样的“小败局”,但是创业者心中的热情与梦想是不能磨灭的。“这是最好的时代,这也是最坏的时代;这是希望之春,这也是失望之冬”。商场如战场,胜败乃兵家常事。失败并不可怕,要看从何种角度去解析,对失败解析得越深刻,就离成功越近。每个创业者在创业之初都会经历几次失败。创业失败是一种特殊的经验,如果利用得好,也会成为一种重要资源。讨论创业失败的目的在于提高创业的成功率和创业活动的质量,提升创业能力。希望所有的创业者都学会在经历一个个小败局后,成长为强大的破局者。

9.2.1　失败案例

案例一:市场就是“钱”

一位杰出的科学家到银行借贷创业资金,但他说不清产品的市场在哪里,也未曾接触任何可能的潜在客户。这位科学家认为做市场调查并不必要,只要产品功能优异,顾客自然就会上门。结果,尽管他有高明的创意和高科技产品,银行还是没有贷款给他。

孤芳自赏是许多创业者的通病。不知道市场在哪里是创业者的最大缺陷。一个创业者如果不能从市场的需求来客观地审视自己的成果和创意,如果不能客观地论证将遇到的风险因素,想到的只是成功,那么等待他的只能是市场的“惩罚”。

案例二:她能做老板吗?

某同学经过几年的努力工作和省吃俭用积蓄了一笔资金,其中10万元做了注册资金,5万元用于流动资金。她认为,个人创业必须有丰富的工作经验。所以在过去的工作中,她总是分内分外的事全都抢着干,从不计报酬。尤其是经营方面的事,更是竖着耳朵听,目的就是为了多学点本事,为自己开公司做准备。另外,她认为个人创业必须有一个好的项目。她选择了一个当时的朝阳项目——房地产租赁咨询。

2009年底在办齐所有手续后,门店终于开张,她勤勤恳恳努力工作,但怎么也没想到,最初的3个月几乎没有生意,直到第6个月才稍有收入,可生意很不稳定,半年来,她赔了3万元。她开始动摇了,觉得自己是在靠天吃饭,靠运气吃饭。她认为做生意不应该是赌博,肯定是哪儿弄错了。她不想再这样干下去了,她认为不能等到这15万元都赔光的时候才行动。她要去弄明白问题到底出在哪里。第7个月她关掉了公司。

导致某同学失败的原因很复杂,一个重要原因就在于没有一个完整的创业计划。小企业抗风险能力很低,不考虑成熟,一厢情愿,自然危机重重。其次是没有考虑到创业的政策风险,没有想到房地产紧控,竟然连二手房市场也受到了极大冲击。要想创业成功,还要学会怎样避免“打水漂”。

案例三:细节决定成败

穆波是个时尚前卫的女孩,正是对自己的独到眼光特别自信,毕业后穆波没有急着找工作,而是开了个时装店自己当起了老板。20平方米的临街铺面经过精心装修,花钱不多但是很前卫。前三个月辛辛苦苦小赔,半年之后生意开始火爆,第九个月房东收回店面开始自己经营。说起自己的当老板经历,穆波的脸上没有失败者的消极,“如果我的房东不那么狠,也许我的小店会很红火。”

穆波也认真地想过自己失败的原因，首先是自己找店铺的时候操之过急，没有认真考虑店铺的位置；第二个致命硬伤就是在租用店铺的时候，没有和房东订立合同，在问题出现时，没有对自己有利的证据；第三就是在出现问题时，没有积极地想对策，而是用一种很消极的方式去解决，最后吃亏的还是自己。

穆波告诫那些刚刚跨出校门准备自己开店的创业者，作为一个学生，社会阅历毕竟还是少，难免会在创业上遇到挫折，尤其在人际关系上，在遇到问题时，千万不能冲动，要有心理承受能力，失败了也不要气馁，要及时总结，这样才能在以后的创业中更加成熟。穆波还建议那些想创业的年轻人，最好先将自己的梦想储存几年，先从别的地方学习经验，等有了心理、人际和经济上的基础后，再考虑自己的创业计划。

案例四：开店选址很重要

2009 年 8 月中旬，小侯走上了创业之路。因为喜欢汽车，他把目标锁定了与汽车有关的项目，一家属于他自己的汽车饰品店在一番忙碌之后诞生了。但是仅仅半年，他就鸣金收兵，败下阵来。回忆那段创业的日子，让小侯很是痛苦：付出了很多，回报太少。

其实，创业之前，小侯是做了充分准备的。因为喜欢汽车，他就琢磨着在汽车方面找路子。他先到网上搜集了一些关于汽车消费品的创业项目。然后根据实际情况，考虑到随着人们生活水平的提高，买车的人越来越多，而爱车的人一般都比较注重车内装饰，那么，开一家汽车饰品店，生意应该不错吧。

觉得自己的想法还是比较顺应市场发展的，小侯高高兴兴地开始了第二步工作。他先从网上搜索了一些经营汽车饰品的代理商，并对各家的产品质量和价位进行了比较，然后选定了一家太原的代理商。经过联系，他和那家代理商签好了协议，交了 6 000 元的加盟费，就开始租房子、装修、进货，脑子里满是憧憬的小侯很快就成了老板。但是现实给小侯的热情浇了一盆冷水，开张后，顾客寥寥。尽管他店里的饰品很吸引眼球，无奈饰品店所处的位置比较偏，路过的车倒是不少，但也仅仅是路过，而且大部分是大货车，根本不会在这样一个地段停车，也不会来买车内饰品。小侯每天都早早开店，很晚才打烊，商品的价位也定得很低，就这样，开业半年，总共才卖出两三千元的货。这时，房租也到期了，小侯不敢再恋战，把剩下的货放到朋友空着的车库里，从此不提开店的事。

案例五：好吃还要会经营

小李看上了一个投资回报快的项目——风味灌汤包。虽说店面不大，但投资却也不少，房租、设备、原料、员工，还有学习技术的费用，加起来也花去三四万。为了开店，除了自己的储蓄，还向朋友借了一万多。但不管怎么样，总算是把自己的店开起来了。开张的一个多月里，生意好得不得了，可能是因为有风味小吃的诱惑，老李的店每天都是顾客盈门。可是，最近风味灌汤包的小吃店突然多了几家，没过多久，小李小店前的顾客数量明显减少。在朋友的建议下，小店里开始卖其他风味小吃，但生意还是没有多大的起色。在连续亏了两个月后，小李的店就关门大吉了，还了外债之后，赔了一万多。

小李的失败原因显而易见——没有做好市场调查和市场预测。选择创业项目一定要有自己的特色，老李的失败是在项目选择上，他选择的项目没有很大的市场潜力，同时该项目也已经有些市场饱和，缺乏发展潜力。在准备创业的时候，一定要学会一些必要的技能，如市场营销、市场调查等，小李说他最大的失败是没有认识到自己应该学习之后再去创业，以至于盲目跟风，导致创业失败。

创业过多少次不重要，重要的是从以往的创业中学到了什么，积累了什么。要想创业成功,相关经验非常重要。一般认为,创业经验对后续创业作用的影响,通常和创业者的学习能力有关。卓有成效的创业者应该首先是优秀的学习者。从顾客、供应商、竞争者、员工、合作伙伴以及其他创业者那里学习,从经验中学习、从干中学习,并且懂得如何从无效中学习,其中最重要的是要善于从关键事件中学习。乔布斯曾讲了三个亲身经历的故事,其中一个故事是关于如何把生命中的点滴串联起来。他讲到大学期间因为喜欢而选的书法课对他后来设计电脑版式功能的重要作用,乔布斯说:"跟随好奇心和直觉所做的事,后来被证明基本都是极其珍贵的经验……你不可能充满预见地将生命的点滴串联起来,只有在你回头看的时候,你才会发现这些点点滴滴之间的联系。所以,你要坚信,你现在所经历的,将在你未来的生命中串联起来。"

9.2.2 创业最容易遭遇的十大陷阱

1. 涉嫌违法的生意

色情业是具有诱惑力的,所有跟情色沾边的产业想不赚钱都难。但是,这同时在我国是一个涉嫌违法的产业。

相关案例:分贝网

郑立是重庆访问科技、星空互联两家公司的 CEO,曾捧红《老鼠爱大米》《香水有毒》等网络歌曲和一批网络歌手。郑立早在 2004 年和 2006 年间就获得 800 万美元投资,但由于经营不善,公司面临财务问题,促使郑立为了尽快赚钱而动了歪脑筋。2008 年 12 月,郑立、戴泽焱、刘峻松三人共同签订视频聊天室的合作协议,组织一些女性通过涉黄聊天网站挣钱。三人将共同经营的数十个淫秽表演视频网站域名全都指向同一个后台数据库,并另外开设了 12 个广告联盟网站,借此将视频网站的广告和链接投放到这些淫秽色情网站上。这些网站吸纳了 30 多个广告投放商和 200 多个广告推广网站,其广告多为激情视频和男女交友等信息。这些色情网站已经聚集 7.3 亿人次流量,一年多的时间里获利 1 980 万元。2010 年 1 月 5 日,因涉嫌络组织淫秽表演,网站被湖北警方查封。

2. 走"大而全"的模式

电商创业者如果不清楚自己能干什么、不能干什么,贸然做自己不擅长的物流、仓储以及实体店等生意,自己给自己造出成本黑洞,公司倒闭是必然的。

相关案例:西米网

西米网是一家以"美食"为主打的电商网站,同时也是国内"办公室零食"的开创者以及领导者。创始人刘源最初创办西米时,只有首次创业失败后剩下来的 8 000 元,刘源用其中的5 000元购买了产品，剩下的3 000元印传单，靠着在地铁口和办公楼发传单才积累了第一批客户。

西米网强调的是一种办公室的快乐文化，网站推广也多靠办公室白领之间的口碑传播，凭借良好的产品与服务，在创立的三个月后，西米网的销售额就突破了100万，截至2010年5月底，西米网销售收入已经超过600万元，会员注册数量已超过30万。但是为了降低物流成本，西米网在2010年租用了数个物流仓库，最终高额的房租让西米网入不敷出，最终刘源选择关闭零食业务，用余下资金重新做别的生意。

3. 合作方撤资

贸然开发全新的概念产品，即使依附于巨型企业，却还是因为没有时间培养用户而导致失败。

相关案例：求职帮

招聘被认为是能成就10亿美元级公司的垂直信息领域，中国数以亿计的草根打工族严重依赖乡邻、朋友介绍等传统方式找工作，如果能革新他们接触信息的方式，不难看出其中广阔的市场前景。

前搜房网大区经理朱郁丛，设计了求职帮项目，流程是：求职者拨联通的服务电话114求职，114收集用户的年龄、性别、学历、工作经验等信息，其后再把合适的工作信息以短信发送给求职者。在他看来，求职帮寻找企业资源，联通具备天然的渠道推广能力。通过朋友推荐，朱郁丛与联通正式合作。2011年9月，他与联通导航中心洽谈了合作。“我们开了几次碰头会，把这个产品做了提案。联通也觉得这是个好产品，商务利益、营销设计，都没有问题。”联通的支持让朱郁丛心动。因为“在中国，有的时候资源是制胜的。”他很看好此次创业，“能借助联通的平台，我觉得成功的概率应该比较高。”但项目上线之后，联通收到的反馈效果十分不理想。接着，联通加大了推广力度，求职帮却仍然不见起色。这时，“就这样吧。”联通停止了一切合作项目。

4. 扩张无度，缺乏后期管理

并购是公司实现迅速扩张的法宝，但后续一系列的管理问题也是创始人必须考虑到的。如果一味扩张而管理跟进不到位，那企业内部不和谐的声音就会越来越多。

相关案例：安博教育

安博和新东方、学而思等“内生性”教育培训品牌不同，安博走了另外一条道路：通过资本撬动快速整合区域市场，达到庞大的体量。目前来看，这种尝试并不成功，因为无节制的扩张和并购毁了这家在纽交所上市的中国教育企业。

安博最初设想只收购培训学校，只收购各个行业内前三名的公司。但这一并购设想执行得并不到位，首先是什么领域的公司都收，其次是并不只并购行业前三的公司，还并购了很多小公司。从招股书公布的并购项目看，2008—2009年安博并购的23个学校里，既有民办大学，也有教育软件公司；既有全日制学校，也有IT职业培训公司……并购金额从792万元到4.5亿元不等。安博并购公司的庞杂导致其后续整合极难。

从安博教育的收购流程来看，收购后先做财务和IT的整合，然后进行HR培训和课程整合，再进行商业模式整合，大概需要12～24个月。但在具体实施过程中，很多整合的措施合理性和执行有效性有待商榷，以至于安博教育的人员大量流失，资源越来越少。2013年6月12日，公司的注册地开曼群岛法院向安博发出临时托管的通知，并且任命毕马威（KPMG）为临时托管人；同时，法院还命令遣散安博董事会，并赋予临时托管人控制公司账目和业务的权利。这是在美上市的中概股首次被判托管。

5. 本末倒置,传统企业盲目转型

迷信产品,不注重整合线下资源。这个毛病无论是在创新圣地硅谷,还是在中国的互联网创业领域,都让很多有"互联网改造传统行业"理想的创业者死亡。

相关案例:洗车应用 Cherry

Cherry 是为私家车主提供一键自助洗车服务的创业公司,在开始就获得著名"PayPal帮"成员 75 万美元的种子投资,在 2012 年 4 月又获得了 450 万美元风险投资。Cherry 提供了结合移动端 LBS 十分具有创造性的洗车服务,车主可以把车停留在任何位置,只要通过手机在停车位置签到并发出一个洗车申请,Cherry 就会马上派附近的洗车人员到指定地点为车主洗车。签到的方式可以通过网站或手机 App,签到信息可以使用停车街道、车型、颜色或车牌号码。但是这个美好的汽车后市场服务项目最终还是败北了。仅仅上线一年之后,2012 年 12 月 25 日,Cherry 宣布关闭服务,并且退还客户的预付款,Cherry 的融资大部分都打了水漂。因为 Cherry 太过看重于线上产品,设计了精美的 UI,精准的定位系统,成体系的信息化流程……但是,他们却根本不在乎如何整合线下资源。在线下服务中,他们不注重成本的控制,客户洗一次车,需要支付给 Cherry 30 美金,是普通洗车价格的 5 倍。一直到倒闭,他们的服务成本也没有降下来。而且 Cherry 的洗车服务是无法清洗汽车内部的,除非车主愿意在洗车人员来之前打开车门,所以花 30 美元只能让别人来擦擦车玻璃和车身表面。

而且 Cherry 的团队似乎从未反思过这一点,并没有想办法优化线下服务的流程,而是想着怎么规模化扩展,怎么使产品用起来更酷……

6. 创意很好,却无盈利模式

由于巨头的挤压,很多心怀创业理想的人都开始向往地域性互联网创业项目,例如杭州 19 楼,这个用 Discus! 搭建的地方性网站居然能年营收几千万,似乎做地方性互联网创业项目是个竞争小,收益可观的事。但是,情况真的如此吗?

相关案例:县级互联网创业的启示

湖南省攸县是一个只有 70 万人口的小城,当地人搞出了各种各样的娱乐方式来丰富自己的生活。其中一款名为"碰胡"的纸牌游戏非常受当地人的喜爱。42 岁的狱警老郭利用闲暇时间开发了一个给当地人玩的线上碰胡游戏平台。一周之内注册用户就超过了 4000 人。然而,用户过载、缺乏技术人才、营销渠道闭塞、缺乏运营资质使老郭感到无奈。这时,浙江一家叫"同城游"的公司在攸县迅速铺开,虽然是几乎一样的设计和操作,却因为有成熟的盈利模式,成为压垮老郭整个项目的最后一根稻草。

县级市场有很多得天独厚的优势,也蕴含着巨大的商机。但做县级市场一定会面临着一个核心选择:你是做一个生意,还是做一个模式。老郭从一开始就从客观上选择了做一个生意的玩法,这就决定了跟做模式的玩法完全不一样。这也就要求他摒除找投资的想法,不断通过各种正常或非正常路径来取得本地资源支持,尽快扩大用户量,不断升级产品,做出现金流和利润,同时形成竞争壁垒。

7. 决策错误,导致身陷同质化竞争

在市场经过十年左右的疯狂发展后,新产品、新模式的入市速度与市场运营商的市场力度已经开始萎缩,随之而来的则是运营商之间更多的同质化竞争。有的企业倒下的原因,便是贸然进入自己不擅长的领域,"陷入别人擅长的战争中",被迫放弃原本的优势领域。

相关案例:精锐教育

精锐教育与美股上市公司学大教育相似,做的是中小学生个性化教育,即1对1辅导。这家公司成立于2008年,在上海起家,主打高端市场。短短两年内,精锐即成为华东地区“1对1”领先品牌。2010年末,精锐携1.6亿元重金进军北京市场,这等同于平时攻占4~5个城市所需要的资金总量。初来几个月内,精锐高端、大气、上档次的硬件设施和服务体验令同行咂舌。可好景不长,随之而来的是人员震动和校区扩张放缓、学员流失。

精锐一直坚持走高端、做差异化的路线,但在北京走了样儿。“进去以后,由于对当地情况不了解,很快就被人牵着鼻子走了,最终陷入了别人擅长打的战争,这就很难打了。”

这里所讲的战争便是价格战。所以精锐逐渐偏离高端定位,原本能提供的额外服务就会受限,变成和竞争对手一模一样。对顾客而言,精锐俨然成了抄袭版的某某,“我还没听说过精锐,为什么要选择它?”一位家长说。加上高额房租降不下来,精锐只有从员工的工资入手。2012年初,为了降低成本,精锐对咨询师进行绩效调整,导致大量优秀老师、咨询顾问流失。

8. 股权分配不均而内耗过重

对于公司来说,创始人之间的斗争是常见的事,但具备关键技术的合伙人退出可能会带来麻烦。大部分时候,造成这种原因的根源是价值观不同。找合伙人或联合创业,更重要的是找一个价值观相近的人。

相关案例:“草根牛博”分家

新浪草根微博排行榜前50名中,几乎有一半都是伊光旭集团所控制的,其中“冷笑话精选”的订阅数量更是超过了《参考消息》这份中国发行量最大的报纸。伊光旭集团是由伊光旭和樊少两人建立的,创业初期由樊少主要负责微博的公关推广和外联工作,也包括抢账号,而伊光旭和他的同学主要负责内容运营。后来,伊打算注册公司,需要30万元启动资金,樊少计划出资,要求持股51%被伊拒绝,正当樊少计划降低持股额度的时候,天使投资人蔡文胜决定投资他们。当蔡文胜的资金到账之后,公司开始了飞速的发展,而身为联合创业者之一的樊少,却并未与伊光旭谈过股权分配的问题。直到2011年6月,伊光旭宣布给几位联合创始人总共3%的公司股份,迫使这几位联合创始人出走并带走了公司的几个著名的草根大号“创意工坊”“当时我就震惊了”……

9. 以“理想”支撑创业

刚离开学校的大学生们,大多无法充分认识到实际操作和理论的区别,投资人也基本上不看好大学生创业,因为没有经验的大学生把公司做死是必然,成功才是偶然。大学生创业过程中最常犯的错误,就是以理想支持创业,只凭着满腔“理想”是不足以支撑创业公司的发展的,毕竟这是一个现实的世界。

相关案例:我易网

2008年,大学毕业的老皮因为自己的理想——让偏远地区的孩子也有优质的教育平台——而创立了“我易网”。这是一个面向三四线城市的在线中小学家教培训网站。与国内当时的家教网站不同,这是一个在线教育平台,是一个所有的体验、测试、教学、支付、评级的环节都在网上完成的互动式家教平台。公司曾一度非常好,这个以10万元启动资金开始的项目,一度曾有数百万的流水。然而,此时的“我易网”一味重视渠道营销,而忽视了基础设备的维护,当网站的点击量越来越大,服务器便常常死机;加上完全凭借理想创业的创始人,并没有充分认识到商场的残酷,看着公司数百万的账面资金,首先买了一套房子。当"我易网"面临用户严重流失和资金链断裂等情况时,创始人才明白理想与现实的差距。

10. 创业愿景不明,团队失去凝聚力

创业都是在有限的资源(人力和资金)范围内做正确的事情,有的创业团队起点高,一开始就有资本的支持,可以专注于公司发展方向进行投入。有的创业团队起点低,在没有资金或者很少资金的情况下,生存下来成为最重要的任务。创业最怕的是没有愿景,团队是为创业而创业。那样在每个选择的岔路口就会迷茫。

相关案例:零资金小团队的濒死经历

陈嚣是爱书客数字出版项目的创始人。他认为传统出版一定会向数字出版转型,所以开发了一个可视化编辑器,通过这个编辑器,可以让出版社编辑很方便地做出媒体的出版内容。

由于不希望在项目未成形之前投入过多资金,所以他只是邀请了朋友在闲暇时间以兼职方式参与。团队最初就没有资金投入,这也成为阻碍他们发展的最大原因。因为没有资金找设计团队、营销团队和渠道合作,所以这个项目不被传统出版社所重视,之前谈判时都愿意尝试的出版社也无意跟进。项目一直都不能成体系,原本一起创业的12个人只剩下了3个。

并非现在网上流传的那样,零资本也能创业。一个项目在还没有产生盈利模式之前,就会有大量的投入,比如生产成本、时间成本等。而长时间没有上马的项目,也会让团队人心惶惶。通常情况下,创始团队的分崩离析往往不是长期没有效益的问题,而是愿景不明晰。

9.2.3 麦可思调查数据

《2015年中国大学生就业报告》调查显示在毕业三年后月收入、就业满意度、高收入群体这三个指标上,自主创业群体"完胜"受雇全职工作群体。不过,调查也显示,有52.5%创业者没有熬过三年。

自主创业群体对月收入、就业等方面很满意。发布该报告的第三方调查机构麦可思研究院发现,2011届大学生毕业三年后自主创业群体平均月收入涨幅及月收入,均高于受雇全职工作群体。具体来看,2011届本科和高职高专毕业生毕业三年后自主创业群体的月收入涨幅分别为56.9%与50.2%,均高于受雇全职工作群体的月收入涨幅(本科为49.6%,高职高专为46.4%)。最终,2011届本科和高职高专毕业生毕业三年后自主创业群体的平均月收入达到9 040元与7 292元,分别高出受雇全职工作的本科(6 050元)和高职高专毕业生(4588元)2 990元与2 704元。调查还显示,三年后,自主创业群体的就业现状满意度高于受雇全职工作群体。这或许与收入相对较高有关,也可能与工作心态和生活状态有关。麦可思对2011届大学生毕业三年后自主创业群体的平均月收入分析还发现,月收入过万者不在少数。2011届本科和高职高专毕业生毕业三年后自主创业群体的平均月收入区间分布,在"10 000元及以上"的比例均最高,分别为39.5%与31.2%。而对比明显的是,受雇全职工作的本科和高职高专毕业生平均月收入在万元以上的比例分别仅为13.5%和4.1%。

52.5%创业者没熬过三年,没找到盈利模式。虽然三年后创业毕业生的就业质量都相对更高,但大学生创业成功非易事。《2015年中国大学生就业报告》显示,2011届大学毕业生毕业时创业的人群中,三年后仍坚持创业的比例为47.5%,这也意味着有52.5%创业者没有熬过三年。前三年确实是创业者的“死亡之谷”,创业者很容易在这三年内折戟。“创业前三年,主要是打造自身产品,找到商业模式、销售渠道,最终创造自身的盈利模式。但是,如果三年内产品不受欢迎,或者找不到有效的销售渠道,团队看不到希望,资金链出现断裂,就容易放弃。”大学生创业者在资金和管理上的短板更明显,因此对他们来说,前三年甚至前6个月就更加关键。

失败是有规律的。有时候创业者的选择和行为,必然会导致失败,但当事人却因为缺乏经验而没有察觉。比如在错误心态下引入错误的合伙人,又比如在错误的时间投入一个错误的市场,再比如不能看清市场虚假繁荣下的隐患,而过于乐观。凡此种种,一不留神就可以毁掉一个企业。这些错误是可以通过学习别人的失败来避免的,让前面的失败者替你交这个昂贵的学费。所以,越成功的人,往往越喜欢研究失败。创业要成功,一定要反复研究可能存在的失败。

【扩展阅读】

高职学生如何化解创业风险?

1. 热血不等于跟风

据广州数十个大学教授总结,创业是一件高风险的事。这些大学的风投表示,学生创业失败率高达99%。究其根本原因就是缺乏创业经验,仅有一腔热血。高职学生在校期间习惯了各类成功学和心灵鸡汤的洗礼,心中编织自己的乌托邦,觉得一切都会按照自己的思维发展。诸如乔布斯、比尔盖茨等人创业的成功,给了那些想要休学创业的高职学生一个借口和一个希望:他们能做,为什么我不能做?

有热血无经验的高职学生,开启自己的第一份创业经历普遍是从跟风开始。大学校园里了解创业信息的渠道无非两条:纸媒和新媒体。透过这两扇窗口,注意力会更加倾向于聚焦在时下火热的行业和项目上,因为这些项目看起来财富四溢。通过对这些案例的分析并掌握,凭着年轻的那股冲劲,创业者通常会一头扎进里面,急功近利,毫不犹豫,而忽略了自身兴趣是否在此、管理的欠缺是否及时修缮、运作能力是否具备、市场的前景到底如何等问题。不能权衡利弊,只凭一时兴起,缺乏主观判断,一味盲目跟风,注定了创业的失败。

启示:无论毕业生,还是休学生,在进军创业大潮之前,请先收起自己的情绪,让理性主导思维,做好市场调研,翻看市场大数据,在了解了市场和行业大行情后,再进行创业项目的抉择。另外,不要急功近利,最好从微小企业开始经营,路得一步一个脚印儿走。

2. 有钱才能任性

很多人在念大学的时候,花着父母的钱不心疼,大手大脚,从不理财,等到想要创业那天,却囊中羞涩,身无分文。再向父母“借”来的钱,远远不足填补所选项目的坑。从亲戚那里借来一笔钱,然后再去银行等资金发放机构申请创业贷款,把钱凑齐,把项目运作起来。项目运行一个月,问题又来了:员工等着发工资吃饭,运营商每天催着打款,客户迟迟没有回款,项目的开发和运营出现资金链断裂……项目还未步入正轨,就陷入穷途末路。

启示:在校的时候,别忘了理财,如果有一颗创业的心;运营企业的时候,别忘了理财,如果想把自己的“业”做强做大。在创业路上,金钱能解决几乎所有困难。

3. 用心梳理人脉

公司内部架构和服务江河日下，运营商开始接不到新的项目，于是运营商转站别处；客户的单子不能定时定量完成，客户开始谋划下一家的合作；各路贷款人见你摇摇欲坠难以维持，都幸灾乐祸地跑来兴师讨债……一个对的人，踏入一个错的圈子，并一直错下去，最后注定成为一座孤岛。总觉得自己朋友无数，却未发觉身边已长满荒草。

启示：进行创业，是要撑起自己企业持续发展的大梁。在外面，要进对圈层，看清谁是需要的人；在内部，要理性建立人脉关系，多给下属关心，扩充二度、三度人脉；搭建企业内部合理的人脉架构，他们是企业的砖与瓦，有了他们大梁才能稳固。

任务 9.3　创业风险防范

创业教育更需要注重"失败教育"，创业中的失败并非偶然而是有很大的必然性，要认识、接受和管理失败。

9.3.1　创业者如何识别创业风险

风险识别是指在风险出现或出现之前就予以识别，以有效把握各种风险信号及其产生的原因。如不能正确、全面地认识企业可能面临的所有潜在损失，就不可能及时发现和预防风险，难以选择最佳处理方法。因此，风险管理的第一步就是要正确、全面地认识可能面临的各种潜在损失。风险识别的具体方法有：

(1)业务流程法。以业务流程图的方式，将企业从原材料采购直至送到顾客手中的全部业务经营过程划分为若干环节，每一环节再配以更为详尽的作业流程图，据此确定每一环节进行重点预防和处置。

(2)咨询法。以一定的代价委托咨询公司或保险代理人进行风险调查和识别，并提出风险管理方案，供经营决策参考。

(3)现场观察法。通过直接观察企业的各种生产经营设施和具体业务活动，具体了解和掌握企业面临的各种风险。

(4)财务报表法。通过分析资产负债表、损益表和现金流量表等报表中的每一个会计科目，确定某一特定企业在何种情况下会有什么样的潜在损失及其成因。由于每个企业的经营活动最终要涉及商品和资金，所以这种方法比较直观、客观和准确。

为避免造成重大经济损失和社会不良影响，每个创业者都应花大力气进行风险预防。创业者应选择那些发生概率大、后果严重的事件，进行重点的防范。对于防范、降低风险而言，有以下几点防范风险措施。

(1)现金风险的防范。防范现金风险的对策有：向有经验的专家请教，经常评估现金状况，理解利润与现金以及现金与资产的区别，经常分析它们之间的差额；节约使用现金，现金管理上应注意接受订货任务要与现金能力相适应。

(2)开业风险的防范。防范开业风险的对策有：在最熟悉的行业办企业，制订符合实际的而不是过分乐观的计划；在预测资金流动时，对收入要谨慎一点，对支出要留有余地，一般要留出所需资金10%的准备金，以应付意外；没有足够资金不要勉强上项目，发现问题时要立即调整。

(3)市场风险的防范。防范市场风险的对策有：以市场及消费者的需求为生产的出发点，时刻关注市场变化，善于抓住机会；广泛收集市场情报，并加以分析比较，制定有效的市场营销策略；摸清竞争对手底细，发现其创业思路与弱点；对各种成本精打细算，杜绝不必要费用；健全符合自身产品特点的销售渠道网络；充分了解各主管机关职能及人员构成情况；以良好诚信的售后服务赢得顾客青睐。

(4)人员风险的防范。防范降低人员风险的对策有：建立完善的雇员选择标准，综合考虑技术能力和合作能力两个因素；建立合理的信息沟通及汇报制度，使创业者能充分掌握员工及企业动态；制定有效的投资力度，从长计议，加强员工内部凝聚力；无论人员来源，寻找最胜任工作的人选；记录并跟踪新雇员情况，熟悉各个职员素质及发展，做到人尽其才；友好对待并鼓励新雇员，使其早日适应新环境，进入工作角色。

(5)财务风险的防范。防范财务风险的措施有：领导班子要有适当分工，密切监控和防范财务风险；请专家和银行咨询，选择最佳的资金来源以及最合适时机和方式筹措资金。

(6)技术风险的防范。防范技术风险的对策主要有：综合考虑企业自身技术能力、资金量和所需时间，选择技术获得途径；若选择引进技术，则要在引进技术前对所引进技术的先进性、经济性和适用性进行评价；加强对职工的技术培训，提高员工对高科技设备的操作熟练度，减少不必要的风险损失。

9.3.2 如何才能避免掉入“陷阱”？

高职学生初入社会，社会阅历少，警惕性不强，面对纷繁复杂的社会现象和各种诱惑容易步入骗局。通过下面两个案例，探讨高职学生在创业中需具备的法律知识，防患于未然。

1. 多地大学生遭遇“笔芯骗局”

近来，福建、河北等地多所大学的在校学生为了自主创业，身陷“笔芯骗局”。福州某高校宿舍楼内经常有一名黑衣女子出入，以找人做兼职的名义，让学生代售文具。一学生预付了1 000多元，买了两盒圆珠笔芯(包装注明有1 000根)。在拿到文具后该学生并未当场清点，后来发现盒内笔芯只有100多根，便立即联系该女子，但该女子的电话一直无法接通。该学生已向公安机关报警，校保卫处也已介入协助调查。同月，河北某大学学生也遭遇了相似的情况：一名女子自称是某文具品牌的员工进入学生宿舍，招罗学生代售笔芯、笔记本、台灯等文具，并承诺所有文具都可以以低进价卖给学生，如果卖不出去，也可以退货。该校5名学生决定共同创业，便向该女子支付4 000多元买了4盒笔芯(该女子告诉学生每盒有1 680根笔芯)。当交易完成该女子离开后，学生开始盘点，此时才发现每盒只有200根笔芯，便赶紧给该女子打电话，但该女子已失联。学生报警后，民警告诉他们，被骗金额尚未达到立案标准，只进行了简单记录。

2. 在校生创业被骗10万元

小张是济南市长清区某高校的大三学生，2015年10月中旬，他在网上看到一则转让打印店的广告后，便萌生了创业的想法。经过实地考察，小张发现该打印店位于学校内，生意不错，经营良好，便与该打印店老板周某协商店铺转让事宜。经双方协商一致，周某最终同意以10万元的价格将店面转让给小张，并口头承诺在半个月的时间内将开设打印店所需要的相应技术和人脉转交给他，后双方签订了店铺经营转让合同。在小张把人民币10万元转账给周某后，便再也联系不上周某。意识到大事不妙，小张把当时周某提供的与学校的合同拿出来，并找到学校相关部门。经学校相关部门确认后，小张才知道，这家打印店因存在消防安全隐患，在2016年1月就要被拆除。小张经过比对两份合同，发现周某与学校的合同期限为2016年1月，却向他提供了一份到期日为2016年9月的假合同，小张遂急忙至公安机关报案。长清区大学路派出所接案后立即开展调查取证工作，于2015年11月12日在湖南省将周某抓获，并追回10万元诈骗款。

除了上述两个案例，大学生创业被骗的其他案例也屡见不鲜。大学生创业容易被骗，究其根源，是大学生自身对创业认识不清晰，在没有调查好创业合作对象及其经营资质的前提下轻易地进行创业活动，才导致在创业途中屡屡被骗。

在“笔芯骗局”中，大学生们轻易相信代售员，并没有认真核实其身份，缺乏警惕性。在与代售员达成交付协议、退货协议等时均是口头协议，并未订立书面合同，也没有明确规定双方权责，是法律意识淡薄的表现。大学生与代售员协商代售文具，虽并未签订书面的协议，但是已经以实际行动履行了合同义务，即与该文具公司构成了事实合同关系，因此，大学生应与代售员当场查验货品及清点数量。但由于大学生们警惕性不强，法律知识薄弱，不仅没有核验代售员资质，没有签订书面合同，更没有当面清点货物，在事件的开端就已经给了不法分子可乘之机。

在这类事件中，代售员使用欺骗手段，虚构事实，假冒文具公司员工，隐瞒真相，谎报货物数量，使被骗学生陷入错误认识。被骗学生基于这种错误认识，将钱款交付给代售员，代售员由此取得非法财产，使被骗学生的财产受到侵害，这已构成诈骗罪的主观要件。但由于诈骗数额较少，在客观上不满足“使用欺诈方法骗取数额较大的公私财物”的该罪构成要件，根据《福建省高级人民法院、福建省人民检察院关于诈骗、盗窃刑事案件执行具体数额标准的通知》(闽高法〔2013〕263号)文件之规定：“诈骗公私财物价值达五千元、十万元、五十万元的，分别认定为刑法第二百六十六条规定的‘数额较大’‘数额巨大’‘数额特别巨大’”；河北省高级人民法院、河北省人民检察院《关于我省诈骗罪数额执行标准的通知》(冀高法〔2011〕42号)的规定：“诈骗公私财物，达到‘数额较大’起点七千元的，可以在三个月拘役至六个月有期徒刑幅度内确定量刑起点”，这两起发生在福建和河北的“笔芯骗局”事件均由于数额不满足立案标准无法立案。然而，在无法找到代售员的情况下，学生们似乎只能“自认倒霉”。

在第二个案例中，小张也是由于缺乏警惕性，法律意识淡薄，才造成被诈骗10万元的后果。首先，周某是承租学校的店铺开设打印店的，根据《中华人民共和国合同法》第二百二十四条的规定：“承租人经出租人同意，可以将租赁物转租给第三人。承租人转租的，承租人与出租人之间的租赁合同继续有效，第三人对租赁物造成损失的，承租人应当赔偿损失。承租人未经出租人同意转租的，出租人可以解除合同。”周某要把店铺转租给他人，须取得出租人(即校方)的同意，“出租人的同意”可以在原租赁合同书面约定，也可以另行补充协议确认。出租人口头同意且通过实际行为接受或者默认承租人的转租赁行为，也应认定为合法有效。但在该案件中，明显可见周某是在隐瞒校方和小张的情况下，伪造合同以实现非法目的的，校方依法可以解除与周某的合同，即小张的转承租行为实为无效。其次，周某隐瞒真相，实施了欺诈行为。为了把合同即将到期的店铺转租，周某向小张提供了伪造的虚假合同，使被害人小张产生错误认识，认为周某有权进行店铺转让，并使小张做出周某所希望的财产处分，将人民币10万元转入周某名下，使小张的个人财产遭受损失。周某的行为构成诈骗罪，根据《山东省高级人民法院、山东省人民检察院、山东省公安厅关于确定诈骗罪具体数额标准的通知》：“诈骗公私财物价值六千元以上的，为‘数额较大’；八万元以上的，为‘数额巨大’；五十万元以上的，为‘数额特别巨大’”，周某诈骗小张私人财物10万元，属于“数额巨大”，又根据《中华人民共和国刑法》第二百六十六条：“诈骗公私财物，……数额巨大或者有其他严重情节的，处三年以上十年以下有期徒刑，并处罚金……”，故周某应被处三年以上十年以下有期徒刑，并处罚金。

大学生创业被骗，除了不法分子的违法行为外，法律意识淡薄，警惕性不强，自我保护意识较弱，更是给了不法分子可乘之机。

大学生创业“机遇”与“风险”并存，要想在创业之路成功地走下去，双重保障是关键。

从大学生自身的角度看，创业首先要对创业风险有正确的认识，学习创业相关的法律知识，合理运用维权手段，不能只关注眼前利益，只看重经营绩效，更要注意企业和合作伙伴的经营资质与行业品格，理性思考后再做出决策。

从外部因素来看，高校对学生创业的指导力度还不够。高校和教育部门虽提倡自主创业，为大学生创业提供了种种优惠政策和物质帮助，但缺乏理论和实践的指导，应在鼓励大学生创业的同时，开设相关经济、管理、法律课程，让学生深入了解创业所需，正确认识创业风险。在讲述创业成功案例的同时，也要用创业失败的案例警醒学生，不能让学生把创业想得过于简单化，要使学生直面创业的种种机遇和风险，从而提高自我保护意识和警惕性，提高对风险和骗局的预见能力，以及遇到非法侵害能够使用法律手段正确维权。

【知识链接】

风险与陷阱的区别

风险是与不确定性紧密联系的。对于风险的理解，一般有两个角度：一是广义上的风险，强调了风险表现为结果的不确定性，未来利润多寡的不确定性，可能是获利、损失或者是无损失也无获利；一是强调为损失的可能性，是狭义上的风险，只能表现为损失，没有获利的可能性。风险的基本核心含义是“未来结果的不确定性或损失”。创业风险主要是指技术风险、市场风险、环境风险、财务风险等。如果采取适当的措施，或者通过智慧的认知以及理性的判断，继而采取及时有效的防范措施，那么，不确定性可能带来机会。

陷阱则是比喻陷害人的圈套。创业陷阱主要是指信息不对称、商业欺诈、伪机会等。创业风险可以通过技术手段来解决，但是，创业陷阱却需要依靠市场经验来规避。从性质来看，创业陷阱比创业风险更可怕。通过创业者对陷阱规避来确认创业者是否具备最起码的市场熟悉度和判断能力。

分清二者的关系，创业者才能够清醒地做到规避风险，改进工作思路，降低创业失败率。

【测试】

创业潜力测试

这个测试只针对你个人，将帮助你评价自己是否具有成功经营企业的技能，经验和素质。在自我评价时，要实事求是。

A 栏和 B 栏里各有一些陈述，其中有一个更符合你的情况，如果 A 栏里的陈述符合你的情况，请在 A 栏左边的空格里填 2 分；如果 B 栏里的陈述符合你的情况，请在 B 栏右边的空格里填 2 分。

(1)创办企业的动机

A	B
我有一份工作。	我没有工作。
我从自己干过的每一份工作中都学到了一些东西,我发现工作很有意思。	我认为工作只是为了挣钱。工作没有什么乐趣。我对工作兴趣不大。
我想让我的企业成为我的终身事业。	我想创业,是因为没有其他选择。
我想拥有一家企业,这样我能够为我的未来提供更好的生活方式。	我想创办企业是因为我想取得成功,富人都有自己的企业。
我坚信,我能否成功更多地取决于我自己的努力。	一个人不论做什么,想要成功,都需要其他人的大量帮助。
总计	总计

(2)主动性

A	B
我不惧怕问题,因为问题是生活的组成部分。我会想办法解决每个问题。	我发现我处理问题很难。工作没有什么乐趣,我对工作兴趣不大。
当我遇到困难时,我尽全力去克服。困难是对我的挑战,我喜欢挑战。	如果我有困难,我会试图忘掉这些困难,或者等待困难自行消失。
我不是等待事情发生,而是努力促使事情发生。	我喜欢顺其自然,并等待好事降临。
我总是尝试做一些与众不同的事情。	我只喜欢做擅长的事情。
我认为所有的想法都会有所帮助,我寻求尽可能多的想法,看看这些想法是否行得通。	人都有很多想法,但是你不可能做所有的事情。我愿意坚持自己的想法。
总计	总计

(3)对企业的承诺

A	B
我在压力之下工作得很好。我喜欢挑战。	我在压力之下工作得不好。我喜欢平静和轻松。
我喜欢每天工作很长时间,不介意利用业余时间工作。	我认为工作时间很重要,一个人不应该工作得很久。
一旦需要做出决定,我常常能够尽快决定做什么。	我不愿意为了我的企业而减少与家人及朋友在一起的时间。
如果有必要的话,我可以把社会义务、休闲娱乐和业余爱好放在一起。	我认为在社交活动、业余爱好以及休息上多花时间是很重要的。
我愿意非常努力地工作。	我愿意工作并必须要做的事情。
总计	总计

(4)坚韧不拔和应对危机的能力

A	B
即使面对极大的困难,我也不会轻易放弃。	如存在很多的困难,真的不值得为某些事去奋斗。
我不会为挫折和失败沮丧很久。	挫折和失败对我的影响很大。
我相信自己有能力扭转局势。	一个人能够独立做的事情只有那么多,命运和运气起很大作用。
如果有人对我说不,我泰然处之,我会尽最大的努力改变他们的看法。	如果有人对我说不,我通常会感到很糟并会选择放弃这件事。
遇到危机时,能够保持冷静并找出最佳的对应办法。	遇到危机时,我会感到慌乱和紧张。
总计	总计

(5)风险承担能力

A	B
我坚信,要在生活中前进必须冒风险。	我不喜欢冒风险,即使是有机会得到很大的回报也是这样的。
我认为风险中也蕴含机会。	如果可以选择,我愿意以最稳妥的方式做事。
我只有在权衡了利弊之后才会冒风险。	如果我喜欢一个想法,我会不计利弊去冒风险。
即使投资全部亏掉了,我也愿意接受这样的现实。	我很难接受投资全部亏掉的现实。
我清楚不是所有的事情都能够完全控制,哪怕我具有掌控权利。	我喜欢完全控制自己做的事情。
总计	总计

(6)决策能力

A	B
我喜欢做决定,而且能够轻松地做出决定。	未发现做决定很难。
我能自己做出艰难的决定。	在我做出艰难的决定之前,我会征求很多人的意见。
一旦需要做出决定,我常常能够尽快决定做什么。	我可能推迟做出决定的时间。
在做决定之前,我会认真思考所有可能的选择。	我凭感觉做出决定
我不怕犯错误,因为我可以从错误中吸取教训。	我经常担心会犯错误。
总计	总计

(7)适应企业的需要能力

A	B
我只提供顾客需要的产品或服务。	我只提供我喜欢的产品或服务。
如果我的顾客想要更便宜的产品或服务,我将想办法满足他们的需求。	如果我的顾客想要更便宜的产品或服务,他们就得找其他企业。
如果我的顾客想要赊购,我要想办法用最低的风险为他们提供赊购服务。	我不会向任何人赊销我的产品或服务。
如果企业迁到其他地方能够获得更多的生意,我准备这样做。	我不愿意重新选择企业地点。
我将研究市场趋势,力图改变我的工作态度和方法,以便跟上时代的发展。	最好按照我已经知道的方法去工作,跟上世界的变化太难了。
总计	总计

(8)沟通和谈判能力

我喜欢谈判,并且经常在谈判中达到目的。	我不喜欢谈判,按跟其他人的建议去做更容易。
我与其他人沟通得很好。	我与其他人的沟通有一些困难。
我喜欢倾听其他人的观点和建议。	我对其他人的观点和建议一般不感兴趣。
在谈判过程中我常常愿意表达自己的观点。	如果我参加谈判,我更愿意做一个听众,旁观事态的发展。
我认为,在谈判中达到目的的最好的方法是,努力寻找一个使双方都收益的方法。	这是我的企业,因此我的意见最重要。谈判中总有人会输。
总计	总计

(9)协调家庭、文化和企业的能力

A	B
在企业能够负担的范围之内,我从企业拿出钱来供我和家人使用。	我的家人需要多少钱,我就从企业拿出多少钱。
如果我的朋友或家人有经济困难,我会拿出预留给我个人的钱来帮助他们,而不会从企业拿钱。	如果我的朋友或家人有经济困难,我将帮助他们,即便这样可能会损害我的企业。
我不能把大量的工作时间花在家人和社会义务上而忽略我的企业。	家人和社会义务高于企业。
我的家人和朋友将也像顾客一样为购买我的产品、服务或使用企业的资产付钱。	我的家人和朋友将在我的企业得到特殊的待遇。
我不会因为他们是我的家人或朋友就允许他们赊账。	我会常常允许我的家人或朋友赊账。
总计	总计

(10)获得家庭支持的能力

A	B
如果企业的决定将对家人产生影响,我会让家人参与决定。	我不会让家人参与对他们有影响的企业决定。
因为对企业全新的投入使我没有很多时间和家人在一起。我的家人会理解。	因为对企业全新投入使我没有时间和家人在一起,他们会感到不快。
如果我的企业在开始时就不是很成功,并且给家人带来经济上的困难,我的家人愿意忍受。	在创业之初,如果我的企业不是很成功,并且给家人带来困难,我的家人会十分生气。
我的家人愿意帮助我克服企业遇到的困难。	我的家人可能不愿意或没有能力帮助我克服企业遇到的困难。
我的家人认为,我创办企业是个好主意。	我的家人对我创办企业感到担心。
总计	总计

你的得分:

通过上面的测评能够评估你在企业经营方面的强项和弱项。根据你自己的情况完成测试后,分别将A栏B栏里的得分相加,然后把分数填入下一页的表格中。

- 如果你在A栏里的分数是6~10分,说明你在这方面的能力和素质是你的强项。

在“强”下面打“√”。

- 如果你在A栏里的分数是0~4分,说明你在这方面的能力不太强。在“不太强”下面打“√”。

- 如果你在B栏里的分数是0~4分,说明你在这方面的素质或和能力有点弱。在“有点弱”下面打“√”。

- 如果你在B栏里的分数是6~10分,说明你在这方面的素质或能力是弱项,在“弱”下面打“√”。

A栏得分高,说明你在组织和经营企业方面有可能取得成功。

个人素质能力	A	6~10分 强	0~4分 不太强	B	0~4分 有点弱	6~10分 弱
创办企业的动机						
主动性						
对企业的承诺						
坚韧不拔和应对危机的能力						
风险承担能力						
决策能力						
适应企业需要的能力						
沟通和谈判能力						
协调家庭、文化和企业的能力						
获得家庭支持的能力						
总分						

● 如果你在 A 栏里的总分达到 50 分或更高，说明你具有一个好企业主所应具备的各项个人素质。

● 如果你在 B 栏里的分数达到 50 分或更高，说明你需要对你的弱项加以改进，将弱项转变为强项。

任务 9.4 创业风险与回报

美国加州伯克利大学的 Gustavo Manso 做了一项持续了 30 年的研究项目，跟踪调查了那些成功的以及不成功的创业者的职业生涯，最终得出了以下两个结论：

结论一：那些在一生中连续创业的创业者们要比那些不敢冒险并一直正儿八经在公司上班的上班族们要多赚 10%。

结论二：那些曾经创业但创业失败的创业者们，在他们重新回到公司上班后，他们赚的薪水和那些从未创业过的上班族其实是差不多的。

第一个结论并没有让人感到意外。很多人之所以创业，就是因为创业最诱人的地方在于会赚到比正常上班的人更多的钱。第二个结论却出乎很多人的意料。大部分创业者会以失败告终，创业者在决定是否创业之前，心里可能都会产生类似下面的想法："我现在 24 岁了，真的希望能自己创业做点事情。如果创业两年后还是失败了，就等于在这上面浪费了两年的时间，这也就意味着在这两年时间里错过了在目前公司上班可能获得了升职和加薪的机会。在创业失败后重新回到公司上班，那时已经 26 岁的我不希望拿着 24 岁时的薪水。" Manso 的研究证明，上面这种担心完全是多余的。

即使创业失败了，只要能够快速转变思维并适应普通上班族的角色，也不会在收入上有什么损失的。不妨从公司的招聘主管或者是公司的 CEO 的角度去看待这个问题。是愿意提升在过去两年中工作循规蹈矩、每天都准时准点上下班的人呢，还是愿意招聘和提升一个虽然创业失败、但在创业过程中学会了一家企业到底是如何经营的人呢？对于这个问题，Amazon 的创始人兼 CEO Jeff Bezos 选择的永远都是第二种人。在招聘的时候，Bezos 更喜欢招聘那些有过创业失败经历，尤其是经历过重大失败的人。

对于那些想创业但又担心创业失败可能造成的风险的人，希望这项研究可以帮助消除对于失败的恐惧。因为即使创业失败了，每一个用心的追求都是可以视为成功的。选择离职创业并不会给未来的潜在收入带来任何风险。

规避风险首要的是不能够畏避风险，畏惧将会一事无成。敢于尝试创业风险源自于能控制风险。那些勇敢创业的人并不是怕承担风险，而是能够认清风险进而将对风险控制在可承受范围内。创业过程中风险无处不在。从本质上看，风险是一种不确定性，这种不确定性表现在它可能给面临风险的人带来损失。但是在带来损失的同时，也能够带来巨大的利益。风险的魅力就在于它能够带来报酬。

9.4.1 创业风险与投资回报

很多创业者担心风险怕赔的一塌糊涂。可是任何创业都不可能没有风险。如果连最基本的风险都不敢承担，凭什么比别人多拥有一份事业而使自己的后半生实现财务自由呢！市场经济的性质决定了这个世界没有零风险的创业，创业过程"绝对没错"的事情是不可能存在的。

如果执意去找一个零风险的创业机会，可能永远也不能创业。面对风险不应该害怕。因为风险不是绝对的，是可以被控制的。如果从一开始就充分考虑风险，甚至有“为创业交学费”的风险心理准备，反倒会有效地规避风险。换句话来说，准备充足，风险就可能远离上我们。这样几乎就把风险降到很低。有这样一句话说明创业风险的性质：“与其说创业本身是有风险的，不如说有风险的是创业者本人。”为什么这么说呢？创业当然全部是由个人来做主的。所以如果创业项目存在大量风险的话，从本质上讲，创业者才是最大的风险起源点。

能力欠缺的创业者就像一个技术不熟练的司机开车上路一样，一开始就是带着风险去创业的。比如，当创业能力还不具备时就开始创业；资源不具备就开始创业；没有根据自己创业资源来确定合适的创业项目；创业项目本身就有问题等。这些创业风险都是创业者本身所带来的。

如企业家王石 50 多岁还去登珠穆朗玛峰，成为中国企业家中登顶世界最高峰的第一人；王石还喜欢飞伞、滑雪、航海……只要是刺激、好玩的项目，王石都喜欢。王石认为自己做这些事情并没有太多风险，通过严格的专业训练和过硬的专业素质已经把风险降低到最低了。1983 年开始创业的时候，王石在深圳做玉米生意。第一次在深圳尝到生意成功的喜悦，可是没得意几天，媒体就报道说，香港有关部门从鸡饲料中发现了致癌的物质，希望民众在食用鸡肉的时候要特别小心。这条报道出来以后，没有人吃鸡肉了，销往香港的鸡销不出去，鸡饲料也就不好卖。此时的王石还不知道深圳的玉米已经无人问津了，他还在做着发大财的美梦。回到深圳后，王石明白一直畅销的玉米成了滞销货，饲料厂根本就不进玉米了。费尽周折才终于销出了这几千吨玉米，白白损失了 100 多万元，欠下了 70 多万元的债务。

王石辗转反侧，不得入眠，但他并不甘心。一想到玉米里面可能没有致癌物质，就再也躺不住了，一跃而起。他决定冒一次险，再去北方贩玉米。那些和王石一样做玉米生意的商人一听说王石还要去北方贩玉米，都说王石是不是赔钱赔出精神病来了，这个时候去北方贩玉米到深圳那还不是越赔越多。许多朋友劝王石别冒险了，鸡都销不出，玉米还能销出去？可是，王石谁的话都不听，他只相信自己，他说，“我就不相信香港人永远不吃鸡了，要吃鸡就要鸡饲料，要鸡饲料就得要我的玉米。”王石来到大连，大连的粮油公司的经理正为玉米销不出去发愁。王石一口气把大连粮油公司所有库存玉米都订购了，紧接着王石又来到天津、青岛等地，把这些地方的玉米库存都给订购了。首批 7 000 吨玉米从北方装船起运，当装载着玉米的货船还有两天就要停靠在蛇口赤湾码头时，香港的那家报纸登出一封致歉信，对错误的报道鸡饲料中存在致癌物质进行道歉。拿着这张登着新消息的报纸，王石心中的愁云散开了，这个时候只有王石手里有玉米，所有深圳的饲料厂只能向王石订货，就是这一遭生意王石足足赚了 300 多万元，正是凭着这 300 多万元的启动资金成立了万科，才有了今天的成功。

很多人在谈到王石的这场战役的时候，都认为王石非常大胆，这样的险也敢冒？王石自己也说，“想想其实也是很后怕的，如果香港的报纸再迟一个月登出致歉信，那么我就只能是全军覆没选择自杀了。然而凭着自己的直觉和常识，我认为这样的险还是值得冒的。”

许多人在创业危机来临的时候往往非常恐惧，王石却能够在四面楚歌的时候仍然保持冷静的头脑，具有理性的分析能力，并且坚信自己的分析，相信自己的选择。拥有这样的能力和素质的人自然更容易创业成功。

9.4.2 创业者风险规避方法

创业中的风险是必不可少的，可是真正的创业高手却能够尽可能地规避风险，把风险降到最低。千万不要相信那些成功企业所编写的创业故事，在故事中好像所有的事情都是好事情，所有的风险都是理所应当能够克服的。创业者要想规避风险，不但要有激情和理念，懂得专注，还要有较强的执行力。同时，创业者做事情的眼光要高，着手却要低，要现实。

创业者还需要一种胸怀，一种与时俱进的学习能力。曾经看到很多年轻人雄心勃勃，可是创业就是不成功，损失惨重。因为太自负，不能从成功人士那里学到一些经验，听不进好的建议。缺少创业的经验并不可怕，可怕的是没有谦虚、开放的学习心态，不能与时俱进。创业一开始就陷入了一个死循环。

如果没有做好创业的心理、资源等各方面的准备，创业时机不成熟就不要创业。先学会给别人打工，至少应该在公司里踏踏实实干几年，等时机成熟了再来创业。虽然是打工，实际上是公司在“缴学费”，在不同的平台积累的经验是任何老板剥夺不走的。只有积累这种经验，创业能力才更高，更有把握成功。

总的来说，创业风险的规避是有规律可循的。有时创业者之所以失败就是因为摊子铺得过大，过于冒进，开始创业时不要轻易地涉足多个产业，缺乏对创业进行风险控制和管理的能力。要知道创业是一项工程，必顺谨慎、谨慎、再谨慎，把风险控制在一定的范围之内。比如企业家史玉柱。1997 年之前，史玉柱的创业非常激进，大胆，冲动而又理想主义，所以巨人集团才轰然倒地。1997 年之后呢？史玉柱在重新创业的时候，不再只片面地注意事情好的一面时，他总是天天在想如果失败了会怎样，失败的因素会有哪些。史玉柱知道，作为一名创业者如果对风险的考虑不足，就会很容易把企业导向失败的境地。为了不让自己再犯冒进的错误，史玉柱给自己定了这样一个纪律：宁可错过一百个机会，绝不投错一个项目。这跟过去的那种绝不放过任何一个机会的思路大相径庭。再看万科集团的王石。王石曾经说过，超过 20% 利润的项目万科不做，这也是风险控制的一个表现。像万科这样的大公司尚且要控制风险，创业公司就更不用说了。能否在发展的过程中始终对风险有良好的认识，并通过一个控制体系将风险控制在可承受的范围内，是所有创业公司必备的能力。很多的创业高手就像王石和史玉柱一样，都懂得“嫁接”资源，降低风险，都是资源积累和整合的高手。

创业者都是从一项有前景的技术开始的。对技术进行合理的评估，撰写一份商业计划书，目的就是为了筹措创业资金。将所描绘的创业蓝图拿给那些有资金、有意向的投资者看，方案可行的话，可将技术换成公司的股份。在千方百计筹措到资金后，需要把这笔钱投入市场进行市场运作。这时，应该把用于投资的资金一次性投入市场吗？

真正的创业高手从来都不这样做。不宜将可用于投资的全部资金一次性投入市场，而应预留部分资金，以一定百分比的资金投入市场，这样才可以尽可能地降低风险。预留一部分资金可以帮助在市场之外将损失限定在一定范围内。创业是有巨大风险的，如果一次性投入全部资金，倘若市况不佳或创业者决策失误，很有可能面临弹尽粮绝的境地。在这种情况下，创业者再想募集资金就更加困难了。

预留一部分资金可以随时作为追加投资投入市场，可以增加创业开拓的灵活性和主动性。如果将全部资金一次投入，市场仍然没有反应的时候表明创业者已经放弃了一切后续手段。总之,投资资金不可一次性投入市场而应预留一部分,这是创业风险控制的重要一条。

创业者最重要的能力是自我控制,自我控制的能力决定创业者的创业能否成功。从某种意义上说,创业本身并没有多少风险可言,而是创业者本身带有很多风险。一个成熟的创业者懂得时刻控制两个比率,一个是收入支出比率,一个是资产负债比率。掌握一定的创业知识能够保证两个比率的可操控。公司利润中要承担的税务额度对每个公司来说都是一项不能避免的开支。任何一个公司的创业者都应该懂得合理合法避税、控税的重要性。但是不要尝试偷漏税,那是一条不归路。

无论市场行情是涨还是跌,创业者都应该懂得如何赚钱。只有赚到钱,企业才能够生存。否则,不管风险规避做得多么好也是没有用的。此外,风险的控制还需要注意节奏和分寸。在节奏方面,创业企业在不同的时期会遭遇不同的风险,需要认识到在目前以及将来不同时期存在哪些风险。在认识到有哪些风险后,需要采取一系列措施来防止风险的出现,并且制定一套方案来应对风险出现,将风险带来的影响降到最低。在分寸方面,不能过紧也不能过松。过紧,创业公司就可能会丢失诸多的机会,快速反应的能力就发挥不出来;过松,可能无法有效控制住风险致使一些较大的风险没控制住。创业企业本来自身应对风险的能力就比较差,所以无法控制风险的后果是非常严重的。有效控制好风险,少犯错误。这样才能让自己创立的企业发展得更快、更稳,前景也更加光明。

9.4.3 不同创业起点的风险规避方式

创业起点不同是因为每个创业者所拥有的资源是不一样的。根据起点的不同把创业分成三大类,并简单介绍相对应的风险规避方式。

初级起点。不一定非得做成百年基业的公司才叫创业,很多初级起点的创业者从一开始就慢慢积累自己的财富,一样取得了不错的创业成绩。初级起点创业的特点是:创业者没有资金或者只有少量的积蓄,心怀一个创业的梦想,或者为生计所迫只得做一些小本买卖。初级起点创业也常常被称之为“小本创业”。很多人瞧不上小本创业,觉得没有什么“技术含量”,或者觉得规模太小。可是,只要勇敢迈出这一步就是值得敬佩的。当初肯德基的创始人就是开着他的福特老车辗转各地卖炸鸡,之后呢?肯德基餐厅开遍了全球。小本创业的起点低,前途却不见得就低,关键要看创业者的胸怀和眼光。

初级起点的创业者应该如何规避风险呢?

首先应该审视自己的优势在什么地方,客观估计自己对风险的承受力。其次要认真考虑自己的商业模式。比如从事第三产业,例如咨询、中介等行业就得仔细研究要怎么收费、收谁的费、收多少费,以及消费者是否认可等等。这些都是商业模式要解决的问题。小本创业切记不可盲目扩张,要稳扎稳打,不能看到丰厚的利益后就贪图安逸,不思进取。要坦然面对失败。就算失败了也不是一无所成,宝贵的创业经验会对下一次的创业会有所帮助。

中级起点的创业者应该如何规避风险呢?

中级创业起点的特点就是:创业者拥有不错的资金或者一项有前景的技术。相对于初级起点的创业者来说,中级起点的创业者拥有一定的资源,能够一开始就把事业做大一些。可是,摊子铺的大相对应的风险也会增多。应该怎么样规避中级起点的创业风险呢?如果拥有一定的资金,就要审视自己曾经的工作经验,是不是对创业的项目有所帮助,这一点是非常关键的。如果两者可以有效匹配的话,以前的创业经验和人脉关系肯定可以帮你降低创业的风险。反之就要慎重。如果创业经验和创业项目没有交叉点,那么把资金投入到创业项目前一定要多向别人请教,多做市场调研。等全部都弄清楚了再做进一步的规划。

高级起点的创业者应该如何规避风险呢?

拥有高级创业起点的创业者无疑拥有更多的资源:有雄厚的资金又有良好的管理团队和丰富的人脉关系。一般来说,拥有高级起点的创业者比拥有中级起点和初级起点的创业者创业成功率要高一些。可是,这也并不意味着就没有风险了。高级起点的创业者有一个致命的弱点,那就是失败不起。因为这个阶段的创业者一般年龄都比较大,一旦失败就再也没有翻盘的可能。所以,对这个阶段创业者的建议是,一切以稳健为要。

如果为创业者画一个素描,应该是这样的:盛着午餐的盒饭还没打开,一只手敲着计算机键盘,另一只手忙着翻阅记录,脖子与肩膀间夹着电话听筒,眼睛除了忙着看日志簿的记事外,不时还要用余光扫描着计算机屏幕;他的大脑中枢神经有超乎常人的灵活度,四肢也特别发达,偶尔还要移动双脚,以百米赛跑的速度往来于办公室和洗手间之间……作为创业者如果欠缺强壮的身体素质,无疑是吃不消的。

想要创业就应该提前做好准备,拿出时间来补上欠缺的创业能力。大多数情况下,很多人只是想创业却不敢创业;还有很多已经创业的人却创业失败,原因就在于忽略了创业前的准备工作。如果一个人根本不具备创业的能力却硬要去创业,非常可能会以失败而告终。所以,创业首先创造的就是自己。应该首先把自己当成一个核心的创业产品去经营,提升自己的创业能力,才能提高创业成功率。最开始的时候可能什么都没有,但拥有属于自己的时间。要计划在一定的时间内,把自己经营成一个可以创业的人。如果既不想付出时间,也不想经营自己,创业怎么可能成功呢?

9.4.4 自我评估是否符合创业条件

成功的创业者都拥有一些异于常人的特质。在创业之前,必须进行自我评估,判断是否适合所选择创业的道路。必须潜心思考几个问题,以考察自己是否真的适合创业:为什么要创业?是否有足够的决心,愿意承担风险吗?是否具备创业者应有的能力与素质,是否能承受挫折,是否具有综合的素质?创业成功的核心资源优势是什么?是否有足够的耐心和耐力度过创业期的消耗,估计通过多长时间走过创业"瓶颈"阶段,自己有多长时间的准备?创业最大的风险是什么,最坏的结果是什么,是否能承受?是否愿意放下安稳的生活,重新投入一个全新且充满变数的环境之中?遇到困难或问题时,你是否能不怕艰辛、一一应对,并且能够做出正确决策?是否不怕失败,甚至将每一个危机视为转机?是否愿意每天辛勤工作,甚至一天工作长达20小时以上,牺牲与家人相聚的时间?是否喜欢接触新鲜事物,并且具备追根究底的精神?是否是个实践家,做事绝不拖拖拉拉、延误进度?是否意志坚定,同时也能从善如流、广纳他人建议?是否愿意将企业所获得的利润与合伙人、员工分享?是否愿意尽到自己的社会责任,尽可能地回馈社会?

以上问题回答清楚之后,再决定是否创业也不迟。

很多失败的创业者就是因为前期的准备不充分,匆匆忙忙地进行创业,最后败得一塌糊涂。如果前期准备不充分,或者觉得自己根本满足不了创业的条件,那么还是别创业,或者晚一些创业为好。多谋胜,少谋败。绝大多数人只看到了风险而退缩,只有少数人看到了风险后面隐藏的商机,有胆有识者才能抓住机遇。更多的创业成功其实是安全边际很高的创业。安全边际很低，会迫使创业者为了当前活下来，不得不去做一些违背自己初衷的事情，而且因为没有后手，使得创业缩手缩脚，在很多重大选择上，不得不做最保守的战略，往往会放弃很多重要的战略决策。从这个角度讲，雷军说过一句话，创业还是要烧不完的钱，钱多可以让你任性地试错，钱少，就只能步步走对。很多创业者放弃所谓优越的工作去创业，压根谈不上是破釜沉舟，本身底子都很优秀，去创业也并非是纯粹是为了钱，而是感觉不去做点事情，有点对不起这辈子。

幸存者定律：

第二次世界大战时，美英联军对德国展开了战略大轰炸。由于德国防空力量强大，美英空军损失惨重，国防部找来飞机专家，要求研究战斗机受损情况，对飞机进行改进。专家们检查了执行任务归来的飞机，发现所有飞机的机腹都伤痕累累，于是专家们建议，机腹非常容易受到防空炮火攻击，应该加强机腹的防护。最后国防部的改进要求却是，改进和加强对机翼的防护。因为国防部的一个统计学家发现，能够幸运返航的飞机，机翼都完好无损，这说明，被击中机翼的飞机都坠落了，而仅仅被击中机腹的飞机都返航了，应该加强防护的是机翼，而不是机腹。统计学里将这类因结果导致错误认知的情况，称为“幸存者偏差”。这种偏差其实无处不见。一个人成功是因为勤奋，努力，那是因为他们把很多努力勤奋的失败者给忽略了。这种偏差必须被清醒地认识到，否则很容易陷入自我催眠的行为之中，觉得自己不成功，是因为自己还不够努力，还不够勤奋等诸如此类的事情。

【扩展阅读】

联邦快递的创业风险

被誉为“隔夜快速业之父”的美国著名企业家弗雷德·史密斯凭着特有的直觉预见到隔夜传递服务将是十分重要的。根据咨询公司的调查结果，1971 年 6 月 28 日，“联邦快递”公司正式成立。

公式正式成立后，弗雷德·史密斯便积极努力地争取第一个大客户，寻求与美国联邦储备系统签订服务合约。得到的却是联邦储备系统拒绝接受“隔夜快递”服务的消息。理由就是联邦储备系统下属的个别地区的银行不同意弗雷德·史密斯的建议。

前五年诸事不顺，公司累计亏损三千万美元，史密斯被银行控告欺骗背信，被家人控告侵占，执行长职位被投资机构派代表取代。用飞机为联邦储备系统快递票据的计划彻底失败了，特地购买的两架飞机被闲置在机库里动弹不得，刚刚建起来的联邦快递公司和 26 岁的弗雷德·史密斯面临着首战失利的沉重打击。竞争对手和传播媒介都认为他把继承的财产用于搞联邦快递公司的想法简直是疯了。

弗雷德·史密斯并没有被铺天盖地的反对声吓退。他坚持创业愿景，以热忱凝聚员工同甘共苦的共识，以诚恳的态度与极大的耐性与投资人沟通，化解了一波又一波的危机。

1972 年到 1973 年初，弗雷德·史密斯投资 75 000 美元组成了由专家、飞行员、技师、广告代理商等组成的高级顾问小组，再次深入地进行市场调查。通过对市场潜力的可行性分析，他们明显地发现，随着新兴技术的兴起，往昔那种旧的货运传统正在改变，而现在托运东西是小件包裹，比以前更讲究时效。弗雷德·史密斯根据再次调查的市场情况重新制订了营业计划。新的营业计划比原来的计划复杂得多，所需资金投入量也很大，要有一定数量的运输工具，如飞机和汽车，还要在全国建立服务网，开通多条航空线。史密斯依然决定把自己全部家产孤注一掷地投入联邦快递公司，然后，他竭尽全力对华尔街那些大银行家、大投资商进行游说。

史密斯用理性与坚强的毅力面对危机，他委托研究机构替他验证转运中心营运模式的可行性，并且用这些事实数据及他个人极大的热情，说服投资者提供资金，最后筹措到创业资金。

在获得风险投资之后，史密斯做的第一件事就是再次购买了33架达索尔特鹰飞机。一切准备就绪后，1973年4月，联邦快速公司正式开始营业。联邦快递公司一开始向25个城市提供服务。但令人失望的是，在开始营业的26个月里，联邦快递公司亏损2 930万美元，欠债主4 900万美元，联邦快递处在随时都可能破产的险境。

为了改善经营情况，史密斯竭尽全力争取客户，开拓市场，为得到美国行政总局的合约，联邦快递公司在西部开辟了6条航线，他把价格杀得很低，以至使人怀疑是否还有利润。然而史密斯却着眼于更长久的利益，他认为尽管这笔业务并没有很高的利润，却可以用来充当公司的门面。也可能真的"天道酬勤"，在困境中拼搏的联邦快速公司遇到了意外的好运气，首先市政府解除了对航空运输业的限制，极大地增加了货运行业的运输量。由于对商业运输的需求突然猛增，国内主要货运机构对大城市的业务都应接不暇，根本就没有力量去满足小城市的要求，这就为联邦快递提供了重大的市场缺口，使它的业务量大大增加。1975年，公司的经营状况开始好转，7月份是联邦快速公司第一个盈利的月份，公司创利5.5万美元，当年的营业收入达到了7 500万美元；1976年，联邦快递公司获纯利350万美元；1977年年度经营收入突破1亿美元，获纯利820万美元；1983年，公司的年度营业收入达到10亿美元，成为美国历史上第一家创办不足10年，不靠收购或合并而超过10亿美元营业额的公司；到了20世纪80年代末期，联邦快递公司的年度营业收入超过35亿美元，纯利润1.76亿美元。联邦快速公司向全世界90个国家和地区提供服务，它拥有员工5.4万人，各项业绩指标都跃居全世界航空货运公司的首位，成为全球隔夜快递业的龙头企业。

【实训与习题】

一、知识点练习

1. 创业过程中可能出现哪些风险？
2. 高职学生创业风险有几方面？
3. 根据自己的理解，谈谈如何规避创业风险？
4. 是不是每个人都适合创业？

二、实训实践题

讨论陈晓燕在创业时缺少哪些环节？她能成功吗？

陈晓燕是某纺织大学的毕业生，毕业后在一企业打工，该企业从事纺织服装出口贸易，所以她对纺织服装渐渐熟悉起来。一次偶然的机会，陈晓燕到开发区的大学城看望表妹，发现离市区约有20千米远的大学城服装店较少，内衣店一家都没有，她随后马上上网搜索有关大学城的情况，了解大学城内有二十多所大学，还有一所中学等，现有学生人数约12万，今后几年还将增加，加上大学的教职员工3万多人，大学城旁边有很多的企业，员工人数接近10万。于是，陈晓燕认为这是一个巨大的市场。结合她熟悉的纺织服装，陈晓燕酝酿在大学城开设一家内衣店。

经过一年的考察，她选择一家不是很有名、刚刚起步的内衣品牌加盟。为了节省费用，陈晓燕将店址选择在大学城东区某一学院的生活区，东区离市区较远，而且是后建的，商业气氛不太浓厚，店铺租金便宜。

考虑到新生和学院开学因素，陈晓燕选择在9月1日开业。开业前几天，陈晓燕的广告已经散发到各临近学院的每一个角落，开业一个月内满200元赠100元券，实付满300元另赠VIP卡，凭VIP卡购内衣可以打8折。

开业当天和随后几天，光顾内衣店的学生和老师都很少。陈晓燕有点急了，但她很快找到了原因：一、优惠让利幅度不够，一般的大商场优惠让利幅度更大，二、新生还没有到校，新生对内衣需求量可能更大。

陈晓燕耐心地等待着，同时积极地搜集附近各个大学新生入学的日期，在各大学新生入学的当天到新生报到处散发广告单，同时优惠让利幅度更大。

但遗憾的是，一直到国庆节到来，内衣销售额还是没有多少。10月1日到10月7日，由于学生和老师都回家了，大学城人数寥寥，内衣店干脆关门不营业。10月8日开门重新营业，天气渐渐变冷，内衣店每天的顾客人数还是寥寥无几，偶尔有学生和老师经常进来看看，但买内衣的顾客还是很少。陈晓燕很迷茫，她哪里做错了？

高职学生创新创业问卷调查表

亲爱的同学：

为了了解高职学生对创业的态度和创业现状，我们开展了此项问卷调查。您的回答对我们非常重要，烦请您认真如实填写。衷心地感谢您对我们工作的大力支持！

1. 现在的您是否有创业的打算？

□完全没有　□有创业想法　□正在准备创业　□已经创业

2. 您是否愿意付出一些经济收入和时间，来换取实现创业想法的机会？

□愿意　□不愿意　□还没想好

3. 如果创业，您创业的首要出发点是什么？

□解决就业　□获取更多财富　□挑战自我，实现自我价值

□寻找刺激　□其他

4. 如果创业，您会选择哪种方式？

□合伙创业　□家庭创业　□自主创业　□其他

5. 如果创业，那么您会选择哪个方向？

□经营店面　□代理加盟　□电子商务（网上创业）

□智力服务创业　□其他

6. 如果创业，您认为最容易遇到的困难是？（可多选）

□资金不足　□经验不足，缺乏社会关系　□没有好的创业方向

□家人反对　□面对风险心理承受能力不足　□其他

7. 创业启动资金的主要来源？

□家庭和亲戚朋友的支持　□自己课外赚

□向银行贷款　□风险投资　□几个人合伙融资

8. 如果创业，那么您会选择哪个领域？

□与自身专业相结合的领域

□自己感兴趣的领域

□往当今热门的方向发展（如软件、网络等高科技行业）

□ 启动资金少、容易开业且风险相对较低的行业

9. 在创业过程中发现资金不足等财务问题时，您会：

□向政府部门申请资金　　□向银行贷款　　□吸引风险投资

□向亲朋好友借钱　　□自己积累　　□其他

10. 您认为大学生创业相对于社会其他阶层优势在哪里？（可多选）

□年轻有活力，勇于拼搏　　□专业素质较高

□学习能力强，有创新精神　　□网络信息能力强　　□其他

11. 您认为大学生创业最需要的是什么？

□人强烈的价值观志向　　□大学生科技创业基金支持

□学校提供的各类创业培育和服务　　□得到社会化专业化的管理和服务

12. 您认为创业培训是否有必要？

□是　　□否

13. 您认为创业教育最好的方法是：

□请成功人士讲授创业经验　　□到创业成功企业实地参观考察

□请专家讲授理论　　□模拟训练

14. 您希望通过怎样的途径获得创业方面的知识和技能？

□老师授课　　□活动加训练　　□亲身实践　　□其他

15. 您认为您现有的创业方面的知识和技能能够满足创业的要求吗？

□满足　　□基本满足　　□说不清　　□不满足

16. 如果自主创业，大概多少的资金投入是您能够承受的？

17. 您对高职学生创新创业教育有什么意见和建议？